AF444621

MONSEÑOR FEDERICO LUNARDI
LOS MAYAS TOMO I

(Estudio arqueológico de un obispo italiano en Honduras)

ERANDIQUE

COLECCIÓN

LOS MAYAS TOMO I
(Estudio arqueológico de un obispo italiano en Honduras)
MONSEÑOR FEDERICO LUNARDI

©Colección Erandique
Supervisión Editorial: Óscar Flores López
Diseño de portada: Danny Velásquez
Administración: Tesla Rodas—Jessica Cordero
Director Ejecutivo: José Azcona Bocock
Primera Edición
Tegucigalpa, Honduras—Abril de 2026

Dedicatoria:

A Marcos Carías Reyes
A la Juventud Estudiosa
A todo el Pueblo Hondureño

Cuando en noviembre de 1945, por sugerencias del buen amigo Dr. Alberto María Carreño, me consultó el señor Julián Martínez Castells, director de la Sociedad Colombista Panamericana, sobre si se podría celebrar un Congreso de Arqueología en Honduras y en Copán, yo respondí inmediatamente que sí. Y el Congreso fue un éxito, no en lo científicamente deseable, pero sí porque dio a conocer arqueológicamente no tan solo a Copán, sino a Honduras toda.

Pero, al solo pensar que un Congreso de Arqueología Maya sería inminente, para el cual se me había solicitado el temario, que efectivamente di muy amplio, mientras por otra parte se enseñaba públicamente y se escribía y se publicaba en folletos y en libros que en Honduras los mayas llegaban solamente hasta Copán, y se ponía en duda el valle de Comayagua, y los indígenas que todavía quedan y son hijos de aquellos mayas que resistieron con Lempira al tiempo de la Conquista, se prefería llamarlos más bien hijos de moros y no hijos de mayas; cuando todos los arqueólogos colocaban a Honduras fuera del mundo maya, exceptuando Copán, y hasta se ha llegado a decir por alguien, que no quiero recordar, que Copán no era maya y que ni siquiera en sus alrededores se encuentran nombres mayas; cuando se prefería, y se enseñaba a los niños en las escuelas, copiando a otros, que Honduras fue invadida en el siglo doce, o si no al tiempo de Moctezuma, y que hubo un imaginario imperio "Apay", etcétera, etcétera, y por lo general se daba poca importancia al conocimiento de los mayas, no obstante el esfuerzo generoso del señor Presidente de la República en sostener las restauraciones de los preciosos y únicos en el mundo, los monumentos de Copán, esfuerzo que no se estimaba en todo su alcance; naturalmente tuve un sentimiento de tristeza y de rebeldía en contra de todo esto que acabo de señalar.

Entonces, puesto involuntariamente en el candelero, para dar alguna luz en la preparación del Congreso Maya que se nos venía encima, sentí la necesidad de preparar, con alguna publicación de índole popular, los ánimos e ilustrar las mentes sobre el carácter, contenido y alcance que este Congreso tendría para Honduras.

Hacía ocho años que sabía que Honduras era toda maya y maestra del Mayab; pero no solamente los extranjeros, que de ordinario ven las cosas superficialmente, sino los propios hijos de Honduras, le negaban a su madre lo que hay de más precioso: la maternidad, y una tan noble como la de los mayas.

Decidí hacer las publicaciones en forma de artículos, trayendo al caso cuanta experiencia había acumulado, y ahondando con la búsqueda y consulta de documentos lo que ya sabía de antemano, y lo que de repente, como tesoro precioso, se me revelaba con el estudio. Y fueron muchos los descubrimientos míos que di a conocer. Los hicaques, los payas, los intibucanos y otros naturales de Honduras, en sus costumbres y palabras todavía mayas; Comayagua con su museo, el jade, los colores, el agua virgen en Tenampúa y muchas otras manifestaciones de la cultura maya que descubrí, me sirvieron para poner en claro cosas que los arqueólogos estaban todavía lejos de encontrar.

Mi agradecimiento va para todos indistintamente: desde el Excmo. señor Presidente de la República, tan comprensivo desde el primer momento que le hablé de mis estudios y aficiones; los señores ministros, gobernadores y comandantes que en todo me ayudaron, y las personas principales que en todo tiempo me proporcionaron la ayuda más eficaz, hasta las más humildes y los niños, que acompañándome estimularon mi tarea; desde los que siempre alabaron mi obra con grandes muestras de aprecio, hasta los que, conteniéndose en reserva o poniendo dificultades, dudas y objeciones, colaboraron en mucho al adelanto de mi obra. Porque fueron precisamente las dificultades y objeciones las que me estimularon para estudiar más y mejor y ahondar más los problemas difíciles, hasta resolverlos completa y airosamente.

Don Fernando Zepeda Durón, director de "La Época" y "Diario Comercial", me dieron puerta abierta muy generosamente.

Los desvelos y aprensiones por encontrar la verdad, que a veces no se revelaba tan pronto, y la imperiosa necesidad de tener listo un artículo de casi dos columnas cada jueves, por dos años continuos, no son nada ante el buen éxito alcanzado. Al principio, el pseudónimo que adopté, y que me cabe bien, porque CANMAY era el gran sacerdote maya que todo lo dirigía, despertó alguna curiosidad. Los artículos eran sugestivos. Lo que no se podía entender era que, de repente, como cuando en ocasiones de fiestas se pintan las fachadas de las casas, se ponía a Honduras de otro color: antes de ahora no se sabía a quién había pertenecido; ahora se le decía claramente el nombre patronímico: HONDURAS ES MAYA.

Poco a poco ha penetrado, y hasta los que nunca habían sentido el sabor de estos estudios, ahora se sienten seducidos y entretenidos, y no es raro que algún chófer que me lleva en automóvil me diga de repente, con gran satisfacción: "He leído sus artículos: me gustan mucho"; y otros, de más sabiduría, me dan a conocer que los buscan con afán y los recortan para tener la colección. Y a cada momento se me ha demostrado el gran deseo de que los publicara en un libro.

El anhelo de muchos y el mío propio se encuentran ahora satisfechos.

No es este un manual de etnología y arqueología. Además, no está aquí todo. Acaso continúe más tarde; pero entretanto debo poner punto final en estos artículos, porque tengo un viaje a Roma.

He aquí el libro.

¿Quiénes serán los lectores?

Mil gracias.

Monseñor Federico Lunardi

Tegucigalpa, 8 de noviembre de 1947.

PREFACIO

Nuevamente el notable investigador americanista, Dr. Federico Lunardi, me honra de modo especial al escogerme por segunda vez para escribir el prefacio de su último y valiosísimo estudio arqueológico intitulado "Honduras Maya", que viene publicando desde 1945 en los importantes diarios La Época y Diario Comercial. Y este honor lo estimo tanto más importante y significativo, cuanto que él me ofrece la brillante oportunidad de interpretar el sentimiento de admiración y reconocimiento del pueblo hondureño y especialmente de su juventud estudiosa y comprensiva, para el eminente pionero de la ciencia, que desde su arribo a esta tierra que lo quiere y estima en el más alto grado, se dedicó con el más grande anhelo y la pasión más noble y elevada, al estudio intenso y desinteresado y a la investigación tenaz y profunda, inteligente y filosófica, de su pasado histórico primero, y últimamente de su vida prehistórica.

Pero deseo permitirme en esta feliz oportunidad hacer una digresión que estimo justa y necesaria, y ella se refiere a una:

DEUDA QUE DEBEMOS RECONOCER

Honduras, durante más de un siglo, en medio de su vida de inquietud y violencia, de sus luchas intensas e infortunadas por su progreso y su cultura, ha tenido, desde los comienzos de su vida independiente, la buena suerte de recibir en diferentes ocasiones la visita de distinguidas personalidades y de representantes de instituciones científicas, que unas veces expresamente, y en otras, aprovechando su permanencia en el país, han sabido, con elevado espíritu de cultura y amplio sentido de convivencia espiritual y cooperación amistosa, prestar a nuestra patria muy estimables y valiosos servicios, estudiando diferentes aspectos de su vida, de su historia y su prehistoria, y de sus grandes recursos naturales, para darlos a conocer al mundo después, en una aspiración noble y civilizada de contribución sincera por su evolución progresista y su enfilamiento en el plano que ocupan las naciones que van a la vanguardia de la civilización.

John L. Stephens y Frederik Catherwood, en 1838, estudian y describen de modo brillante el grandioso panorama de las ruinas de Copán, que dio al mundo por primera vez y en forma autorizada noticia del rincón privilegiado del continente americano donde nació y floreció la más excelsa y refinada civilización del hombre del Nuevo Mundo.

En 1847 vio la luz pública en Londres, y escrito por Thomas Young, uno de los primeros estudios de carácter informativo sobre nuestra costa de la Mosquitia, Trujillo y las islas de Roatán y Guanaja, al cual siguió el que en 1875 escribiera el señor Melquisedec Zúñiga Echenique, con más amplitud y mejor plan de divulgación, especialmente sobre las tierras inhóspitas de nuestra Mosquitia.

El diplomático norteamericano E. Geo Squier inició en 1853 un estudio geográfico, topográfico y estadístico sobre Centroamérica y especialmente sobre Honduras y El Salvador, que fue publicado en París en 1856, dando a conocer la brillante posición geográfica de nuestro país en el continente americano y la abundancia de sus recursos naturales, con el objeto primordial de llamar la atención del mundo hacia la enorme importancia y trascendencia que tenía entonces para las relaciones internacionales y comerciales la realización del grandioso proyecto concebido y elaborado por el mismo Squier de construir una vía férrea interoceánica, cruzando de norte a sur nuestro territorio. También publicó una reseña general de "Las islas en la bahía de Honduras", que contribuyó considerablemente a su conocimiento en aquella fecha.

Herbert H. Bancroft, en 1882, escribió en su notable obra "Razas nativas de los estados del Pacífico" sobre la etnología de nuestras tribus, principalmente de las que poblaban la vasta región de la Mosquitia. Por el mismo tiempo, el notable explorador inglés Alfred P. Maudslay, en visita especial a Copán, y después de tres o cuatro expediciones, logró completar el estudio general de sus monumentos, el más intensivo y ambicioso, más gráfico e informativo de cuantos se habían realizado hasta entonces, cuya publicación en Londres los dio a conocer al mundo científico y despertó el inmenso interés de las instituciones de dicho carácter y de los sabios, que a partir de dicha fecha convirtieron nuestra gran ciudad prehistórica en la Meca de sus máximas aspiraciones.

Siguiendo las huellas luminosas de Maudslay en su monumental estudio sobre Copán, Marshall Saville, John G. Owens y George

Byron Gordon, del Museo Peabody de Etnología y Arqueología, realizan un vasto plan de exploraciones, excavaciones y estudios de 1891 a 1895, que ampliaron el conocimiento de la cultura y el arte de Copán, plasmados en el enorme documental pétreo que fue descubierto y en el reconocimiento que por primera vez fue realizado de las cuevas existentes en sus alrededores. Y en libros y revistas, en monografías, planos y artículos científicos, fue dado a conocer a la ciencia y a los hombres de estudio el nuevo y abundante material descubierto, las nuevas informaciones adquiridas y las ideas e hipótesis nuevas que de ellas fueron deducidas.

El mismo Byron Gordon publica de 1896 a 1897 sus interesantes monografías sobre "Cavernas de Copán", "La Escalera Jeroglífica de Copán" e "Investigaciones en el Valle de Ulúa".

La magna labor de investigación, estudio y divulgación que venían realizando una pléyade de científicos extranjeros, en los variados aspectos de la fisonomía de nuestro territorio, dio como resultado inmediato que Honduras empezara a llamar la atención de los hombres de negocios y de estudio, tanto de los Estados Unidos de Norteamérica como de Europa y de otros países americanos; pero ese conocimiento fue más interesante y amplio en el aspecto prehistórico, a tal grado que ya en las postrimerías del siglo XIX era famosa Honduras por la existencia en Copán del enorme complejo de ciencia y arte, religión y simbolismo, arquitectura, escultura y epigrafía, más elevado y perfeccionado de toda la cultura existente y conocida hasta entonces en todo el continente americano.

Pero la brillante y abnegada labor no había de terminar con lo que se había realizado. Nuevos elementos, principalmente de los Estados Unidos de América, tenían que sumarse a la legión gloriosa de esforzados e incansables trabajadores científicos, en beneficio no exclusivamente de Honduras, que siempre les ha ofrecido abiertas de par en par las puertas de su territorio y de su mejor buena voluntad, sino principalmente de la cultura y de la civilización del mundo. Por eso, a los nombres ilustres anteriores se sumaron posteriormente el del eminente mayista Dr. Herbert J. Spinden, que en 1913 publicó su notable trabajo intitulado "Un estudio del arte maya", basado principalmente en las esculturas de Copán. La obra profunda y monumental escrita en diez años, intitulada "Inscripciones de Copán", por el Dr. Sylvanus G. Morley, que fue publicada en 1920, y su otra obra magnífica, "Antiguos templos y ciudades del Nuevo

Mundo", "Copán, la madre de las ciudades mayas", publicada en 1911.

Eduard Conzemius logra en 1928 publicar su valiosísimo estudio sobre "Los indios payas de Honduras", en sus aspectos geográfico, histórico, etnográfico y lingüístico, que se relaciona y complementa con la monografía de Karl Sapper intitulada "Los payas en Honduras", publicada en años anteriores.

En 1935 dan comienzo los trabajos de conservación, restauración y protección de las ruinas de Copán, que el Presidente de la República, Dr. y Gral. Tiburcio Carías Andino, organizó en estrecha y amistosa cooperación con la Institución Carnegie de Washington, siendo el Dr. Gustav Stromsvik, de dicha institución, el representante y encargado de la realización de dichos trabajos. Con tal motivo, el Sr. Stromsvik ha publicado los estudios sobre "Depósitos y cimientos bajo las estelas de Copán y Quiriguá", "El juego de pelota", "Guía de las ruinas de Copán" y la notable serie de los informes anuales de dichos trabajos que se vienen realizando desde 1935.

Por este mismo tiempo publicó David Saavedra su notable trabajo de información geográfica, agrícola, comercial, industrial y estadística, "Bananos, oro y plata", con fines de divulgación y propaganda, llamado a despertar el interés del capital extranjero y de las inmigraciones norteamericana y europea.

Coincidiendo con los importantes estudios de Stromsvik, la dinámica arqueóloga Dorothy Hughes Popenoe escribió sobre "Algunas excavaciones en Playa de los Muertos" y sobre "Las ruinas de Tenampúa". W. D. Strong publica sus investigaciones en 1934 y 1935 sobre "Antiguas ruinas del noreste de Honduras" y sobre "Arqueología en las Islas de la Bahía", que despiertan atención e interés. El Dr. Frans Blom y Jens Yde, de la Universidad de Tulane y del Museo Nacional Danés, publican su informe sobre su "Reconocimiento arqueológico del noreste de Honduras". Aubrey S. Trik, de la Institución Carnegie de Washington, nos traza un cuadro arquitectónico del "Templo XXII de Copán" en 1939. Y por último, Doris Stone, considerada entre nosotros como la gran amiga de Honduras, dedica especialmente al pueblo hondureño la segunda edición de su notable estudio intitulado "Arqueología de la costa norte de Honduras", que fue publicado en 1943.

El pueblo hondureño, que es civilizado y que posee en el más alto grado el noble sentimiento de la gratitud, no podrá olvidar jamás esos valiosos aportes científicos y culturales con que lo han favorecido los grandes esfuerzos de estudio, investigación y divulgación que sobre nuestra patria han realizado esos seres superiores y heroicos que sacrificaron sus mejores energías, recursos y tiempo en pro de la gran causa de la civilización.

LA OBRA DEL DOCTOR FEDERICO LUNARDI

Ahora nos toca reconocer la misma deuda, haciéndome intérprete de los sinceros y profundos sentimientos de gratitud que animan a los elementos inteligentes y comprensivos de la nación, en favor del Dr. Federico Lunardi, en esta vez, por la brillante, profunda, desinteresada y copiosa labor de estudio, investigación y difusión que de modo espontáneo y abnegado ha venido realizando desde que puso los pies en Honduras, sobre nuestra historia, etnología, prehistoria, filología, cosmogonía, cerámica, folklore, tradiciones y costumbres de nuestros diferentes pueblos.

Nada diré de su incansable dinamismo y acuciosidad que dejara plasmados en sus obras escritas en Colombia y Brasil, sobre las mismas ciencias que dejo enumeradas, pero haciendo uso en cada caso de los diferentes materiales que fue encontrando en los países suramericanos donde se posara su planta de elevado e inteligente diplomático de la Santa Sede y se infiltrara su espíritu inquieto, analítico e investigador de eminente científico, porque me apartaría del objeto concreto del presente prefacio; pero, en tratándose de sus diligentes estudios realizados en Honduras, de sus constantes y metódicos viajes a nuestros lugares históricos, de sus visitas asiduas y devotas a nuestros archivos, de sus entrevistas y entradas tenidas con nuestras tribus que aún conservan todavía el colorido de las viejas tradiciones ancestrales, de sus atentas y profundas observaciones en festividades tradicionales y aun en las costumbres de su vida corriente para captar las vibraciones de su alma y el molde de sus vidas, y de sus consultas interminables de día y de noche a los clásicos autores del descubrimiento y de la conquista del Nuevo Mundo, para obsequiar a nuestra Honduras con la brillante cosecha de sus magníficos estudios, descubrimientos e hipótesis, sí tenemos mucho que decir, pues esas obras están destinadas para los hombres inteligentes que dirigen nuestra cultura, y principalmente para nuestra juventud estudiosa, que es la llamada a analizarlas y asimilarlas, para que más tarde, y siguiendo los mismos métodos y procedimientos empleados por el Dr. Lunardi, sean los continuadores de una labor tan meritoria, hermosa y civilizada.

Monseñor Lunardi llegó a Honduras el 13 de febrero de 1939 y desde los primeros días empezó sus viajes de estudio a diferentes rumbos, ciudades, pueblos y lugares de importancia histórica y prehistórica, y fue en julio de 1941 cuando, a su regreso de una serie de visitas científicas, manifestó a un representante de La Época que especialmente lo entrevistó: "Cuando más voy conociendo a Honduras, tanto más crece mi admiración y mi cariño por la hermosura de su territorio, el cual en su mayor parte no ha sido todavía estudiado detenidamente, por la riqueza de sus montañas, de sus llanuras, de sus aguas y minerales, por la bondad de sus habitantes, en cuyo corazón está sólidamente arraigado el amor a Cristo y a la Iglesia, unido con el amor a la patria".

Y esa admiración y cariño han sido elocuentemente demostrados, con hechos tangibles y objetivos, como son las obras de gran importancia y mérito que ha publicado y el gran número de artículos que han visto la luz pública en diferentes periódicos del país y extranjeros, sobre estudios científicos que se refieren a Honduras.

Su primer folleto fue publicado en febrero de 1941 y se refiere a Los misterios del valle de Comayagua. Un nuevo folleto apareció el mismo año, intitulado Descubrimiento de la gran metrópoli maya en el valle de Comayagua, que fue publicado también en nuestra Revista del Archivo y Biblioteca Nacionales y en la Revista Geográfica Americana, que se publica en Buenos Aires.

En 1942, el Dr. Lunardi se fue muy adentro del corazón de Honduras al escribir su original estudio Lempira, el héroe de la epopeya nacional, porque este gran caudillo de nuestras primeras tribus aborígenes simboliza, con su enorme gesto de rebeldía ante el conquistador español, nuestra más elevada y legítima gloria nacional y la más auténtica demostración del sentimiento de autonomía y libertad que en todo tiempo vibra en el alma del pueblo hondureño. El notable historiador convirtió, con su acucioso estudio y su lógica incontrovertible, en personaje histórico a quien se hallaba situado hasta entonces entre la leyenda y la historia.

Un nuevo estudio monográfico, bajo el título Los misterios mayas del valle de Otoro, fue publicado en julio de 1943. Cabe el honor al Dr. Lunardi de ser el primer científico que descubrió la importancia arqueológica de dicho valle. Por este tiempo el autor no se daba tregua de descanso. Viajaba constantemente por todo el país, pero siempre estudiando las diferentes ciudades, pueblos y sitios que figuraban en sus planes de trabajo. Sus carteras de campo se hallaban repletas de apuntes, notas, figuras, planos y señales. Su cámara fotográfica reproducía incansablemente panoramas de valles, cerros, ríos, objetos arqueológicos y grupos de tipos humanos. Y en su residencia en el Palacio de la Nunciatura podían verse dos o tres oficinas de estudio y trabajo, que el Dr. Lunardi movía constantemente con su dinamismo personal y creador.

Y fue en medio de sus viajes, observaciones y estudios ya descritos que dedicó algún tiempo y atención a la ciudad de Choluteca, cuyo centenario de fundación estaba próximo a celebrarse. El Dr. Lunardi escribió entonces, en octubre de 1943, y lo presentó como valioso ofrecimiento con motivo de tan importante acontecimiento, su notable estudio Choluteca. Ensayo histórico-etnográfico, y acopió en él la más brillante y ambiciosa documentación que sobre la fundación de dicha ciudad se puede conocer.

En el mismo año publicó El valle de Comayagua. Documentos para la historia, quedando comprendida en dicha obra una importante información sobre la iglesia y convento de San Francisco. Este estudio fue continuado en su siguiente folleto, que publicó en 1946, intitulado El valle de Comayagua. I: El Tenguax y la primera iglesia catedral de Comayagua.

La fundación de la ciudad de Gracias a Dios y las primeras villas y ciudades de Honduras, que vio la luz pública en 1946, y con cuyo brillante estudio el historiador se remontó hasta los orígenes de nuestra nacionalidad, es, a no dudarlo, la mejor obra histórica de la notable bibliografía que, con su inteligencia y nobleza de propósitos, ha obsequiado a nuestro país. Baste decir que la parte documental contiene 150 páginas de documentos buscados y copiados con mucho esfuerzo, algunos de ellos fuera del país. La causa de nuestra historia recibió el más firme impulso y una máxima contribución en orden al esclarecimiento definitivo y documentado de hechos importantes que venían figurando en el terreno del error y de la incertidumbre. El profesorado nacional agradeció aquel valiosísimo presente con que lo obsequió la munificencia cultural del Dr. Lunardi. Y la juventud estudiosa de nuestras escuelas y colegios debe ver en aquella magna producción histórica una luz brillante y pura que, a partir de ella en adelante, la ha de conducir por la senda recta de la verdad. Todo juicio, cualquier comentario, y aun las varias afirmaciones que en la obra se exponen, están respaldadas por la más selecta, auténtica y abundante documentación que anteriormente nos era desconocida.

Hoy le toca el turno al último esfuerzo científico que el Dr. Lunardi concibió, planeó, estudió y realizó en pro de la cultura y prestigio de Honduras, al publicar, después de dos años justos de intensa, profunda y tesonera labor, el libro Honduras Maya, que nos toca el honor de prologar, según su deseo expreso.

El carácter especial de esta obra es etnológico y arqueológico, pues sus lineamientos generales así lo demuestran y su material científico así lo confirma. Sin embargo, se halla tan firmemente reforzada por ciencias auxiliares, y su documentación es tan variada y rica en informaciones valiosas y en aspectos originales, que involucra y coordina hábilmente en su complicado engranaje la historia, lingüística, cosmogonía, tradiciones, costumbres, cerámica, pintura y folklore hondureños.

Aparte de la fecunda labor del Dr. Lunardi manifestada en los libros y folletos que dejamos enumerados, otros trabajos científicos han merecido igualmente su atención e interés, y han sido publicados en revistas y periódicos del país, aumentando así la información arqueológica maya-hondureña y el acervo de consulta para nuestra juventud estudiosa. Entre ellos destacan: Sol diurno y nocturno de los mayas; Hueitlapalan, la que buscaba Cortés no era Copán, sino Sulaco; Tres vasos mayas con cabezas en relieve, del valle de Comayagua; Los payas, documentos curiosos; La majestad como insignia de poder entre los mayas y Una cabeza de jadeíta entre los cares.

Pero no terminaron allí las actividades creadoras y servicios desinteresados del eminente Dr. Lunardi en pro de Honduras. Él quiso ir más adelante y más profundamente en el estudio e investigación de nuestro problema arqueológico. Fue el iniciador y organizador de la Sociedad de Antropología y Arqueología, que tiene como importante dependencia la Universidad Popular, la cual ha venido dando importantes conferencias, principalmente el Dr. Lunardi, en el Salón de Actos de la Biblioteca y Archivos Nacionales. Posteriormente a la fundación de dicha sociedad, abrió en su residencia un Centro de Estudios Mayas, con los alumnos que voluntariamente quisieron concurrir de los cursillos de arqueología y antropología impartidos en nuestra Universidad Central por los científicos doctores César Lizardi Ramos y Paul Kirchhoff. Proporcionó materiales y equipo científico, facilitó libros de consulta, sirvió las clases, desarrolló activa propaganda para atraer alumnos y despertar su interés científico. Y de tal forma logró organizar, con elevada vehemencia, sincera abnegación y noble altruismo, un grupo de jóvenes estudiantes que probablemente, con los conocimientos adquiridos, queden iniciados o entrenados para realizar en el porvenir estudios y trabajos de gran envergadura. Y finalmente, en un gesto magno de suprema nobleza, dio en depósito a nuestra Escuela Nacional de Bellas Artes, dirigida por el ingeniero López Rodezno, para uso perpetuo, su valiosa colección de preciosos objetos arqueológicos.

CONTENIDO CIENTÍFICO, IDEOLÓGICO Y HUMANO DE HONDURAS MAYA

El autor de esta obra posee una vasta ilustración sobre la historia de las culturas del mundo. La vida prehistórica y colonial de América le es familiar en sus aspectos más destacados. Y en tratándose de Honduras, donde ha asentado su labor como apóstol de Cristo y misionero ilustre de la ciencia desde hace ocho años, es dueño de una profunda erudición histórica y científica que muy pocos hondureños poseemos. Esa erudición es prácticamente insólita en cuanto a nuestra prehistoria y a los períodos de la conquista y colonización, por estar especialmente basada en el conocimiento y análisis que ha realizado por varios años de una abundante y auténtica documentación.

Por otra parte, el Dr. Lunardi, al adentrarse en el estudio de un tema histórico o arqueológico, no se sitúa sistemáticamente en áreas particulares para hacer sus inducciones y deducciones en busca de la verdad o de la luz clara que ha de conducirlo a ella. El científico y el estudioso se hermanan en él en una sola unidad, y es así como el infatigable investigador se traslada inteligentemente a los dominios de otras ciencias para dar mayor fuerza convincente a sus teorías e hipótesis y coronar con éxito sus afanes y búsquedas en el vasto panorama de la humanidad y a través de sus múltiples actividades. De este modo, el contenido científico de este trabajo adquiere el carácter y relieve de los grandes esfuerzos mentales y de las obras eminentemente serias y trascendentales.

La ideología perseguida por el ilustre autor salta a la vista: hacer luz diáfana en el conocimiento de los hechos humanos que han precedido a la génesis de la cultura de los hombres; servir con desinterés y abnegación la evolución progresista del país donde vive, sirviendo al mismo tiempo la grande y bella causa de la civilización universal; ser útil a sus semejantes con el trabajo mental, fecundo y creador de bienes imponderables y de profundas satisfacciones espirituales; ser actuante sincero y contribuyente decidido y amplio en la obra de la evolución y perfeccionamiento humanos; cultivar su mente, elevar su espíritu y acumular conocimientos y experiencias, para ofrecer generosamente todo ese hermoso caudal al torrente impetuoso de las grandes superaciones humanas. Hacer el bien por el bien mismo. Ser rotario sincero en la gran causa de la fraternidad y de la convivencia de los nobles ideales. Todo ese bello y superior idealismo palpita en la obra meritísima a que se refiere este prefacio, y sus hondas y trascendentales proyecciones beneficiarán grandemente la cultura científica de nuestra juventud.

Alguien podrá encontrar que no es completa la obra Honduras Maya. Como obra humana y producto de la inteligencia finita del hombre, está expuesta a la imperfección, y aun en las obras más grandiosas se encuentran imperfecciones. Pero tal situación es inherente a las limitaciones del pensamiento y a la relatividad de sus complejas concepciones. La ciencia se ha venido formando por grados, por jornadas parciales y sucesivas, por esfuerzos distantes y aislados, que el tiempo, la fuerza de la civilización y la solidaridad humana han reunido pacientemente, ordenándolos, clasificándolos y coordinándolos, hasta constituir grandes bloques científicos o unidades completas aceptadas por la generalidad.

Esta obra tiene la especial importancia de representar, por sí sola, el primer intento serio y trascendental de estudiar nuestros problemas etnológicos y arqueológicos en sus lineamientos generales, y de aportar la más copiosa documentación sobre el tema, así como las primeras teorías derivadas de ella. Otros esfuerzos cooperativos vendrán posteriormente, de nuestros hombres científicos y de nuestra juventud estudiosa, que se enlazarán estrechamente con la obra del Dr. Lunardi. Y he aquí la importancia más destacada que consideramos en el presente trabajo: servir de cimiento firme y duradero para la estructuración futura del grandioso edificio de nuestra arqueología nacional.

Tanto la historia como la prehistoria no se inventan ni se da vida arbitrariamente a los hechos que las estructuran. Quizás en la segunda de estas ciencias haya algún campo para la especulación, la conjetura o la hipótesis, a base de indicios, huellas materiales o ciertas manifestaciones del arte y de la inteligencia humanas; pero en cuanto a la primera, es absolutamente imposible afirmar cosa alguna de la vida del hombre que no esté respaldada por el testimonio auténtico e irrefutable y por la evidencia objetiva de los hechos ocurridos.

El diligente investigador Dr. Lunardi no ha descuidado ni un momento tan importante detalle, tanto en la presente obra Honduras Maya, como en la vasta labor histórica que ha realizado en los libros y folletos que ha publicado, así como en la gran cantidad de estudios que han visto la luz pública en la prensa del país y extranjera.

Los primeros cronistas de crédito que escribieron durante los comienzos de la conquista —Antonio de Herrera, Juan López de Velasco, Gonzalo Fernández de Oviedo, Bernal Díaz del Castillo, Fernando Navarrete, Diego de Landa, entre otros— han sido consultados por el autor. Reales cédulas, ordenanzas, testimonios, expedientes, capitulaciones, contratos, informes y solicitudes han sido cuidadosamente estudiados, seleccionados, analizados y criticados antes de ser admitidos como pruebas documentales. Cartas históricas de virreyes, gobernadores, obispos y otros personajes sobresalientes de la conquista y de la colonización han sido igualmente examinadas con inteligencia e imparcialidad para usarlas con confianza como fuentes válidas de consulta.

Asimismo, una copiosa bibliografía de autores selectos sobre diferentes ciencias ha prestado su valiosísima cooperación en la estructuración científica de sus obras históricas. Y en tratándose de Honduras Maya, tanto el documental escrito como el material epigráfico, las piezas cerámicas, los objetos de jade, los vasos de mármol, de alabastro, de piedra, terracota y barro, las armas de obsidiana, roca y piedra, los juegos y bailes, las costumbres y tradiciones y, en una palabra, todos los elementos esenciales que entran en su composición y estructura, merecen el más amplio crédito y confianza, porque —con excepción del documental escrito— todo el restante material ha sido reunido por el propio autor, quien personalmente visitó los lugares prehistóricos, hizo reconocimientos, practicó excavaciones, descubrió objetos arqueológicos y, después de estudiarlos, analizarlos y relacionarlos, dedujo de ellos las teorías e hipótesis que juzgó procedentes. Solamente los estudios, observaciones y experimentaciones sobre los colores en la cerámica le ocuparon más de seis meses.

LOS JUICIOS, LAS TEORÍAS Y LAS HIPÓTESIS

Con motivo de que, a fines de 1945, se proyectaba la celebración en varias ciudades de Honduras, y principalmente en la gran ciudad prehistórica de Copán, de la Primera Conferencia Internacional de Arqueólogos del Caribe, y después de que el Presidente de la República, Dr. y Gral. Tiburcio Carías Andino, resolvió auspiciar dicho notable evento científico, se impuso la necesidad de que Honduras ofreciera a dicho congreso una información general sobre los diferentes problemas etnológicos, arqueológicos, filológicos y folklóricos del país, que pudieran tener relación con los puntos del temario del congreso y sirvieran de orientación en las deliberaciones.

Y fue el generoso Dr. Lunardi quien, con el espíritu patriótico con que pudo hacerlo un hondureño y con su vehemente amor al estudio y a la ciencia, se hizo cargo de tan enorme y delicado trabajo, empezándolo con una serie de artículos desde 1945 hasta la reunión del congreso, con los cuales dio forma a la primera parte de Honduras Maya, que presentó en folleto en la inauguración de las sesiones. Pasado el congreso, el Dr. Lunardi prosiguió con el mismo entusiasmo inicial y la paciencia admirable de un benedictino, escribiendo en series de artículos las otras dos partes de su estudio, hasta terminarlo casi en el mismo momento en que era entregado a las cajas tipográficas para su impresión.

Nosotros no tenemos nada que decir de los diferentes juicios, teorías e hipótesis que el autor expone con serenidad y lógica, después de los profundos estudios que realizó y del trabajo intenso de investigación, análisis y crítica que se impuso para llegar a ellos. No tenemos nada que criticar, porque respetamos la enorme autoridad que se conquistó al entregarse entero, con toda la fuerza de su voluntad y erudición, a la magna jornada científica de estudiar a fondo el problema maya de Honduras y darlo a la publicidad durante más de dos años.

¿Qué hay quien sonríe maliciosamente poniendo en duda lo que el Dr. Lunardi afirma, con estudios y pruebas, de que toda Honduras es maya? Esa es cuestión de ellos. Y si la ponen en duda, ¿por qué no la combaten científicamente y demuestran el error? Pero esa actitud de incredulidad no tiene importancia, ni resta seriedad ni mérito a las razones y argumentos con que el Dr. Lunardi apunta la estructura medular de su notable estudio.

Las hipótesis de Honduras Maya quedan sentadas sobre sólidos cimientos. Se basan en hechos elocuentes que existen en el mismo suelo hondureño, en antecedentes valiosos relacionados con la etnología centroamericana, y constituyen desde hoy una piedra angular que servirá de punto de partida para nuevos descubrimientos arqueológicos, estudios e investigaciones que exalten más la grandeza de nuestros ancestros, así como para nuevas teorías e hipótesis que confirmen las del Dr. Lunardi: que Honduras fue un gran centro de cultura maya, que irradió sus luces y civilización en un amplio radio de influencia, como lo hicieron las grandes ciudades de la cultura clásica del Viejo Mundo.

Pedro Rivas
Tegucigalpa, D. C., 8 de noviembre de 1947

PRIMERA PARTE: PRIMERA PARTE ETNOLOGÍA

I: ¿DE DÓNDE VINIERON LOS HOMBRES A AMÉRICA?

1. El problema americano

Teniendo en vista la próxima Primera Asamblea Circulante de Arqueólogos del Caribe, que se celebrará en Copán, es adecuada la pregunta enunciada, ya que los cubanos tienen derecho a creer que, de algún modo, los hombres de Centroamérica tuvieron relación de origen con la vecina Cuba[1].

En efecto, no es extraño considerar que las corrientes y los vientos alisios y dominantes del Atlántico hayan tenido mucha participación en las comunicaciones entre los dos continentes y entre las Antillas, la América Central y las regiones adyacentes.

Por otra parte, la corriente ecuatorial del sur, partiendo del África meridional, recorre con ese nombre la línea ecuatorial y, al chocar con el cabo de San Roque, en la punta del Brasil, se bifurca. La rama superior se refuerza con las aguas del Amazonas, entra en el mar de las Antillas, dificulta la navegación hacia Honduras, toma más fuerza pasando entre Yucatán y Cuba y, al salir del estrecho de Florida, avanza poderosamente con el nombre de Gulf Stream (corriente del Golfo), cerrando el gran círculo y calentando de paso las tierras frías de América y de Europa.

A este movimiento de cielo y agua se deben añadir los vientos que soplan en la misma dirección de la corriente ecuatorial y que llegan precisamente a las Antillas.

He aquí una idea de las posibilidades de comunicaciones antiguas entre el Viejo Mundo y el Nuevo, entre Cuba y Honduras. Debe tenerse en cuenta que Cabral descubrió el Brasil porque fue llevado por esa corriente ecuatorial del sur directamente al cabo de San

---

[1] En los primeros tiempos de la conquista española, la navegación del Caribe estuvo muy desorientada por causa de las corrientes marinas y los vientos dominantes. Sobre las costas de Honduras, puede consultarse a fray Francisco Vásquez, quien describe los penosos viajes hacia el Cabo de Gracias a Dios. También pueden revisarse mapas de corrientes oceánicas y obras como el manual de arqueología americana de H. Beuchat, Madrid, 1918.

Roque; y los españoles, que encontraban dificultades para navegar en las costas de Honduras —como bien lo supo Colón—, aprendieron a venir directamente, partiendo del cabo San Antón, en Cuba, o yendo a Jamaica, para que la corriente los llevara a las costas hondureñas.

A todo esto se podría añadir que corrientes y vientos provenientes de Australia y Melanesia no son ajenos a internarse en las aguas del Atlántico y combinarse con las corrientes que llegan a las costas de América.

2. Las varias teorías

La pregunta anterior fue planteada por los mismos descubridores de América desde los primeros tiempos. Hubo un padre Acosta que pensó que los "animales inferiores" —como llamaba a lagartos y serpientes—, al no poder pasar por el estrecho de Bering ni llegar por el aire, debieron tener una "generación espontánea" en el suelo americano.

No ha faltado un Posnansky que afirmara que en el "techo del mundo" (Bolivia) tuvo el hombre su "Edén" y que América fue cuna de la humanidad. Tampoco faltaron quienes atribuyeron al hombre americano un origen en diversos monos, sosteniendo su carácter autóctono, aunque, como señalaba un reconocido profesor, si ya es difícil probar la generación humana a partir de un solo mono, mucho más lo es hacerlo a partir de varios.

Mientras tanto, Ameghino pasó de moda, y muchas leyendas americanas —desde las mayas hasta las amazónicas— sostienen que los monos son hombres castigados por los dioses. Por ello, no es raro encontrar vasos mayas hondureños con figuras de monos.

En la mitología maya, el mono aullador (Alouatta) y el mono araña (Ateles) aparecen como figuras simbólicas, asociadas al canto y a la danza, y son frecuentes en la cerámica de diversas regiones de Honduras.

3. Hombres americanos y no "el hombre americano"

Dijo Ulloa en el siglo XVIII: "Quien ha visto de cerca a un indio, los ha visto a todos". Esta idea fue repetida por varios estudiosos, incluso por Hrdlička, y seguida por muchos modernos, sin advertir sus contradicciones.

En realidad, los datos de la antropología distinguen en el Nuevo Continente diversos tipos humanos, y el examen serológico acentúa aún más estas diferencias. Desde el inicio, quienes intentaron investigar el origen de los americanos buscaron relaciones con los antiguos israelitas; posteriormente, se dio un enfoque más científico, atendiendo a rasgos físicos y culturales de la población americana.

Se consideró entonces que, por Alaska y el estrecho de Bering, habrían llegado poblaciones asiáticas, apoyándose en similitudes de cabello, color de piel y otros rasgos, muchas veces exagerados por la imaginación.

Sin embargo, según observaciones de investigadores como José Imbelloni, el análisis serológico muestra una escasa participación mongoloide. Además, hechos históricos indican que, tras el descubrimiento de las Filipinas en el siglo XVI[2], estas fueron incorporadas a México, desde donde llegaban barcos con población filipina que se dispersó por las costas del Pacífico americano.

Por lo tanto, la sangre mongoloide parece haber llegado en etapas tardías y en proporciones limitadas, en contra de la idea simplificada de que "los americanos son mongoles venidos de China". Esta afirmación, sostenida por Humboldt y otros, ignora la diversidad interna de Asia.

Otras teorías han propuesto influencias de Afganistán, de la India, de Asia central, de Polinesia, de Australia o de Oceanía en general.

4. Un poco de todo

Así como algunos han buscado en la Atlántida el origen americano —terminando en una mezcla confusa de elementos—, también puede decirse que la población de América tiene un origen múltiple.

Imbelloni[3] concluye que existe una escasa participación mongoloide en lo profundo del componente biológico americano, que se observan elementos australoides en diversas poblaciones, y que hubo migraciones ya transformadas genéticamente antes de llegar al

---

[2] Existen documentos del siglo XVI, como cartas de funcionarios coloniales, que mencionan intercambios comerciales entre Asia y América antes y durante la conquista.

[3] Estudios de Imbelloni y otros autores del siglo XX, basados en análisis morfológicos y serológicos, sostienen la heterogeneidad del poblamiento americano.

continente. Señala también afinidades con poblaciones indonesias y filipinas, así como relaciones entre distintos grupos indígenas americanos.

Por otra parte, este autor afirma que, lejos de ser homogénea, la humanidad en América está compuesta por elementos diversos, como si en un crisol se hubiesen fundido múltiples grupos humanos. El llamado Homo americanus sería, en realidad, el resultado de un antiguo tronco con características australo-caucásicas, transformado posteriormente por influencias asiáticas.

De este modo, pueden establecerse dos conclusiones fundamentales:

primero, que la población de América no es homogénea;

y segundo, que los primeros hombres pisaron el continente ya en el período cuaternario.

Tegucigalpa, diciembre de 1945.

II: HONDURAS, CRISOL DE LOS MAYAS

1. Estudiar y meditar

Produce profunda impresión leer escritos de hombres que han estudiado, pero no profundizado un asunto, y escriben cosas pasmosas basándose en lo que otros han dicho, impidiendo de este modo el progreso necesario para la patria y la humanidad.

Si a quienes estudian de veras les sucede que, al aparecer un nuevo documento o al meditar nuevamente, deben modificar alguna opinión, con mayor razón sucederá a los otros, especialmente cuando se trata de abordar problemas tan difíciles como el de descubrir el velo de los antepasados. Por ejemplo, cuando no se distingue entre los mayas que vivieron en Honduras antes de la conquista y los que sufrieron la mezcla de lenguajes y culturas de otros pueblos que vinieron después.

Porque Honduras fue como un crisol, en donde al oro puro, que eran los mayas, se mezcló la broza encontrada posteriormente. La mezcla resultante no es el oro fino primitivo. Esto sucede cuando se confunden los mayas con los jicaques, los payas, los lencas y otros grupos que deben ser estudiados de manera distinta, pues sufrieron transformaciones en su lengua y cultura.

Asimismo, cuando se afirma que debajo de los monumentos mayas se han encontrado restos de gente anterior, se incurre en un error de interpretación: es como mezclar en el crisol materiales distintos sin considerar su evolución. Es decir, los mayas clásicos fueron antes más rústicos y con menor desarrollo cultural, y luego se perfeccionaron hasta producir los monumentos que hoy conocemos. No podemos afirmar, sin pruebas sólidas, que dichos restos pertenezcan a otra raza.

2. Los mayas en Honduras

Tengo entendido que todo el territorio de Honduras estuvo primitivamente cubierto por espesas selvas, a la manera de la Mosquitia. Asimismo, que por la costa de Honduras, y principalmente por los ríos Chamelecón, Ulúa, Humuya y Sulaco, se extendió e irradió una antigua civilización maya proveniente del oriente.

En Honduras se habría desarrollado el calendario en los dos siglos anteriores a Cristo, y en Copán se habría reunido un gran congreso de sabios para corregirlo.

La enunciación que presento es digna de estudio y meditación, en vista de la trascendencia que alcanzará con los descubrimientos y sorpresas que reservan las futuras excavaciones en Honduras.

Al decir "maya", entiendo referirme a todo el tronco y a todas las ramificaciones de origen maya.

3. Los más antiguos

Hemos visto, con base en estudios como los de Imbelloni, que la población de América no es homogénea y que los primeros hombres pisaron el continente ya en el período cuaternario. Esto significa que los mayas no fueron los únicos pobladores de América.

Diversas regiones del continente disputan el mérito de haber sido asiento de los hombres más antiguos. Las cuevas de Lagoa Santa, cerca de Belo Horizonte, en el estado de Minas Gerais, Brasil —que visité en 1935—, conservaban cráneos muy antiguos, de características australoides, descubiertos por el sabio Lund. Argentina aportó numerosos elementos a las teorías de Ameghino, y Alaska a las de Hrdlička.

4. Las corrientes y los vientos

En el capítulo anterior traté brevemente la corriente ecuatorial, que se transforma en la corriente del Golfo. A ello hay que añadir las corrientes que, desde Australia y Melanesia, se dirigen hacia el sur del África oriental; desde allí pueden incorporarse a la corriente ecuatorial. Asimismo, las corrientes y vientos del Pacífico alcanzan las costas de América, y los vientos del sur del África occidental llegan hasta las costas de Argentina y Brasil.

Pero lo que más nos interesa es que la corriente ecuatorial, al entrar con fuerza entre las Antillas y salir por el canal de Florida, genera corrientes secundarias en las costas de Panamá y la Mosquitia, en el golfo de México y, particularmente, en la bahía de Honduras, donde la corriente retrocede hacia el oriente.

De julio a noviembre se forman en las Antillas los temibles huracanes que se dirigen hacia Florida. Entre tanto, hasta marzo, la navegación de oriente a occidente en las costas de Honduras resulta casi imposible —al menos en la navegación antigua—, como lo demostraron Colón en su cuarto viaje y misioneros como Andrade y Martínez en el siglo XVII. Los españoles aprendieron posteriormente que, para desembarcar en el cabo de Gracias a Dios, era necesario remontar hacia Cuba, dirigirse a Jamaica y desde allí descender hacia tierra firme.

Todo esto permite comprender las posibilidades que tuvieron los primeros pobladores de la costa de Honduras.

5. Los indios que encontró Colón en la tierra de Maya

Tanto en documentos como las probanzas de Diego Colón, como en la carta de Bartolomé Colón y en las Décadas de Pedro Mártir de Anglería, se afirma que la tierra firme visible desde la isla de Guanaja —es decir, la costa de Honduras— era llamada por los naturales "tierra de Maya".

Este nombre se extendía hasta Yucatán, mientras que la región cercana al cabo de Gracias a Dios era llamada "tierra de Taya", denominación que aún persiste en topónimos como el río Tayaco, afluente del río Tinto.

Fernando Colón, que acompañó a su padre en el cuarto viaje, describe a los indígenas de la costa de Honduras de manera algo confusa. Sin embargo, señala que los habitantes de Guanaja y de la

"Punta de Caxinas" eran similares a los de otras islas del Caribe, aunque con ciertas diferencias físicas.

En tiempos cercanos al descubrimiento parece haber ocurrido un movimiento humano de sur a norte. Grupos posiblemente arahuacos, cuyas tribus aún existen en Brasil, las Guayanas, Colombia y Venezuela, ocuparon las costas e islas. Algunos de ellos practicaban el canibalismo y fueron denominados "caribes", lo que llevó a la Corona española a autorizar su esclavización en 1511.

También describe Fernando Colón a los indígenas cercanos al cabo de Gracias a Dios como de aspecto distinto, lo que sugiere diversidad étnica en la región.

Por otra parte, la relación entre Yucatán y Honduras se evidencia en relatos como el del obispo Diego de Landa, quien menciona contactos entre ambas regiones. Asimismo, durante la conquista, Gil González Dávila encontró en Nicaragua lenguas relacionadas con las de Yucatán.

Todo esto sugiere que Honduras era "tierra de Maya", no solo en la costa, sino en una amplia región que se extendía hasta Nicaragua.

Tegucigalpa, diciembre de 1945.

III: REGIONES DE GENTE ABIGARRADA DEL TIEMPO COLONIAL

1. Maya, Taya, Paya

Estos nombres, referidos por Colón como denominaciones de regiones de Honduras, fueron tomados posteriormente por los españoles como nombres de "pueblos". Sin embargo, de las propias relaciones de los acompañantes de Colón y de la etimología se deduce que no debe interpretarse así.

"Maya" significaría "sin agua" o tierra no inundada, es decir, un tipo de región y no una etnia. Este término no se aplicaría únicamente a Yucatán, sino a cualquier territorio no pantanoso o apto para el cultivo, especialmente del maíz.

En cambio, más allá del cabo Camarón, la costa se vuelve pantanosa hasta el cabo de Gracias a Dios. Allí aparece el término "Taya", que puede interpretarse como "lugar de agua". Mapas antiguos, como el de Diego de Ribero (1529), denominan esta zona como "Mar de la Tierra", lo que refuerza dicha interpretación.

Por su parte, el término "Paya" habría sido aplicado por los misioneros a los habitantes de estas regiones, aunque originalmente podría haber sido también un nombre geográfico. Su etimología sugiere "muralla de agua" o "barrera", posiblemente en referencia a las sierras que se elevan desde la costa.

Mapas posteriores, incluso ingleses del siglo XVIII, mencionan estas regiones como "Poyais" o "Popayas", lo que confirma la evolución del término desde designación geográfica a denominación de pueblo.

Estas interpretaciones se apoyan en estudios lingüísticos como el Diccionario de Motul y en análisis históricos de topónimos coloniales.)

2. ¿Quién es "gente"?

Para explicar lo dicho anteriormente, es necesario recordar que los pueblos indígenas de todo el mundo suelen llamarse a sí mismos "gente", es decir, "hombres verdaderos", excluyendo a quienes no pertenecen a su grupo, a quienes designan de otras maneras. Los romanos, por ejemplo, llamaban "bárbaros" a los otros.

Por lo tanto, quienes no pertenecen al grupo considerado "gente" no tienen los mismos derechos sobre el territorio ocupado por este; y si los reclaman o intentan ejercerlos, se les considera enemigos, se les hace la guerra y, si son capturados, pueden ser reducidos a esclavitud. Este principio, que aún subsiste en cierta forma como base de la ciudadanía moderna, existía entre los romanos y persiste entre pueblos de la cuenca amazónica, donde los indígenas se llaman a sí mismos "hombres verdaderos", considerando a los demás como distintos.

Los jicaques de nuestra Montaña de la Flor no escapan a esta regla y no permiten la entrada a extraños en su territorio. Cuando los visité por segunda vez, en 1944, existía entre ellos una disputa interna, y el jefe de una de las tribus, Fidelio, me permitió —como excepción— ingresar hasta sus viviendas, repitiéndome con firmeza: "Nosotros somos nación".

En América Central, términos como chontal, popoloca o pupuluca, otomí y chichimeca significaban "rústico" o "extranjero". En mapas de los siglos XVII y XVIII se observa que diversas poblaciones al sur de Gracias a Dios y Comayagua, sin distinción, eran designadas como "chontales".

También ocurre que unos pueblos nombran a otros según rasgos que les llaman la atención, ya sea por su forma de vida, por relaciones históricas, por desprecio o por considerarlos extraños. Así, en la frontera de Honduras, algunos llamaban lenca a los habitantes de Polorós, término que puede interpretarse como "pueblo grande" o "de mucha gente".

3. Gente abigarrada entre los mayas del tiempo colonial

Para comprender la gran diversidad de pueblos que habitaban la parte oriental de Honduras tras la conquista —además de la introducción de población africana—, resulta ilustrativo citar al franciscano Francisco Vásquez, quien describe estas regiones en sus crónicas.

Según este autor, al momento de la conquista, muchos indígenas huyeron hacia las montañas, especialmente en las regiones de Taguzgalpa y Tologalpa. Allí habitaban numerosas naciones o grupos, organizados algunos en formas semejantes a repúblicas y otros en estructuras familiares o tribales.

Entre los nombres registrados se encuentran: lencas, tahuas, alhatuinas, xicaques, mexicanos, payas, jaras, taupanes, taos, gualas, alaucas, guanaes, limucas, bocayes, tomayes, panamacas, entre otros. Esta diversidad evidencia una notable fragmentación cultural y lingüística.

Asimismo, Vásquez menciona la presencia de individuos de distintos rasgos físicos, producto de mezclas entre poblaciones locales y extranjeras, incluyendo contactos comerciales con grupos que llegaban por mar. Estas interacciones incluían intercambio de bienes como herramientas y metales preciosos.

El autor también recoge tradiciones que atribuyen el origen de algunos grupos a migraciones procedentes del área mexicana, durante el imperio mexica. Sin embargo, tales afirmaciones carecen de pruebas concluyentes y reflejan más bien interpretaciones propias de la época.

En consecuencia, estas crónicas muestran una clara falta de comprensión científica en materia de etnología y lingüística, mezclando observaciones válidas con conjeturas y relatos legendarios. A pesar de ello, permiten reconocer un hecho importante:

durante la época colonial, la región de Taguzgalpa (o Teguzgalpa) estaba habitada por una población sumamente diversa o "abigarrada".

Esta diversidad influyó en las lenguas y costumbres de otras regiones, especialmente mediante la presencia de poblaciones africanas y europeas, junto a los indígenas tributarios, muchos de los cuales se mantuvieron relativamente intactos. Estos últimos constituyen los vestigios más antiguos de la población maya en Honduras.

Tegucigalpa, diciembre de 1945.

IV: LOS NEGROS EN HONDURAS

1. Los negros en América

Este es un tema de gran importancia y amplitud, especialmente en relación con su contacto con los mayas de Honduras, aunque aquí solo puede tratarse de manera breve.

Desde inicios del siglo XVI ya había población africana en la isla Española. En 1511, el rey Fernando V autorizó formalmente su introducción, tras **recomendaciones** que buscaban aliviar la explotación indígena, aunque esta medida fue posteriormente cuestionada. Durante el reinado de Carlos V se establecieron cuotas de importación de esclavos, lo que incrementó considerablemente el tráfico.

Los portugueses habían iniciado el comercio de esclavos desde décadas antes, y pronto se sumaron españoles, flamencos, genoveses, franceses e ingleses. La trata se extendió por regiones como Senegal, Gambia y Guinea, desde donde eran trasladados a América.

Las cifras de este comercio son enormes: solo Inglaterra introdujo cientos de miles de esclavos en América del Norte, mientras que en el siglo XVIII las importaciones hacia América española alcanzaban decenas de miles por año. Este comercio generaba grandes ganancias, dado el bajo costo de adquisición en África y el alto precio de venta en América.

2. La esclavitud inmoral

La esclavitud y el tráfico de esclavos provocaron graves males. Aunque la Iglesia heredó esta práctica del mundo romano, nunca dejó de manifestar objeciones y críticas, aunque en muchos casos se vio limitada por las circunstancias históricas.

En algunos momentos, la esclavitud se justificó como un supuesto beneficio para los esclavos, pero en realidad persistió debido a los intereses económicos de quienes la sostenían. Existen ejemplos claros de oposición: en 1684, dos capuchinos en La Habana predicaron contra la esclavitud, lo que les valió prisión y su expulsión definitiva.

3.-Los negros en honduras

Con Alvarado deben haber entrado algunos negros en Honduras, ya que en 1534 había llevado muchos al Perú. Sin embargo, el primer negro de quien se tiene noticia cierta se llamaba Marquillo, criado de Montejo, quien lo mandó a poner fuego a la fortaleza maya de Yamalá, porque era conocedor de la lengua de esos indios. Anteriormente, en 1531 y 1533, el Consejo de León y Castañeda habían pedido 1,000 negros para emplearlos probablemente en las nuevas minas de Gracias a Dios (en La Segovia), en los límites con tierras de Honduras.

Montejo, en 1539, pedía negros para abrir caminos; el licenciado Maldonado, en 1545, igualmente, añadiendo que en las minas de Olancho "hay mucha cantidad de negros ya en ellas, que serán hasta 1,500... Es toda aquella tierra muy rica en oro, y aunque faltase aquel río de Guayape... hay ya descubiertos otros ríos; y como entra cantidad de negros, cada día han de descubrir más".

Por los malos tratamientos, en ese año se alzaron los indios de Comayagua, Olancho, Nueva Segovia y San Pedro, y mataron muchos españoles y cuadrillas de negros que estaban en las minas.

En 1548, el licenciado Cerrato se refería al hecho de que venían continuamente carabelas portuguesas a traer negros, y en 1549 refiere acerca del pleito que el oidor Herrera tenía con el clérigo Abela, por haber tomado a este una cuadrilla de negros y una mina muy rica. En 1550, el licenciado López pide todavía negros.

Así que, cuando en 1586 el padre Ponce escribió su relación, podía decir que "halláronse entonces (en el río Guayape) en la furia de aquella codicia sacando oro 25,000 esclavos indios y negros, lo cual fue causa de acabarse los naturales".

4.-Hechos singulares en Honduras

No voy a tratar aquí de los mulatos y pardos, todavía más importantes, sino solamente de los negros.

En 1618 llegó a Trujillo una embarcación cargada de negros que no se quería recibir por haber muchos; pero los mineros de Tegucigalpa los reclamaron para sus minas.

Ojeando los libros parroquiales, se encuentra que, de 1768 a 1772, en Olanchito se bautizan Juan Figueroa, negro bozal libre, de Guinea, y María, negra de Guinea; en Santa Bárbara, Simón Mauricio, negro libre; en Tegucigalpa, en 1740, se casan Luis Chabed con Isabel María Navarro, esclavos; y en 1757, Justo Bonifacio, esclavo, con María Tomasa Gómez, mulata libre.

En el valle de Comayagua, en la Cofradía de los Reyes, en 1781, aparecen bautizados: el hijo de la negra Juana Benita; Juana Margarita, negra esclava, de padres negros esclavos naturales de Puerto de Omoa (los hijos de esclavos nacían esclavos); una hija de Lorenza, negra esclava de Antonio Rosales. En 1782, un hijo de Silverio Jinestroza y Petrona Castilla; el negro libre Juan Manuel Driote, que tomó este apellido de su padrino, el cura mercedario. En 1783, un negro de la Criba, esclavo de don Silvestre Baratan; unos niños hijos de María del Rosario Arriaga, negra de la Criba, esclava del señor José Antonio Arriaga; Ana Josefa, negra adulta, esclava de don José Marín. En 1784, José Agustín, negro esclavo. En 1785, José Ramón, negro esclavo, hijo de negros esclavos. En 1820, un negro adulto de nombre Pablo.

Alonso de Galdo, negro, que fue esclavo del obispo fray Alonso de Galdo, dominico (1613-1628), y tomó su nombre, y del padre Juan Pérez de Camino, fue libertado y compró un terreno de la Iglesia que dejó a su hija María de las Mercedes de Galdo, la cual dio mucho que hacer por causa de colindancia con los terrenos del trapiche perteneciente a la ermita de la Caridad. Ella se había separado de su marido; obligada por el obispo, volvió a vivir en el monte libremente. (Tit. 181, Jeto.)

En 1634, en el contrato de compraventa, el obispo Cañizares recibió de los mercedarios las tierras que fueron llamadas San Isidro (Trapiche); en ese contrato se hace constar que se vende con seis piezas de esclavos negros que son maestros.

5.-Los negros cimarrones

Desde que comenzaron a llegar los negros en grandes cantidades, se lamentaron los efectos de las fugas. Además de haber sido arrancados violentamente de sus países nativos, se les trataba duramente. Por lo tanto, se fugaban, se juntaban en cuadrillas y constituyeron, desde un principio, un gran peligro para la sociedad, por lo que se dictaron leyes severas: no podían llevar arma blanca ni ir a caballo sino en macho o en mula.

Sin embargo, llegaron a ser muy diestros en el manejo del arma de fuego, y en manos de los ingleses, que habían ocupado la costa del norte y tenían en Jamaica su centro principal, contándose nueve negros por cada blanco, se volvieron un gran peligro para la nacionalidad de Honduras.

A estos negros fugitivos se les dio el nombre de cimarrones; se agrupaban en poblaciones alejadas y eran una seria amenaza en los caminos. En 1649 se debieron desalojar tres poblaciones que los negros habían formado en la montaña del volcán Cosigüina.

6.-Los negros, libres, artistas y militares

Los negros, en general, son inteligentes y amantes del estudio, y a pesar de cierta hostilidad que encontraron entre la gente blanca, recibieron de las leyes el poder recobrar la libertad desde 1540.

Entre esclavos y libres había artistas: entre ellos se encuentran el sedero, el sombrerero, el calcetero, el sillero, el albañil, el confitero, el cerero, el zapatero, el herrador, el sastre, el barbero, el escultor y el platero.

Se usaron los negros especialmente como soldados. Contra los piratas, en 1645, se les llevó a defender el puerto de Amapala. En 1679, el 23 de agosto, se paga media anata por el nombramiento de alférez hecho a Manuel Garay, capitán de la compañía de mulatos y negros libres del valle y villa de Jerez de la Choluteca.

En las leyes 10 y 11 (cédulas de 1623 y 1625) se habla de los morenos libres moradores de los puertos, que siempre que hay necesidad de armas en defensa de ellos, proceden con valor, arriesgando sus vidas y cumpliendo con su deber en buena milicia.

7.-Influencia de los negros

Además de la influencia física, los negros influyeron en la parte moral y en la transformación de la lengua maya, ya diferenciada en varias ramas y dialectos, especialmente en Honduras, donde el lenguaje no llegó, como en Yucatán, a conservarse, porque el español lo absorbió completamente.

Tegucigalpa, enero de 1946.

V: MORENOS, MULATOS Y PARDOS

1.-Cruzamientos

Durante la colonia se hicieron varias clasificaciones de los cruzamientos que se verificaron en aquel entonces. Ofrezco aquí algunos de los términos más en uso:

CRIOLLO, según Garcilaso de la Vega, llamaron los negros al hijo de español nacido de española, e igualmente al hijo de negro con negra cuando nacían en América.

MESTIZO, llamaron los españoles al hijo de español con india.

ESPAÑOL, al hijo de mestizo con española.

MULATO, al hijo de español con negra.

PARDO, nombre vago aplicado en general a la gente de color, aun a los negros; en las Antillas se daba al hijo de negra y blanco o viceversa; en Comayagua se encuentra aplicado a María Mercedes de Galdo.

MORISCO, hijo de mulato con española.

CHINO, hijo de morisco con española.

ALVINO, hijo de español con morisca.

CAMBUJO, hijo de india con negro.

COYOTE, hijo de indio con mestiza.

GENTIL, hijo de coyote con indio.

2.-Morenos o caribes

Las Islas de la Bahía fueron en todo tiempo blanco de los piratas, por lo cual en 1642 fueron despobladas. En 1797, los ingleses desembarcaron en la isla de Roatán con negros procedentes de San Vicente, en número que varía entre 2,000 y 5,000, según diversas fuentes.

Posteriormente, estos grupos fueron trasladados a Trujillo. Muchos de ellos, invitados por el gobierno de Comayagua, se establecieron en el continente, cerca de Trujillo y otros puntos, extendiéndose luego por la costa hacia Omoa y hacia el cabo de Gracias a Dios, formando una población trabajadora y estimable.

En la Mosquitia algunos se establecieron huyendo del servicio militar. A inicios del siglo XIX se estimaba su número en varios miles.

Estudios históricos como los de Ignacio Gómez y referencias como Pericot documentan la deportación de caribes desde San Vicente a Honduras en 1797.

Los morenos o caribes son, puede decirse, civilizados; tienen cuerpo atlético, bien formado y generalmente son altos. Son estudiosos, saben leer y escribir y hablan varios idiomas, lo que hace que su lenguaje sea una mezcla de diversas lenguas.

En 1812, el 21 de noviembre, el obispo gobernador nombró cura misionero de los caribes del puerto de Trujillo a fray Juan Belgines. Para el estudio maya ofrecen poco interés, pues su influencia se limita principalmente a la costa atlántica, donde viven agrupados.

3.-Mulatos y pardos

En general, los hijos nacidos de cruzamiento de sangre no eran bien reputados al tiempo de la Colonia: se decía que heredaban todos los defectos de sus progenitores; defectos que iban disminuyendo en los nietos. Al principio, se prohibió que pasaran a las Indias sino los negros bozales nuevamente llevados de sus tierras; sin embargo, pasaban también los mulatos. Valían más los negros que los mulatos; más las hembras que los varones. Finalmente, Felipe II ordenó que pagasen tributo los mulatos libres existentes en las Indias, un marco de plata cada año; tributo que fue disminuyendo después.

Los mulatos y pardos se multiplicaron. La mayor parte de las veces, los españoles olvidaban a las blancas, y así, en los libros, aun en el Valle de Comayagua y en el Real de Minas de Tegucigalpa, aparece que los nacimientos de mulatos y pardos son en número grandemente mayor; en general, donde había minas se notaba la misma cosa.

Como los negros y los mulatos tomaban el mismo nombre de los blancos, sus patronos o de los que los llevaban en el bautismo como padrinos, no se distinguen de ellos sino por la falta de la preposición de, que denota alguna superioridad; sin embargo, el negro esclavo del obispo Alonso de Galdo retuvo el mismo nombre de su patrón, es decir, se llamó Alonso de Galdo. Ellos se mezclaban con los españoles en los gremios; mejor dicho, les hacían competencia.

En el Real de Minas de Tegucigalpa, a principios del siglo XVIII, los pardos libres de la Cofradía del Rosario, que radicaba en la iglesia de la Santa Vera Cruz, fundada en el convento de San Francisco, quisieron hacer un cisma; pero no fue consentido (véase Libro de la Cofradía del Rosario, Archivo de Comayagua).

Los españoles, divididos en peninsulares y criollos, se unieron para distinguirse de la gente de color, y entonces vedaron a las negras y mulatas llevar joyas y galas, permitiéndoles solamente el uso de las mantellinas; pero la gente parda se multiplicó, adquirió importancia en la sociedad, y de allí nació una rivalidad no inmune de graves consecuencias (véase García Peláez, II).

Conviene advertir aquí —como lo señalan estudios como el de Conzemius sobre los caribes negros— que, aunque con el tiempo la mezcla atenuó los rasgos originales, los grupos morenos desarrollaron características propias y diferenciadas, tanto físicas como culturales, lo que explica en parte la complejidad social de estas poblaciones.

De los libros parroquiales antiguos que he consultado con mucha paciencia en el Archivo del Obispado de Comayagua, me resulta que, mientras al principio de la Conquista se tenía cuidado de fundar la villa o ciudad de españoles en la cercanía de poblaciones de indios, en el siglo XVIII, con el gran aumento de las minas y de los mulatos y pardos, se creaban de la noche a la mañana poblaciones de mineros mulatos y pardos al lado de los indios puros, los cuales sufrieron su influencia, especialmente en la lengua, mucho más cuando ya no hablaban sino la española, y esta, malamente.

Así encuentro en el Valle de Comayagua, en los libros de bautismo, matrimonios y defunciones, desde 1781 hasta 1820, que una grandísima parte de los que están registrados en esa catedral son mulatos y pardos, sin contar los negros. Juntando mis observaciones con lo que enseña la Relación acerca de la Alcaldía Mayor de Tegucigalpa, hecha por Ortiz de Letona en 1743 (Rev. Arch., XV, 322 y sigs.), se debe decir lo mismo del Real de Minas de Tegucigalpa, en donde había tres compañías de milicianos de todo linaje, 100 hombres españoles casi todos criollos, pocos mestizos y un número exorbitante de negros y mulatos (800 personas de confesión), y 54 indios de confesión; Comayagüela era toda de indios (186 de confesión) y Támara también (12 de confesión).

El curato de Cantarranas, con 1,400 personas de confesión, contenía, al lado de los indios, los centros poblados de negros y mulatos: San Juan con 130, Guaymaca con 70 y San Francisco (Orica) con 90; Danlí, con tres compañías de milicianos de todo linaje, tenía 1,200 personas de confesión, con 90 españoles, 90 mestizos y todos los demás negros y mulatos, al lado de los indios mansos y los de la selva.

Santa Lucía, que pertenecía a la doctrina de Orica, cuyo cura doctrinero era un franciscano que iba desde el convento de Tegucigalpa, tenía 35 negros y mulatos, al lado de españoles, criollos e indios. Goascorán tenía en el valle de San Inés 300 mulatos de confesión. Choluteca, con dos compañías de milicianos —una de españoles y mestizos y la otra de negros y mulatos— tenía una feligresía de 78 españoles, 130 mestizos y 400 negros y mulatos, con dos minerales: El Corpus y San Martín.

En Nacaome, donde estacionaba una compañía de milicianos, no había españoles, sino cerca de 400 negros y mulatos de confesión, es decir, sin contar los niños.

En Ojojona, al lado de los indios tributarios, había una compañía de negros y mulatos y, en los valles, 70 españoles, 112 mestizos y 500 negros y mulatos de confesión.

En Aguanqueterique había una compañía de todo linaje y 224 mulatos de confesión. En el padrón de Siguatepeque he encontrado 238 pardos contra 70 españoles; de mulatos y pardos había gran cantidad en las minas de Cedros, de Olancho y en Olanchito, en cuyos territorios topamos continuamente con nombres y recuerdos que se repiten en la región probablemente originaria de Comayagua y en todo el territorio occidental, como señal de que había en Honduras una amalgama de indios, españoles y demás gentío desparramado en todas partes.

Entre tanto, al lado de los indios surgían como por encanto las nuevas poblaciones del valle de Quimistán y en las vecindades de Tencoa, pueblo que estaba ya casi muerto. Y en la visita general que hizo en 1804 el gobernador Anguiano, al final de la "Matrícula" de 1801, advierte que las familias de españoles eran criollas. Los españoles peninsulares iban disminuyendo.

Se puede también advertir que en todas partes, al lado de los indios puros tributarios del Rey, se fue a vivir la gente de color, que Anguiano señala con una R, que quiere decir "reducción". Entre estos, se encuentra que al lado de los indios de Intibucá se hizo una reducción de gente ladina y de color, y lo mismo en Manto, Yocón, Sulaco, Joconguera, Guarita, Sensenti, Ocotepeque, Erandique, Piraera y en muchas otras partes.

4.-Influencia sobre los mayas

Para concluir este capítulo, se debe tener presente, cuando se habla de los mayas de Honduras, y especialmente de su lengua, que mientras los morenos no tuvieron ninguna influencia sobre los indios, al contrario, tuvieron mucha influencia sobre ellos los negros, mulatos y pardos que se desparramaron en gran escala sobre el país.

Tegucigalpa, D. C., enero de 1946.

VI: LOS ZAMBOS O MOSQUITOS — LOS SUMOS

1.-Zambos o mosquitos

Erróneamente se ha dado el nombre de mosquitos también a todos los que habitan las costas de la Mosquitia, aun a los demás negros cimarrones y aventureros del continente antiguo viviendo en la Mosquitia; a estos deben añadirse también los negros náufragos, esclavos fugitivos y piratas establecidos en la región.

El origen más exacto de los zambos o mosquitos lo da el obispo de Nicaragua, fray Benito Garret, en 1711, cuando se pensó en desalojarlos de la Mosquitia, junto con los ingleses. El dicho obispo tomó informaciones pormenorizadas de los naturales y personas antiguas de esas regiones, según consta en la documentación centenaria nicaragüense (Docum. Centen. Nicar., ed. 1921, II, 50).

En el año de 1641, un navío cargado de negros, al mando del portugués Lorenzo Gramasco, se perdió en la costa del Mar del Norte. Se recobró la tercera parte entre la boca del río San Juan (Nicaragua) y Trujillo (Honduras); los demás se escondieron entre la maleza y los bosques. Los indios caribes de la costa les dieron guerra por algunos años; los negros vencieron con el tiempo, y los caribes se retiraron a las montañas hacia la Segovia y los Chontales. Con las mujeres de los vencidos se multiplicaron los vencedores, que se llamaron zambos, es decir, hijos de negros e indias.

Estudios posteriores, como los de Pericot, señalan además la relación de estos grupos con los llamados miskitos —nombre que algunos prefieren frente a "mosquitos"— y documentan ampliamente su origen y desarrollo histórico.

En todos sus pueblos viven mezclados algunos ingleses como intendentes del comercio de sus connacionales, y en el pueblo principal hay uno que los gobierna en nombre de la reina Ana de Inglaterra, a quien rinden vasallaje. Los ingleses los proveen de fusiles, balas y pólvora, cuyo precio reciben en carey que pescan y en indios que cautivan para llevarlos a Jamaica.

Andan en cueros, navegan en piraguas y, como rayos, aparecen unas veces en Olancho, Trujillo y tierras de la Segovia, de Chontales y en Costa Rica. En la provincia de Honduras han hecho los sacrilegios más horrorosos.

Efectivamente, pocos años antes, en 1704, habían asaltado el puerto de Amatique y el pueblo de San Antonio de Bodega, en el Golfo Dulce; el nuevo pueblo de Nuestra Señora de los Dolores, en la confluencia del Guayambre con el Guayape; llevaron presos a los misioneros; atacaron el pueblo de Semoa en el Ulúa, la Laguna de Nicaragua, Costa Rica y el Petén, haciendo en todas partes gravísimos daños y llevándose hasta mujeres blancas, además de indios en gran número.

El presidente de Guatemala, en 1711, da cuenta de los hechos; y el fiscal y la secretaría de Madrid, en 5 de junio de 1713, anotaban lo siguiente:

"...13 piezas de auto sobre indios zambos en los parajes nombrados Isla de Mosquitos, fomentados y mantenidos de ingleses entre los dos mares del Norte y Sur, en la parte de la provincia de Nicaragua... tienen su principio y origen los indios zambos en la pérdida de un bajel que en el año de 1641 se perdió cargado de negros en la costa del mar del Norte, a la entrada del río de San Juan, provincia de Nicaragua, en cuyo naufragio se retiraron gran número de ellos a las montañas inmediatas, ocupadas de indios caribes, con quienes mantuvieron guerra; y vencidos los caribes, fueron multiplicando los vencedores con sus mujeres, y sus descendientes quedaron con el propio nombre de zambos, y aquel paraje con la nominación de Isla de Mosquitos, no porque sea propiamente isla de mar, sino porque para penetrar aquellos parajes es necesario de embarcaciones cortas para atravesar los ríos y lagunas que intermedian, entrar y salir a la costa del mar del Norte, a unos peñascos que hacen isleta. La tierra que ocupan no se sabe la latitud, pero la longitud no excede de 50 a 60 leguas; su primera población es a 12 leguas de distancia del río San Juan hacia la parte del Norte, a que van siguiendo poblaciones y rancherías cortas, y la última en la cercanía de la laguna llamada de Mosquitos, a distancia de 20 leguas poco más o menos de la ciudad de Trujillo."

Estas noticias se confirman con hechos posteriores: en 1738 saquearon el pueblo de Catacamas y se llevaron 59 indios; los del pueblo del Real los rescataron a tiempo y con denuedo.

Debe recordarse, además —como conservan aún los viejos de San Pedro Sula— que los zambos e ingleses destruyeron iglesias y aserraron imágenes, creyendo que contenían oro.

Estas relaciones se completan con la que dio el ingeniero Luis Díez Navarro en 1744, quien dice:

"Los caminos para internar la tierra adentro, desde el puerto de Trujillo, están dominados de zambos y mosquitos... estos indios y zambos son muy expertos, y sus armas son fusil, bayoneta y sable, con frascos y cartucheras, y muy diestros en el manejo de ellas, y están hechos a vencer los de estas tierras, que no les tienen temor alguno... siendo la gente que ha de servir para estos casos la más inmediata al puerto, que son los de Sonaguera, San Jorge, Olanchito y Olancho el Viejo, afectos a los ingleses por el fin particular de sus intereses en los ilícitos comercios... no es dable emprender cosa alguna sin que no les anticipen aviso; y cuando se descubriesen, se pasarán a los zambos... se deben reputar a estos mulatos por nuestros mayores enemigos..." (véase Documentos Centenarios).

El nombre de Mosquitia y de Mosquitos tuvo después mayor amplitud.

También los zambos fueron un vehículo poderoso para la corrupción de las costumbres y de la lengua de los mayas en los parajes de su influencia, y muchos vocablos del lenguaje muy variado y corrompido de los zambos se encuentran esparcidos en el mapa de Honduras, desde Choluteca y Danlí hasta la costa de la Mosquitia.

Conviene advertir aquí —según estudios como los de Pericot y otros autores— que existe gran confusión entre los investigadores respecto a estos grupos. Así, los llamados miskitos (o mosquitos) se denominan a sí mismos Waikna, es decir, "hombre"; los criollos los llaman Uaicas, y los sumos los denominan Nayas. Algunos autores encuentran elementos caribes en su lengua; otros, como Adam, los niegan; mientras Lehmann insiste en elementos autóctonos relacionados con el chibcha. Esta diversidad de opiniones muestra que muchas veces se ha descuidado el elemento histórico, que explica más que el puramente lingüístico.

2.-Los sumos en general y los toacas

Los sumos, en general, comprenden muchas tribus recordadas por Vásquez, de las cuales trata con mucha confusión Pericot, fundándose en Lehmann, Thomas-Swanson, Rivet y otros que se refieren al asunto con no menos inseguridad. Trataremos aquí con mayor firmeza este argumento, que es de mucha importancia para Honduras.

Pericot afirma que se distinguen de los miskitos por la deformación de la cabeza; pero esta no es la única diferencia. Desde antiguo se les llamó también los chatos, nombre con el cual pueden localizarse y definirse mejor. Los miskitos designan con el nombre de sumos —simus, smus— a todos los indios que habitan en el bosque.

Meza Cálix señala que Catacamas fue una antigua población cuyos primeros habitantes fueron sumos. Sin embargo, debe advertirse que algunos autores, siguiendo a Lehmann, incurren en confusión al identificar como sumos a los ulúas; cuando en realidad el nombre Ulúa aparece ya en 1576 en García del Palacio, refiriéndose a poblaciones distintas.

Los zambos se casan con indias toacas —como lo señala una descripción oficial de la Mosquitia de 1875—, lo cual confirma que las principales víctimas de los negros naufragados y de los zambos han sido los sumos, una de cuyas ramas son los toacas, que viven todavía en el Guampú, afluente del río Patuca.

El profesor Martínez Landero convivió con ellos y los describió como Taoajkas o sumos del Patuca y Wampú (Anthropos, XXX, 1935). Varias tribus, con diversa denominación, viven en la Mosquitia, interdependientes unas de otras. Sapper estima que los mosquitos son unos 15,000 y las diversas ramas de los sumos unas 3,500 almas, habitantes de regiones muy poco visitadas.

Los sumos viven entre los ríos Patuca y Coco o Segovia. Durante largo tiempo estuvieron dominados por los payas y adoptaron su lengua sin renunciar a la propia. Fueron también los que más sufrieron la invasión de los negros náufragos: se les robaron las mujeres, se les ocupó el territorio, quedando ellos mismos en condición de forasteros, fugitivos o salteadores.

Pericot los menciona como "indios caribes del centro", probablemente los llamados chatos.

Su nombre mismo lo indica. Ellos eran los Toacas o Taguacas, y después los conocemos como sumos. Taguaca parece significar "señor" o "dueño", mientras que uah significa milpa o comida; de modo que podría interpretarse como "dueño de la tierra fértil". También podría derivarse de Taya, "región del agua".

Sumo podría ser equivalente o traducción de Taguaca. Podría interpretarse como "señor", "principal" o incluso "forastero". Otra interpretación lo vincula con el guacamayo (moo), dando el sentido de "guacamayo señor". Pericot indica que con este nombre los miskitos designan a los indios del bosque.

Para legitimar lo dicho, es necesario remontarse a la historia de la conquista y de la colonización.

Cuando llegaron los españoles a los Valles de Olancho, de Comayagua y de Segovia, directa e indirectamente los indios se vieron maltratados, hostigados, esclavizados: los capitanes de Gil González Dávila, los de Cortés, los traficantes de Santo Domingo, y Pedro Moreno, que visitó la costa de Trujillo exigiendo muchos esclavos; López de Salcedo, Cereceda y los capitanes de Alvarado, de Montejo y de los demás gobernadores, por un lado; por el otro, desde Nicaragua, los capitanes de Pedrarias Dávila, de Castañeda y de los demás gobernadores y presidentes fueron los responsables.

Entre la Segovia y Olancho, llevando sus armas escondidas en los fardos, mataron a Grijalva y a los otros españoles. Los caciques de las minas de Agalta no quisieron trabajar más en las minas de oro. Los Valles de Comayagua, de Olancho y de Segovia quedaron casi desiertos; los indios se fueron a las altas montañas, como los de la Sampedrana y de la Cuchilla de Siguatepeque; otros llenaron las selvas del Guayape, del río Segovia o Coco, hasta la costa, ya que de suyo eran indios navegantes de los ríos.

En las orillas de esos ríos —Aguán, Tinto y Paulaya, Patuca y Segovia o Coco— se encuentran innumerables vestigios de antiguas poblaciones mayas, desde donde los indios Sumos, Payas y Jicaques sacan antiguas y bellísimas piedras de moler para su uso.

Que los Taguacas eran antiguos señores huidos a las selvas y, actualmente, retrasados, habiendo posiblemente cambiado sus costumbres —de la cultura del maíz a la de la yuca—, se descubre por el hecho de que se achataban la cabeza, y por lo que sucedió al tiempo en que en el Portal del Infierno, en el Guayape, mataron al padre Francisco Verdalet y sus compañeros que querían catequizarlos.

U-LU-A, nombre maya, significa río de nuestra tierra, y por lo tanto ninguna maravilla que se encuentren indios que dicen U-LU-A, sin entenderlo en distinción étnica, sino simplemente local. En este sentido, el nombre Ulúa debería usarse solamente en el sentido expuesto y no producir más confusión de la que existe.

Este padre llegó al Guampú, y probablemente hasta la región de Catacamas, en donde estaba El Real, o Santa María del Real. Fueron los Taguacas quienes, la primera vez, en 1604, abandonaron al misionero en medio de la selva; la segunda vez quemaron la misión, siendo ya bautizados y convertidos, habiendo recibido al padre con baile y regocijo, mezclándose entre los salvajes "un coro de indios entilados, esto es, tiznados de negro y almagrados los ojos y los labios, agujercadas las orejas y narices y pendientes de ellas huesitos, piedras y otras bujerías, y con grandes penachos de plumas de papagayos en las cabezas, y en las manos agudas lanzas, de un género de madera más fuertes que el acero... esto era indicio de doblez... a los padres los matarían y comerían...".

Sucedió en aquellos días un eclipse total de sol, que los indios tomaron por mal agüero (Vásquez).

Y precisamente los grandes penachos de plumas de papagayo, o sea, de plumas coloradas de guacamayo, como las llevaban los mayas en sus atavíos, de esos guacamayos representantes del sol, nos hacen recordar cómo, al tiempo de la conquista, para sublevar a los indios, los jefes les decían que iban a encerrar al sol; y a este respecto, en un pedazo de vaso policromo, ahora descubierto en el valle de Comayagua y existente en el nuevo museo, se ve representado al sol encerrado en una reja.

Según el padre Vásquez (Crónica, libro V, tratado I, capítulo 7), estos indios usaban lanzas y macanas; cultivaban maíz y lo comían en forma de elotes; navegaban en canoas por el río Segovia; no tenían ni sufrían jefes, recordando a los mayas que vivían en comunidades distintas, eligiendo a sus jefes.

La tercera vez, en enero de 1612, los Tahuacas (Tauh-uac), tiznados y embijados, con sus penachos de plumas y lanzas, haciendo señas con unos pitos, mataron con macana al padre Verdalet, y al padre Monteagudo con machetes y varas de madera negras... "cruelísimos indomables indios lencas y taguacas (que todos son xicaques)" (Vásquez, capítulo 9).

Tegucigalpa, enero de 1946.

VII: LOS ANTIGUOS HICAQUES TURRUPAN

1.- Los toreba o turrupan

Al sur del río Guayambre, en la región de Segovia, existió el pueblo de indios que los historiadores indican con el nombre de Toreba, en donde, en 1524, Gil González Dávila prendió a Hernando de Soto, que venía de León, y le quitó 130,000 pesos de oro bajo.

La exacta situación de este lugar se descubre por los documentos del tiempo. Efectivamente, la información que el 18 de octubre de 1524 hicieron los oidores de Santo Domingo (Documentos, 14, 25; Revista del Archivo de Tegucigalpa), el testigo Fernando Gutiérrez Galdín, piloto en la armada de Gil González, afirma que "estando el dicho Gil González la tierra adentro cinquenta leguas", supieron que había llegado Cristóbal de Olid.

De este testigo y de los otros, especialmente de Rodrigo Manzana, piloto que llevó a Gil González al lugar donde fue después fundado Trujillo, a 30 leguas del lugar que se llamó Triunfo de la Cruz, hacia el Cabo de Gracias a Dios, se sabe que quería mandar a lo menos 50,000 castellanos de oro a Su Majestad, y que Andrés Niño había ido a recogerlo a donde estaba, porque ya tenía reunidos 21,000 pesos; y oyeron decir "cómo Pedrarias de Ávila enviaba por tierra a donde el dicho Gil González estaba" (véase Oviedo, libro XXIX, capítulo 21).

Por otra parte, Fernández de Oviedo, que estaba en León en 1529, cuando sucedieron los hechos, nos hace saber que entonces se contaban cerca de 90 leguas desde la mar del Sur hasta Trujillo; que León estaba distante desde la costa del mar cinco o seis leguas; y que: "las minas del oro están treynta e cinco leguas de la cibdad de León e son buenas e de buen oro de más de veynte quilates, en el río que se dice Sanct Andrés y en un pueblo que se llamó Sancta María de Buena

Esperanza... En quince leguas de aquel pueblo avía primero otra población de chripstianos que se llamó Villahermosa...".

Estos datos nos dan por resultado que Santa María de la Buena Esperanza debió ser la "Ciudad Vieja", en la Segovia; el río San Andrés, más al norte, puede ser el río Poteca, afluente del Coco; y Villahermosa, según la distancia dada y los ríos descubiertos por Rojas, estaría sobre Jalapa, por Capire o Totecacinte.

Que Santa María de la Buena Esperanza fuese la "Ciudad Vieja" lo deduce también Celia Guillén de Herrera en su estudio titulado "Nuevo Segovia" (1945), con otras buenas conclusiones que en general aplaudo.

Las minas de que habla Oviedo son las que descubrió el capitán Gabriel de Rojas, quien fundó la villa de Santa María de la Buena Esperanza; las cuales no son, según erróneamente se ha dicho y repetido por muchos historiadores, ni la Ciudad de Gracias a Dios ni el Cabo de Gracias a Dios, sino que están en la Segovia, en los límites de Nicaragua con Honduras.

Sobre esto, véase la documentación del Centenario de Nicaragua, así como la carta del Ayuntamiento y la Cédula dirigida a Albítez en 1532, y la segunda carta de Castañeda (Revista del Archivo de Tegucigalpa).

2.- Los torebas destruyen las nuevas poblaciones

Dice Oviedo, quien se encontraba entonces en el teatro de los hechos, que "como esta granjería no les agradaba a los indios, porque avía de redundar en más trabajo suyo, dieron sobre los chripstianos que allí se hallaron, e quemaron el pueblo e hirieron a algunos españoles, e los indios quedaron con la victoria e las minas despobladas o quasi. Esto fue el año de 1529".

Pedrarias Dávila había fundado el pueblo de Villahermosa, y en la noche del 21 de enero de 1527 los indios lo incendiaron y dieron muerte al capitán Benito Hurtado, matando 19 cristianos y 25 caballos; además, en la comarca mataron a 16 cristianos con Juan de Grijalva, el segundo descubridor de Yucatán.

Los indios que lo hicieron, dice Oviedo, eran del Valle de Olancho, y lo hicieron escondiendo sus armas en los fardos que traían para los cristianos.

López de Salcedo entonces hizo una venganza cruelísima en los indios de esas comarcas, en el camino de Olancho hasta León de

Nicaragua, según Oviedo, libro 42, capítulo 12; Pedraza, Relación de 1544, en Revista del Archivo, tomo IV; Las Casas, Historia, capítulo 114; y los Documentos del Centenario de Nicaragua.

También el licenciado Castañeda informaba lo mismo, según Documentos 24, 173, así: "Al teniente que tenía en el pueblo de las minas, que se dize el capitán Gabriel de Rojas, al qual, muerto el Governador, al tiempo que le imbié el poder, visto que las minas que se dicen de Gracias a Dios andavan floxas, le escrebí que las vertientes de Santandrés hacia el norte, yo estava informado que avía tierra e ríos que parecían tierra de oro, porque ansí me lo havían certificado mineros viexos que avían visto al tiempo del capitán Francisco Fernández aquella tierra; por tanto que luego fuese a buscar otras minas... el dicho capitán Gabriel de Roxas puso por obra lo que le escrebí, e fue con diez y seis hombres a ver las vertientes de la Sierra de Santandrés hacia el norte; y plugo a Nuestro Señor de dalle tan buena dicha, que ha descubierto siete ríos en espacio de dos leguas, adonde, conforme a la relación e muestra de oro que han traído, se tiene por cierto ay oro en los ríos para coger cinquenta años... despoblaronle a Vuestra Magestad las minas, e después de despobladas no las socorrieron; después que yo estoy en la tierra, se fueron a poblar, y dos veces que el capitán de las minas imbidió pedir socorro, se lo hizo".

"Este capitán Gabriel de Roxas es una persona muy honrrada e fixo-dalgo; fue criado del Duque de Alburquerque, de quien Vuestra Magestad podrá ser informado, de quienes ha servido en estas partes desde Governador Pero Arias, bino muy bien en cargos el capitán que ha tenido; es muy solícito y gran trabajador para la sierra, y el que dicen que descubrió primero estas minas de Gracias a Dios, y a las que agora descubrió las puso nombre del Espíritu Santo. Ha estado pobre esta tierra sin que se le haya pagado su servicio. Yo le he dado habrá ocho días unos buenos indios. Suplico a Vuestra Magestad le favorezca, con serville, teniendo por servicio lo que ha trabaxado en esta tierra; porque desto se animarán otros muchos a servir. El dicho capitán Roxas ha imbiado a pedir lo que se acostumbra dar a los descubridores, que son doscientos pesos de la Hacienda de Vuestra Magestad; visto lo que trabaxó e la buena nueva de minas e muestra de oro que imbió, e habida información que ansí se acostumbra dar, yo se los he mandado dar de la Hazienda de Vuestra Magestad... El capitán Roxas me escribió cómo tenía una nueva de mucha gente de indios que avía baxo de aquestas minas nuevas que corren las poblaciones hacia el Valle de Ulancho... Uno de los daños que esta tierra ha recibido, y muy grande, ha sido, como a Vuestra Magestad ya otras veces he escrito, los esclavos que de esta provincia han sacado por la mar, e los indios hurtados que sacaban la gente que iban con los capitanes que de aquí se proveían, que ha sido mucho número, de los cuales pocos han vuelto a sus naturalezas".

3.- Los indios silvestres de guerra o jicaques

El nombre de Jicaque está íntimamente ligado con la venganza de los indios por las vejaciones de los blancos y con su vida retirada dentro de los bosques. Esto no quiere decir que eran del todo salvajes, sino que los llamaron bárbaros y salvajes, y poco a poco lo fueron.

Cuando el capitán Alonso de Cáceres, en 1603, los descubrió a unas diez leguas distantes de El Real, cerca de San Jorge y Catacamas, en Olancho, ellos tenían grandes casas, poseían inmensas milpas, "fábrica y labores", reunidos en muchos pueblos en hermosísimos valles, por una extensión que comprendía el Guayape hasta el río Coco y mucho más. Encuentro que Cáceres, en su carta al Gobernador, es el primero en usar este nombre. Dice: "...paréceme, señor, que nos emboscamos en la provincia de los jicaques, por no tener lumbre ni razón de cosa buena... gente bárbara tan cerca de este valle... malos indios que tienen nombres de cristianos y así lo son como mi mula...". Eran indios en actitud de guerra amenazadora.

Hasta entonces en la Corte había prevalecido la cordura; se debía tratar a los indios con suavidad y traerlos a la fe, reuniéndolos en poblaciones y mandándoles misioneros. En 1559 el Rey daba instrucciones a Elgueta; hacía después con él una capitulación sobre las "tierras y provincias de yndios como son el Cabo Camarón y la provincia que dizen Taguzgalpa, las cuales están sin lumbre ny conocimiento de fee", diciendo que los naturales de ella están de guerra.

En 1600 ordena se haga justicia sobre Diego de Espinosa, cuyos soldados habían maltratado gravemente a los indios. Con varios capitanes, el presidente Alonso Criado de Castilla había hecho algunas buenas entradas y se habían reducido a poblaciones varios indios. Notable fue la reducción de Cébaco, en la Matagalpa, hecha por el mercedario Alburquerque, de "yndios sylvestres de la montaña nombrada Tabavaca hazia Taguzgalpa... gente muy robusta y crezida de cuerpo y estatura y muy desyguales a los demás yndios destas provincias, y aunque su lengua no podía ser entendida", daban "nuevas de aver mucha gente en aquellas montañas... y dezian ser tierra de arboleda de cacao".

En su relación de 1608 daba cuenta de que cerca del Real se había hecho una razonable reducción de indios xicaques. Se esperaba ahora el resultado de la misión del padre Verdalet, y aconsejaba la entrada por la Segovia o por Cébaco, por haber allí muchos indios mansos, y no por Olancho, "por ser la tierra muy doblada y áspera y los yndios más yncultos y belicosos que entre sí traen guerras y discordias, y pacificada la Taguzgalpa como cabecera principal, será más fácil la reducción de los dichos xicaques". Este presidente, para designar esas regiones y sus indios, usa las palabras: "la barbaridad y salvajez suya - aquellas tierras bárbaras - yndios ynfieles de diversas naciones unos más belicosos que otros - naciones silvestres", según la carta del presidente de Guatemala don Alonso Criado de Castilla, de 30 de noviembre de 1608, en los Documentos Centenarios, Managua, 1921, siglo XVII, página 92.

Aunque en toda la relación de las entradas y martirio del padre Verdalet en 1612 no se usa la palabra Xicaques, sino una sola vez, y esto por parte de Vásquez, sin embargo el Rey, en 1613, se refiere a esto usando el nombre Xicaques.

La palabra Xicaque, como indio silvestre de guerra, y por demás cristiano rebelde, sube de punto en los varios autos del expediente sobre la invasión de los indios xicaques en la provincia de Nueva Segovia, en los Documentos Centenarios de Nicaragua, de 1663 a 1667. No eran muchos los hechos, pero habían alarmado toda la provincia.

En 1603 los había descubierto cerca del Real Alonso de Cáceres, y eran muchísimos; en 1617 "los indios de guerra infieles de la montaña" habían matado 9 indios e indias de Poteca, en el horno donde se hace brea; eran indios xicaques montañeses, que lancearon y robaron hachas, machetes y cuchillos; volvieron por Zacualpa dejando abierto un camino de media vara y muchas varas, que probablemente tiraron con tiradera o propulsor. La Zacualpa era camino obligado para Olancho, hacia El Real.

En 1647 los montañeses, indios jicaques de guerra, indios caribes montañeses, en el mismo lugar mataron a un indio usando varas con la punta a manera de harpón, siendo de madrugada al salir la luna, flechas y métodos de los caribes, de los indios del Amazonas y también de los mayas.

En 1651, en el Valle de la Ciudad Vieja, los indios xicaques montañeses o cristianos alzados quemaron una casa; usaron lanzas de pedernal, armas que solo ellos usan; eran de la misma lengua de los naturales de esa tierra, sacaron fuego con eslabón y pedernal, tiraron muchas lanzas con puntas de hierro y pedernal, todos venían embijados y con plumas en la cabeza; se decían cristianos y tenían parientes en Jinotega. Parece que se fueron por el río Segovia o un afluente. Había camino trillado de allí a Poteca.

En 1654, los indios montañeses mataron dos indios de Totecacinte en el lugar llamado SILAHMLI, confróntese Chilam Balam, maya, según el expediente sobre las invasiones de los indios Xicaques en la provincia de la Nueva Segovia, en los Documentos Centenarios citados, página 129. Se debe notar que también los mayas usaban lanzas con puntas a manera de sierra o de harpón, como se puede ver en algún artefacto.

De todo esto y de muchísimo más que diré en las notas, se deduce que el nombre de Xicaqucs indicaba indios silvestres de guerra en general. Después se especificó este nombre, como explicaré en el capítulo siguiente.

Los indios de que se ha tratado obraron en la Segovia, donde hemos visto colocado el pueblo indígena de Toreba, nombre muy probablemente mal eufonizado por los españoles. Los indios Hicaques se apellidan a sí mismos Turrupan, nombre más correcto, que vale lo mismo que Toreba, y significa "gente de la tierra" o "natural de la tierra".

En otro capítulo trataré de los Hicaques modernos, lamentando que la brevedad a que me he obligado me impida ofrecer muchos más datos, y así tenga que cortar aquí el argumento muy importante sobre estos indios bravos, la máxima parte de ellos de origen maya, como se desprende también de las noticias reunidas sobre Alonso de Cáceres, la Taguzgalpa, la reducción de Cébaco, el río de las Piedras en el valle de Olancho, y las varias cédulas, instrucciones y relaciones conservadas en los Documentos Centenarios y otros testimonios de la época.

Tegucigalpa, enero de 1946.

VIII: LOS HICAQUES MODERNOS, TURRUPAN - LOS PAYAS

1.- Los nombres hicaques, turrupan, toreba

Desde que Alonso de Cáceres, en 1603, descubrió cerca de El Real, en los bosques, la "provincia de los jicaques", los consideró como a "gente bárbara, malos indios que tienen nombres de cristianos, que no tienen lumbre ni razón de cosa buena". Eran, pues, en parte, indios huidos de las encomiendas de los españoles y refugiados en los bosques.

Después, todos a una voz, cada vez que se trata de cualquiera de esas tribus que habitaban a lo largo de los ríos, en las dilatadas selvas de Yoro, de Olancho, de la Segovia y Matagalpa, de la Choluteca y de la Mosquitia, y aun de Comayagua y de Ocotepeque, en la fortaleza en donde se defendió Copán Calel, se les llama indios silvestres de guerra, infieles de la montaña, montaña con significado de selva, xicaques montañeses o cristianos alzados.

Los españoles todo esto querían significar con el apodo Hicaques. Sin embargo, su significado etimológico era diverso.

Vásquez, creyendo que era una palabra mexicana, la explicaba con otras palabras que también decía que eran mexicanas; y, al contrario, todas eran palabras mayas. Dejando para las notas una amplia explicación, diré que el reputado diccionario maya de Pío Pérez da perfectamente la voz ICHCAH, que significa plebe, a la cual en toda la América Central se daba el nombre de MACEHUAL o MACEWAL, que es el pueblo ínfimo, el de servicio.

El Diccionario de Motul da hich, que significa fruta o fruto, o esquilmo de la heredad, o del ganado, de la milpa y de muchas otras cosas; cah significa pueblo o lugar; la H al principio, por la partícula ah, se pone a las palabras que significan seres masculinos.

H-ICH-CAH, o Hicac(que), significa, pues, plebe, macegual, o literalmente: fruto, producto del lugar o del territorio, que con otra palabra se dice natural, o hijo de la tierra. Es palabra maya.

Por lo tanto, los Torebas o Torrupan o Tulupan, que eran los señores de la tierra, o también HICHCAH, o sea hijos del terruño, se volvieron Hicaques, con significado de maceguales, o sea la ínfima plebe, y reducidos a los bosques, fueron los salteadores, los "salvajes cristianos renegados, los hijos de la selva, los temibles HICAQUES".

Vásquez, acostumbrado a la lengua mexicana, también con el contacto de los tlaxcaltecas establecidos en Guatemala, estaba inclinado, como otros padres, a decir mexicano aun lo que no era. Todos saben que los Hicaques modernos ni antiguos no eran mexicanos, como tampoco su lengua. Sin embargo, Vásquez dice que el nombre Hicaque es mexicano, y dice más, como se puede ver por sus palabras.

Además, estaba persuadido de que Honduras fue poblada por mexicanos, y por lo tanto debía haber lengua mexicana y el nombre Hicaque debía ser mexicano. He aquí sus palabras, en fray Francisco Vásquez, Crónica de la Provincia del Santísimo Nombre de Jesús de Guatemala, 1716, segunda edición de 1944, libro V, tratado 1.º, capítulo I, página 80: "Siendo emperador de México el Sr. Avitsol, antecesor del segundo Montezuma, intentando sojuzgar y avasallar estas provincias de Guatemala y Honduras y no pudiendo acometer esta conquista por haber frustrado la empresa, la imposibilidad por lo dilatado de los caminos y numeroso de sus guerreros, consultando en su consejo el caso, se resolvió que algunas de las muchas familias y naciones de aquel imperio se fuesen viniendo a la deshilada por las costas del sur y del norte, para que al cabo de años propagadas ciñesen como cordón los reinos de Utatlán y Guatemala, para rendirlos, acometiendo de improviso por México y cogiéndoles las espaldas por acá (Honduras). De esta gente, pues, se pobló mucha parte de las tierras de Honduras, como lo comprueban las voces y términos mexicanos con que se nombran estas naciones, porque XICAQUES o xicaqui es voz mexicana que dice mira o atiende, o CHICATIC, que corrupto se diría xicaque, que quiere decir cosa recia o fuerte. CHOLULTECA ya se deja entender ser nación de Cholula, lugar o ciudad de México. NICARAHUA es lo mismo que NICAANAHUAC. Aquí están los mexicanos o ANAHUACAS. TAGUACAS es lo mismo que tacuahuac, voz mexicana que significa cosa tiesa o endurecida. GUALA quiere decir en mexicano daca. Y así otros muchos términos y vocablos mexicanos que tienen y usan de las naciones de Honduras y casi todas ellas simbolizan en el idioma con las del reino mexicano".

Este último período resume todo lo inconsistente del discurso de Vásquez que he aquí repetido. Porque precisamente ninguna de las lenguas que existen actualmente en Honduras ha tenido la mínima conexión con el mexicano. Solamente algunas palabras sueltas que vagan por el país, y alguno que otro documento mal escrito, demuestran que después de la llegada de los españoles y de los doctrineros han venido también indios mexicanos, que han dejado algún rastro de su presencia. Su lengua misma fue absorbida en el conjunto del lenguaje de los indios de Honduras, que se iba poco a poco transformando, pero nunca se acercó al lenguaje mexicano. Esto demuestra que relativamente pocos fueron los mexicanos que vinieron a Honduras después de la conquista.

El término Torrupán lo da Von Hagen, en Indian Notes, N.º 53, tomándolo de Lehmann, según parece. Meza Cálix, en Geografía de Honduras, edición de 1936, capítulo XIII, dice: "Entre sí se dan el nombre de TOL o TOR". En lenguaje chortí, TOR significa cabeza, y también en Guajiquiro.

2.-Reducción de los hicaques

Los Hicaques, la mayor parte, eran más o menos de una sola pasta, la maya; probablemente muchos de ellos eran de los más primitivos y de los más antiguos, atrasados, que vivían en una grande extensión de territorio a lo largo de los ríos, en donde se encuentran antigüedades de cultura maya adelantada muy antigua. Acaso obligados a retirarse al interior por la llegada a la costa de los arahuac-caribes en tiempos relativamente recientes, estaban divididos en varios grupos que ocupaban diversos lugares. Ninguno de ellos usaba el oro o el metal. Colón no encontró en las playas de Honduras cosa de provecho, es decir, ningún oro. No lo conocían. Ignoraban las minas. Gil González pasó por Olancho porque fue a buscar las minas de la Segovia, ya que en Nicaragua había encontrado el oro que buscaba, y probablemente tuvo noticia de esas minas de oro, que también los capitanes de Pedrarias Dávila buscaron al mismo tiempo, topando el uno con los otros.

Cuando los hacendados y los mineros del Guayape, del Segovia y de la Choluteca vieron inútiles sus esfuerzos para reducir a los indios peligrosos de las selvas, recurrieron a los medios pacíficos y a la obra de los misioneros. En Honduras descollaron los franciscanos, y fueron los verdaderos fundadores de Olancho; y don Bartolomé Escoto, quien en jurisdicción de Tegucigalpa poseía un inmenso territorio que desde Esquías y Jamastrán llegaba a los últimos de Olancho, tuvo que hacerlos venir de Guatemala.

Existe una carta del obispo de Guatemala, fechada en 1677, en los Documentos Centenarios de Nicaragua, informando sobre las reducciones de los indios Hicaques, al responder a una cédula real de 1676, acerca de lo que había obrado don Bartolomé Escoto, el cual después se llamó Gobernador y Conquistador de los Hicaques. Las informaciones eran unas favorables y otras desfavorables. Dejo para las notas los particulares. Solamente es útil conocer que se sacaron de las selvas y se redujeron a poblaciones indios de diversas denominaciones, como los Yares, los Payas, enemigos entre sí, probablemente por ocupar ríos diversos y por cuestiones de territorio, y los Taupanes, los dos últimos en el Valle de Olancho. Las poblaciones eran principalmente en el Valle de Jamastrán, en Agalta y en Olancho el Viejo, Catacamas. Algunos eran bautizados y otros no.

En el expediente sobre la invasión de los indios Xicaques en la provincia de la Nueva Segovia, en los Documentos Centenarios de Nicaragua, de 1663 a 1667, se refieren muchos hechos importantes en varias épocas, y por ellos se comprende mejor el nombre general que se daba a esos indios silvestres, y se refieren las alteraciones e inquietudes causadas por los "indios Jicaques montaraces" en el valle de Jalapa y en los pueblos de Totecacinte y Poteca, que están muy cercanos a la montaña, haciendo todo el daño que pudieron.

Precisamente debido a estos daños, don Bartolomé Escoto se empeñó en reducir a estos indios silvestres y dañinos por medio de la civilización, y no habiendo resultado buenos los medios de la fuerza, fue a Guatemala a buscar misioneros franciscanos que viniesen para la conversión de los indios. Encontró al viejo padre Espino, natural de la Nueva Segovia, que vino con otros padres; desde allí comenzó la formación moderna del Departamento de Olancho y de Yoro.

Vale la pena referirse a los asaltos de los indios bravos silvestres, porque de ellos se deducen muchas enseñanzas, para descubrir quiénes eran los Hicaques y los demás indios del oriente de Honduras, que han quedado hasta hoy como un enigma imposible de descifrar.

Tratando de los Xicaques con el señor Stromsvick, perteneciente a la Carnegie, en las Ruinas de Copán, me decía que los Xicaques aparecen como tipo de los lacandones, y construyen sus casas de la misma manera, como él lo ha visto, habiendo vivido algún tiempo entre esos indios lacandones.

3.-Los hicaques y los misioneros

No debo hacer aquí la historia de los Hicaques, sino en cuanto ellos tienen conexión con la gran familia maya. Don Bartolomé Escoto fue a Guatemala y trajo consigo al franciscano padre Espino, natural de la Segovia, que conocía la lengua de los indios. Los franciscanos redujeron a los Hicaques y a los Payas. Muchas veces los indios volvían a las selvas. Que los Hicaques eran gente de guerra de varias partes y de variadas gentes se descubre también por el hecho de que allá por 1623 los nombra, como indios de guerra, el padre Martínez en la costa de la Taguzgalpa, según Vásquez, libro V. Los padres franciscanos de Propaganda Fide, a mitad del siglo XVIII, comenzaron por sacar, como Hicaques, a los indios de la Guata, que vivían con los ladinos. Existe todavía, cerca de Comayagua, en Esquías, donde se hallan grandes montículos antiguos, una gran extensión de terreno que llaman Los Guamiles de los Hicaques; en sus límites está Chapulistagua, y se encuentran allí muchas antigüedades. Eran los mayas, relacionados con el Valle de Comayagua.

Al tiempo de las incursiones por la costa, en el siglo XVIII, los Hicaques resultaron aliados de los ingleses. En 1794, los Hicaques o indios silvestres de guerra habitaban todavía indisturbados las selvas de Mulia y del río Leán o León, en la costa frente a Yoro y en la cordillera de Mico Quemado, El Negrito-Progreso, donde los he encontrado todavía en fuerte número. Venían a las playas cada año a la pesca de las tortugas y regresaban a las selvas, como probablemente hacían los otros indios de la Taguzgalpa, señores e hijos de sus tierras, tierra de maya, a los cuales se les aplicó, porque silvestres y belicosos, y sin conocerse bien el significado, el apodo de indios HICAQUES.

Para conocer acerca del comienzo de estas misiones con el padre Verdalet, con el padre Martínez y después con el padre Espino, véase Vásquez, Crónica, libro V, tratado I; Relaciones Históricas y Geográficas de América Central, Madrid, Suárez, 1808; y los documentos referentes al padre Espino y su relación acerca de las misiones de Olancho. Nótese que tanto el padre Espino como el padre Ovalle nunca mencionan la palabra LENCA, sino que el padre Vásquez la da a fines del siglo XVII, diciendo que el padre Espino hablaba la lengua LENCA.

Entre los grupos más importantes de los Hicaques se deben poner a los Hicaques del Palmar, en las montañas que de Villanueva, departamento de Cortés, van hacia el departamento de Santa Bárbara, sobre Chasnigua, en donde se hallan numerosos restos antiguos y moldes de figuras, y en donde estaba una fábrica de alfarería maya.

Ellos construyeron sus casas pequeñas de paja y en forma redonda, con techo de forma cónica.

Otro grupo importante fue el que los misioneros franciscanos dichos de Propaganda Fide reunieron en Luquigüe, cerca de Yoro, construyendo allí una de las mejores iglesias de Honduras, a mitad del siglo XVIII.

El grupo más puro e incontaminado, exceptuando algunos que se han casado con una o dos ladinas, y otro caso de mujer xicaque que se ha escapado viviendo fuera del grupo, se encuentra en la Montaña de la Flor, sobre Guarabuquí, en las cercanías de Orica, habiéndose separado de los otros que estaban más al norte, y retirado a los bosques de estas montañas hace cerca de dos tercios de siglo.

Cerca de Esquías existe la montaña selvosa llamada "Los Guamiles de los Hicaques", que debió ser habitada por los indios montaraces, restos de los mayas que se salvaron en los bosques.

Los Hicaques estuvieron también como reducción en Talanga, de donde trataron de fugarse.

El verdadero padre de los Hicaques fue el misionero padre Manuel Subirana, que los reunió definitivamente en poblaciones, casi como están ahora, les obtuvo sus derechos de tierras, les dio maestros y les dejó una memoria imborrable. Cuando este padre murió, en el Potrero de Olivar, hoy Subirana de Olivar, nombre correcto, y no Potrero de los Olivos, que es equivocado, en una champa o cabaña, cuyos cimientos vi existían todavía cuando la visité el 26 de diciembre de 1944, en esa ocasión de su muerte, los indios Xicaques llevaron su cadáver en hombros hasta Yoro, en donde está sepultado, en la iglesia parroquial. Entre estos se encontraba el indio Pedro, el padre de los Jicaques de la Montaña de la Flor, que había sido bautizado y casado por el padre Subirana. Murió en 1864.

4.-Los hicaques y los otros indios

Por lo que se ha dicho arriba, aunque brevemente, se descubre que es un error gravísimo el estudiar por separado a los Hicaques, como lo han hecho en general los pocos autores que se han ocupado de ellos. Ellos todavía cultivan y comen el maíz, aunque no tengan un nombre para indicar la tortilla. Esto significa que los grupos actuales que conocemos como Hicaques son grupos de la selva, cazadores y pescadores, que, atrasados, acaso se quedaron en cultura primitiva, como los Chontales y los Otomíes. Sin embargo, debemos tener presente que no usan la hamaca, su flecha es sin arpón y usan todavía la cerbatana para cazar, que era usada por los mayas; su casa es rectangular, comen tamales con frijoles dentro, tienen un natural pacífico, cuando no se les irrita; en fin, se deben considerar también al lado de los otros indios de las costas del Caribe, sin olvidar las islas.

Hasta ahora el pueblo dice Hicaque para indicar persona inculta y casi salvaje; pero el nombre de HICAQUE, etimológicamente, significa HOMBRE NATURAL DE LA TIERRA; se le dio después significado de macehuales, o ínfima plebe, y finalmente HICAQUE indica al indio silvestre, de guerra, terrible.

5.-Los payas antiguos y los modernos

Para indicar la serranía, la gente de la costa le decía PAYA, o sea la barrera del agua; parece que a los habitantes de la serranía les decían Ah Pay, palabra que los españoles tradujeron literalmente llamándolos serranos, como lo dice el obispo Pedraza en su segunda Relación de 1544. Hoy se dice también a la costa del mar, como barrera del mar.

De la misma manera que a los Hicaques, a los cuales los españoles aplicaron un nombre fuera de su significado real, así a los Payas se les aplicó ese nombre, sin saber que significaba serrano. De seguro, como los Hicaques de Leán y Mulia, que venían a la costa solo para pescar tortugas, así los Payas llegarían a la costa en ciertos tiempos para la pesca. Como se verá, se dio este nombre a gente diversa de distintas familias. Los primeros indios a los cuales los españoles aplicaron este nombre eran mayas serranos.

Efectivamente, la primera vez se encuentra en la relación del padre Vásquez, tratando de la misión y martirio del padre fray Cristóbal Martínez en la costa de la Taguzgalpa, hacia el Cabo de Gracias a Dios. Cuenta el padre Vásquez que aparecieron en la costa indios tiznados, con penachos de plumas y muy largas lanzas. El padre Martínez les entendió algo la lengua, porque en tiempos anteriores había sido náufrago en aquellas playas y había aprendido a entenderse con aquellos indios, que, dice, hablaban la lengua PAYA. Un viejo cacique había bajado de la serranía, en la cima de la cual tenía puestas atalayas para esperar la llegada de los padres franciscanos, por una visión que había tenido. Fabricó para ellos una casa junto a un río, "que llamaban XARUA", que en lengua paya, dice la relación, quiere decir junto o entero, porque allí se juntaban cuatro quebradas, donde ellos tenían sus rancherías. Todo esto parece que corresponde con la etimología maya de la palabra: XA, Ja, casa; Lu, tierra; a, agua: es decir: agua de la tierra de las casas, que se junta en una sola. Se puede comparar con Mar de la Tierra, que ponen los mapas antiguos, y del cual he hablado en capítulo anterior.

Los nombres que tenían los pueblos de indios que el padre Martínez había formado se llamaban Ázocecgua, que parece significar: el del maíz negro y seco, en maya; Yaxamahá, o sea agua de la verde aldea, Yax, verde; amag, aldea; a, agua, son voces antiguas; Borbortabahea; Zuvy, que recuerda el pueblo citado en los Anales de los Cakchiqueles, Zuyva, que parece significar barranco; Barcaquer, que se asemeja a algún nombre arahuac-caribe. En fin, esos, que el padre Martínez llama Paya, eran los antiguos mayas de las serranías costeras, que tenían sus pesquerías en la costa, pero, porque habitaban en la serranía, y por lo tanto eran serranos, su propio nombre en lenguaje maya era PA-YA. Pero ellos todavía se dicen peshká, que significa persona o gente.

Al principio de la conquista los españoles, en general, especialmente en Honduras, no se preocuparon mucho en diferenciar a los indios por nombres; a fines del siglo XVI se comenzó a llamar Hicaques a los indios belicosos de los grandes ríos que corrían en medio de las selvas interminables. El padre Martínez, que había vivido con ellos, les aplica por vez primera el nombre de Payas. Este nombre se fue aplicando poco a poco a los indios tranquilos de las serranías de Olancho. Naturalmente eran pocos los que, a fuerza de ruegos o de atractivos, se decidían a vivir reunidos en pueblos, ya que ahora mismo Hicaques y Payas viven en casas muy separadas unas de otras; de ordinario se escapaban nuevamente a las selvas.

Sobre los Payas véase mi trabajo: "Los Payas, documentos curiosos y viajes", por monseñor Federico Lunardi, publicado en el No. 6 del Boletín de la Biblioteca y Archivo Nacionales, Tegucigalpa, 1943.

Lo que se dice de los asaltos hechos por los Hicaques, y los remedios que tomó don Bartolomé Escoto para reducirlos, se debe aplicar también a los Payas. Hasta ahora ha reinado mucha confusión acerca de estos grupos de indios, que todos eran llamados Hicaques, con el significado de indios silvestres. La mayor parte de ellos fueron de origen maya; otros se mezclaron hasta con negros; otros parece que cambiaron algo de su cultura; los que quedan tienen la cultura de la yuca, usando poco el maíz.

A fines del siglo XVIII estuvieron reunidos en Santa Lucía, cerca de Comayagua, algunos de ellos y aprendieron a cultivar y tejer. Se fugaron y fueron reducidos en el Valle de Sensenti.

Los dos grupos mayores actuales, no pasando cada uno de 200, los de Culmí y los del Carbón, son homogéneos. Su cultura es la de la yuca, y no la del maíz; pescan con arpón; usan arco y flecha; duermen en tapescos. Se portan como originarios de una cultura del sur; como de la familia arahuaca o caribe. Se deben estudiar junto con las culturas del Caribe. Pero el tapesco lo tenían también los mayas.

Don Bartolomé Escoto les hizo dar tierras en Agalta y los franciscanos los poblaron en San Buenaventura, cerca de Gualaco. El padre Goicoechea los pobló en el Valle de Agalta, fundando Pacura y San Esteban.

En resumen, el nombre PAYA, que significa barrera del mar o serranía, lo aplicaron los españoles a los indios serranos de cualquiera familia, pacíficos, para diferenciarlos de los feroces Hicaques, indios silvestres de guerra; poco a poco quedaron dentro del nombre Paya unos grupos de indios, al parecer de familia arahuaca o caribe, que habitan las montañas entre el río Tinto y el río Patuca. En su lengua se notan palabras mayas, arahuac-caribes y de los Zambos de la costa, por causa del contacto frecuente con ellos.

Tegucigalpa, enero de 1946.

IX: EL TORBELLINO HUMANO DEL CARIBE

1.-OLEAJE DE GENTE

A la manera de los huracanes que se forman en las pequeñas Antillas, como fuerte corriente ecuatorial que se refuerza al incorporarse a las aguas del Amazonas, y al pasar por entre las Antillas las recorre todas con gran vehemencia, así el oleaje humano, a escalones, llegaba a todas las costas del Caribe y se arraigaba penetrando en sus tierras. De este modo el padre Andrade y el náufrago Aguilar fueron arrojados, el primero hasta Tabasco y el segundo hasta Yucatán.

Francisco Plancarte y Navarrete, en su preciosa Prehistoria de México, México, 1923, página 341, ofrece un pasaje precioso con respecto a las comunicaciones de los indios caribes con los mayas. He aquí: "Más de veinte son las lenguas enumeradas en la familia maya, contando entre ellas el Chontal de Tabasco y el Totonaco que algunos lingüistas no incluyen en el número, admitiendo en vez las lenguas y dialectos antillanos que no tienen de común con la maya sino un cierto número de palabras cuya presencia se explica fácilmente por las relaciones comerciales y por los accidentes marítimos que pusieron en contacto las tribus."

Los Payas que encontró el padre Martínez eran indios de la serranía cercana al mar, y bajaban a pescar. Una mujer blanca española era entonces esposa de un cacique; cercanos estaban los Guabas, mestizos de españoles náufragos compañeros del padre Martínez y de los indios Sumu.

Manchas de Payas se encuentran en el Río Negro y en el Río Plátano.

Es un error el considerar a cada gente por sí sola; y cuando se trata de las del mar de las Antillas, no se pueden examinar aisladamente, sino que se deben estudiar en globo y después confrontarlas una con otra; o también estudiar a cada una y después componerlas. Suelen decir los autores que los mayas vivieron antes en Cuba. Esta proposición tan fría y tan cruda no tiene sentido. Pero, bien estudiada, se le puede encontrar una base.

Acerca de las armas, costumbres, etc., véase Landa, Relación de las Cosas de Yucatán; Beuchat, Manual de Arqueología Americana, libro II; Pericot, La América Indígena, tomo I, página 576. Este último autor ya consultado con muchísimo cuidado. Véase también Harrington, M. R., Cuba antes de Colón, seguida de Historia de la Arqueología indocubana, por Fernando Ortiz, Cultural, Habana, 1935. Harrington, Beuchat y Pericot hablan de los arahuac en la Florida.

El tema sobre las relaciones de las Antillas con el continente no es tan sencillo como aparece a primera vista, y dejo, por lo tanto, de añadir nuevas notas, que me llevarían más allá de la brevedad que me he propuesto. Vale la pena añadir que por Cédula Real de 1511, según Documentos, 32, página 267, el Rey concedió "que se puedan tomar por esclavos los caribes de la Trinidad y de otras islas". Pero el padre Las Casas dedicó un capítulo para demostrar que los tales no eran caribes.

Cuzamil, cuyos indios mataron a su marido y demás compañeros sacrificándolos a sus ídolos, y a ella dejaron con vida, según Cogolludo, Historia de Yucatán, página 10. El caso de los jamaiquinos debe haberse presentado con frecuencia, y embarcaciones de las Antillas, arrastradas por la corriente del Golfo, serían llevadas a Yucatán, como aconteció también a Valdivia y a los desgraciados náufragos españoles compañeros suyos.

Cuando estuve en Icaiché, distrito entonces habitado casi exclusivamente por indios mayas que confinaba al sudeste con la colonia inglesa de Belice y al sudoeste con Guatemala, los indios del lugar me hablaban con insistencia de una tribu de caribes que situaban hacia el sur, bastante lejos de allí, pero en territorio maya. De tales caribes lo único que pude saber es lo que dice Mr. E. C. Huntington: que mucho tiempo después del descubrimiento de América fueron llevados a Honduras de las Antillas sin que hubieran olvidado su lengua y sus costumbres. En 1796, los ingleses los llevaron a la colonia de Belice de las islas Dominica y San Vicente.

"Estuve con algunos de estos caribes en uno de sus pueblos: Huntington dice que estaban divididos en dos clases; unos rojos y otros negros, mezcla de raza africana y americana; yo no vi sino a los negros, que me refirieron la historia de su deportación y cómo habían ido a dar a San Vicente y se habían mezclado con los indios, cuyo idioma y nombre de tribu habían adoptado. Pero estos caribes nada tienen que ver con los mayas anteriores al descubrimiento de América.

"Algunos escritores han dicho, sin embargo, que en tiempos precolombinos Yucatán sufrió invasiones de caribes antillanos y en la Crónica de Chumayel encuentro una noticia que lo pudiera confirmar. 'El quinto ahau vinieron extranjeros y buscaron gente para comer, eran llamados ixmapapidzul, extranjeros sin enaguas'. Los caribes antillanos tenían fama de andar desnudos y comer carne humana, tanto que el nombre de caníbales, que Colón les dio a los antropófagos, se dice que de ellos lo tomó. Las tradiciones de los caribes llegaban hasta Tabasco.

"Si tales invasiones son ciertas, se mezclarían antillanos y yucatecos y pasarían al maya palabras de las lenguas de las islas.

Todas ellas, con mejores fundamentos, se han agrupado a la gran familia arawaca, que comprende todos los idiomas y dialectos de las islas y se extiende por el continente en la América del Sur hasta Bolivia y la parte meridional del Brasil.

"Esa familia lingüística nada tiene de común con la maya, cuyas lenguas principales son el maya o yucateco, el itzae, el chanabal o comiteco, el chol, el quiché, el zutuhil, el cakchiquel, el zotzil, el tzental o zendal, el mame, el poconchí y otras de menos importancia, todas ellas del sur de México y la América Central. Al norte de nuestra República, en las costas del Golfo, se hablan solamente el totonaco y el huaxteco o cuezteca. La extensión geográfica de la familia, con una sola interrupción de continuidad al sur de Veracruz, era, cuando llegaron los españoles, desde el Pánuco hasta cerca del istmo de Panamá, abarcando toda la península de Yucatán y casi toda la América Central, menos la mayor parte de Costa Rica y algunos puntos de Nicaragua y El Salvador. De todos los idiomas que comprende la familia maya, se dice que el mame, hablado principalmente en Soconusco 'en una ceja paralela a la frontera de Guatemala de sur a norte desde Tapachula al departamento de Mariscal', es el que contiene formas arcaicas porque es una lengua aglutinativa cuya estructura gramatical es completa, y esto no sucede con las otras lenguas sus hermanas. Véase Vocabulario de la lengua mame, reimpreso por Alberto María Carreño, Introducción. Del maya hablado en Yucatán juzga el doctor Berendt que es el ejemplar más genuino. El quiché, el cakchiquel, el poconchí y el tzutuhil de Guatemala están ligados entre sí de tal manera 'que mutuamente se entienden como sucedía en Grecia con los dialectos ático, jónico y dórico'."

Plancarte, en la misma obra, volviendo sobre el tema de las migraciones a Yucatán, dice que según las crónicas fueron dos, una grande y una pequeña. "La más numerosa expedición fue la que llegó por el poniente... Algunos, tomando como punto de partida las supuestas analogías entre el maya y los idiomas de las Antillas, de estas islas hacen venir la emigración oriental..."

Vamos ahora a considerar a unas gentes que han llenado el continente a lo menos hasta Bolivia, y que mucha relación pueden tener con Honduras Maya.

LOS ARAHUAC CARIBE

En los vasos de la Isla de Marajó, que está en la boca del Amazonas, y en general en toda la orilla de ese gran río, se encuentran figuras sentadas, con las pantorrillas exageradamente engrosadas, por llevar dos argollas muy ceñidas, una junto a la rodilla y otra junto a los tobillos. Los que han estudiado los vasos de Marajó han encontrado que la isla estaba habitada por gente arahuaca, y a esa gente atribuyen los vasos indicados. Por otra parte, los etnólogos encuentran que los caribes eran de la misma gente arahuaca. Mis observaciones particulares me llevan todavía más allá; porque encuentro que también los Tupinambá de las costas del Brasil deben haber llegado hasta el Canadá; y se sabe que a través de las islas han llegado del continente austral influencias en el sur de los Estados Unidos, por toda la costa y muy dentro de tierra.

En todo caso, Colón, en su segundo viaje, encontró que los caribes se diferenciaban de los otros indios por tener las pantorrillas engrosadas, de la manera como se ha dicho; y sus observaciones recogidas en sus tres primeros viajes echan una luz sobre la clase de gente que encontró. Fueron unos tres tipos diferentes, aparentemente. Pero no quiero adelantarme al examen que se puede hacer, para poderlos mejor comparar con los indios que ahora conocemos en Honduras.

3.-GENTE QUE ENCONTRÓ COLÓN EN LAS ANTILLAS

Los que han escrito de las Antillas han dividido los tipos de gente encontrada por Colón en tres clases: Ciboneyes, atrasados; Taínos, muy adelantados; Caribes, adelantados, guerreros, marineros, salteadores. Estas calidades de los caribes no justifican su clasificación en tipo separado, en vista de que en muchas partes existen salteadores y guerreros, que son de la misma pasta del pueblo común. Lo mismo se podría decir de los Ciboneyes, que por ser atrasados no significa esto solo que sean de un tipo diferente, cuando sabemos que en muchos pueblos modernos que conocemos hay siempre una parte más adelantada y otra más atrasada. Pero, es posible que sean grupos más antiguos que han quedado atrás, o también grupos formados por gente de distinto origen.

Leyendo las relaciones de los tres primeros viajes de Colón, se encuentran efectivamente tres tipos de cultura aparentemente diferentes. Una pacífica, otra adelantada, la última, guerrera, marinera, salteadora.

4.-ELEMENTOS IMPORTANTES DE COMPARACIÓN

Varios elementos culturales muy importantes fueron encontrados por Colón en su segundo viaje. Desde el primer viaje había tenido noticias de una tierra al sur, en donde la gente traía el oro en los brazos y en las piernas. Eran noticias vagas, recibidas cerca de la Isla de San Salvador el lunes 15 de octubre de 1492. Oyó que en la isla vecina había naos grandes y mercaderes, 24 de octubre. El 28 encontró anzuelo de cuerno y fisgas de hueso. El 29 de octubre hallaron muchas estatuas en figura de mujeres y muchas cabezas en manera de caratona, careta o mascarilla, muy bien labradas. El 4 de noviembre entendió que decían "que había naos grandes y mercaderías, y todo esto era al Sueste. Entendió también que lejos de allí había hombres de un ojo, y otros con hocicos de perros, que comían los hombres, y que en tomando uno lo degollaban y le bebían su sangre y le cortaban su... Esta gente, que le daba las noticias, es muy mansa y muy temerosa, desnuda... sin armas y sin ley". He aquí el primer tipo de gente que encontró Colón. Esto era en la costa de Cuba.

Costeando hacia el oriente el 6 de noviembre, en una población de 50 casas, "los venían a ver, y aposentándolos en las mejores casas; los cuales los tocaban y les besaban las manos y los pies, maravillándose y creyendo que venían del cielo, diéronles dos sillas, en que se asentaron, y ellos todos se asentaron en el suelo en derredor de ellos". Hallaron gente con un tizón en la mano y "hierbas para tomar sus sahumerios que acostumbraban... las mujeres... ni negras, salvo menos que en las islas Canarias". De aquí quería ir al Sureste "a buscar oro y especierías y descubrir tierra".

El 23 de noviembre, navegando hacia Haití, los indios que llevaba decían que esa isla "era muy grande y que había en ella gente que tenía un ojo en la frente, y otros que se llamaban camíbales, a quien mostraban tener gran miedo... que no podían hablar porque los comían, y que son gente muy armada". Oyó también que existía una isla de solo mujeres, amazonas, que cada año se reunían con los caribes, y les mandaban los niños que nacían, mientras que las niñas las retenían consigo.

Oyó también que aquella Isla Española, o la otra de Yamage, Jamaica, estaba cerca de tierra firme, 10 jornadas de canoa, que podían ser 60 o 70 leguas, y que era la gente vestida allí. Teniendo en cuenta que precisamente para venir a desembarcar en la costa norte de Honduras los barcos españoles habían aprendido a arrancar desde Jamaica, porque la corriente los llevaba naturalmente y sin esfuerzo al puerto deseado, podemos pensar sin ninguna duda que la tierra firme indicada era la tierra de Honduras, la tierra de mayas, en donde, precisamente, la gente andaba vestida, como efectivamente la encontró Colón en su cuarto viaje.

5.-INDIOS MANSOS E INDIOS MENOS MANSOS

Encontró Colón primeramente indios mansos. A lo que parece, no eran tan atrasados; y aunque dice Colón que no tenían armas, sin embargo al principio no se había dado cuenta de que el arma que describe después es la que Bernal Díaz dice que era la más terrible. Efectivamente usaban "unas varas, y en el cabo de ellas un palillo agudo tostado". Después dice que eran "azaguayas", o sea lanzas pequeñas arrojadizas. Las describe después y dice que los de la Española "pelean con unas varas agudas, las cuales tiran con unas tiranderas". Los indios andaban desnudos, teñidos de colorado, con penachos en la cabeza, algunos, todos con un manojo de azaguayas. Encontró en un puerto de la Española que la gente era más hermosa y más blanca, y vieron dos mozas tan blancas como podían ser en España...

Los Ciguayos del norte de la Española, indios de la sierra y de la costa, que según Las Casas no eran caribes, hablaban lengua diferente, que puede ser dialecto; usaban también arcos, flechas y macana, cabellos muy largos encogidos y atados atrás, y puestos en una redecilla de plumas de papagayo; el rostro tiznado de carbón. En general se teñían de negro, otros de blanco y colorado. "Las cabezas rapadas en logares, y en logares con vendijas de tantas maneras... no poseen fierro, instrumento de hierro, ninguno. Tienen muchas ferramientas ansí como hachas e azuelas de piedra, tan gentiles e tan labradas..."

En general, las azaguayas de todos ellos son de cañas, "de longura de una vara y media, y de dos, y después le ponen al cabo un pedazo de palo agudo en un palmo y medio, y encima de este palillo algunos le ingieren un diente de pescado, y algunos, y los más, le ponen allí yerba", punta mortífera. Los Ciguayos no tiraban como en otras partes. Los de Puerto Rico "no tienen fustas, canoas, ni saben andar por mar; pero según dicen estos caribes que tomamos usan arcos como ellos, e si por caso cuando los vienen a saltear los pueden prender, también se los comen, como los caribes a ellos". En general, había canoas grandes y pequeñas; algunas que podían llevar, como había visto Colón, "hasta setenta y ochenta remeros".

2.-LOS CHONTALES

Quien dice CHONTAL no debe entender que se trata de una sola gente ni de una lengua sola; porque con la palabra nahoa Chontal (Cho-chón, rústico, rudo, "Tlallí", tierra, que, para mí, con ello se quiso indicar al "indio natural", o HIJO DE LA TIERRA) los indios quisieron entender, no tanto lo que significa "extranjero", sino más bien "al que no pertenece a la misma gente" de quien así lo llama; idea que los griegos y romanos explicaron con la palabra BÁRBARO. Los españoles con esta palabra llamaban al indio rudo, rústico y bozal. Lo dice Oviedo (42, I): "La principal es la que llaman de 'Nicaragua'... la otra es la lengua que llaman de 'Chorotega', la tercera es 'Chondal'. Esos 'Chondales' es gente más avillanada, e moran en las tierras o en las faldas dellas." Era lengua diferente de las dos otras. Esto quiere decir que eran SERRANOS, como llamaban los españoles, según el obispo Pedraza, a los Cares y a los Cerquís de Lempira.

Torquemada, al tratar de la provincia de Honduras, dice: "Tenían diferentes lenguas, la más general es la de los CHONTALES, que participan de la Governación de Nicaragua (que así los llaman los castellanos, queriendo decir BOZAL o RÚSTICO), contratan con otras naciones en esta Provincia, en especial los de Yucatán, que iban por mar en canoas y llevaban mantas, plumas y otras cosas, y bolvían con cacao." Los datos que Torquemada ofrece sobre los indios de Cerquín, incluyendo la PIEDRA DE LOS SACRIFICIOS DE QUELEPA, cerca de Cerquín, y COMIZAHUAL, o "Tigre que vuela", corresponden a gente maya, aunque dice que los Chontales hacía doscientos años que habían venido al país, según Torquemada, Monarquía Indiana, I, 14. Torquemada ha copiado al historiador Herrera, quien copiaba las relaciones de los gobernadores.

Anteriormente, en 1576, el oidor Diego García del Palacio, visitando oficialmente la provincia hasta San Miguel, se refiere así, por primera vez, a los CHONTALES de Honduras: "Desde el volcán de San Miguel... en su provincia comienza otra lengua de indios que llaman los Chontales", "gente más bruta", aunque antiguamente valientes entre ellos. Así que, al decir de Palacios, se llamaban Chontales aquellos indios que, aunque valientes antiguamente, eran actualmente de una cultura regresada para atrás. Él se refería precisamente a los Cares y a los Cerquís, indios de Lempira, de Gracias, Intibucá, Choluteca y Comayagua, además de los de San Miguel, no conociendo a los de Nicaragua. Más allá continúa diciendo: "Desde este lugar comienza la provincia y corregimiento del pueblo de Chiquimula de la Sierra... hacia la parte que de este lugar va a dar a Gracias a Dios en Honduras son indios Chontales. Averigüé estando allí un delito contra un cacique del lugar de Gotera, el cual desde su gentilidad tenía el..." Habla aquí de la que él llama circuncisión, pero equivocadamente, porque se trataba del sacrificio de aquello del que habla Landa, que hacían los mayas de Yucatán con gran profusión. En Nicaragua los Chontales fueron catequizados por el padre Alburquerque, mercedario, en Sébaco, Matagalpa.

Los mapas de Honduras, comenzando por el de Laet, de Leiden, de 1625, que coloca los Chontales según lo dice Palacios, en las montañas entre Valladolid, Comayagua, y San Miguel, ponen los Chontales con más o menos errores y uniformidad, hasta Bancroft en 1882. El mapa de Squier, de 1858, los pone sobre los lagos de Nicaragua solamente. Con cambio de nombre y grave equivocación fonética, los mapas de Thomson, de 1816, y en general los de lengua inglesa, ponen WOOLWA, por Ulúa, en Boaca y en el río que va a la Laguna de Perlas.

El señor Samuel Lothrop, en su monumental obra Pottery of Costa Rica and Nicaragua, Nueva York, 1926, llama a los CHONTALES Ulva. Es un error que están cometiendo los escritores modernos de cosas de Honduras. San Juan de Ulúa llamaron los españoles a la isla en frente de Veracruz, por error fonético. Ulúa se llamó en Honduras el río de este nombre, y este sí tiene sentido, porque los mayas de Honduras indicaban con este nombre U-LU-A al RÍO DE NUESTRA TIERRA; es decir, era el río propio, nacional, y cada río podían los mayas llamarlo así, cuando pasaba por la tierra de su habitación. Por esta razón se encuentran tantos pueblos en Honduras y confines del sur que tienen el nombre de ULUA, gente, y OLA, o mejor, ULA, pueblo, nombre que significa "agua de la tierra", "río de la tierra"; y este mismo nombre lleva el Cerro de Hule, que debe decir ULA, al suroeste de Tegucigalpa, en donde precisamente se originan varias de las quebradas que van a formar el Río Grande de la Choluteca, que pasa por varias gentes que con razón se llaman Ulúa, o sea que habitan las riberas del RÍO DE NUESTRA TIERRA.

A pesar de que este nombre CHONTAL es nombre vago aplicado a gente rústica, a diferencia del nombre HICAQUE, que se aplicó a los terribles salvajes guerreros, este de CHONTAL se dio más bien a gente ya tranquila, como dice García del Palacio, y que antes era valiente; este mismo sentido tienen los otros nombres, que se dieron de cultura maya o nahoa, nombres que muchas veces, siendo diversos de una misma familia, han servido para mayor confusión y para no entenderse, teniendo en esto la mayor culpa los lingüistas, no exclusos los modernos.

Estos nombres sinónimos son los siguientes: CHONTAL, OTOMÍ, POPOLOCA, POPULUCA, CHICHIMECA, y otros del territorio mexicano que apunta Plancarte, Prehistoria de México, página 150, Otomíes serranos, Chontales; página 393, Xicallán bárbaros, Mixtecas. En 26 de mayo de 1580, Su Majestad, tomando en cuenta "...que los indios Chontales son caribes y comen carne humana...", autoriza a la Real Audiencia y gobernadores de Honduras y Nicaragua para que los reduzcan a la calidad de esclavos, según J. Joaquín Pardo, Prontuario de Reales Cédulas, 1529-1599, Guatemala, 1941.

Squier, y otros, solo con el examen de 26 palabras, y sin más profundizar el asunto, incluyen entre los CHONTALES a los LENCA, PAYA, ULUA, MARABI, TAULEPA y dudosamente CHOROTEGA y NAGRANDO. Y esto está bien cuando se les da un sentido de rústicos; pero no tiene sentido común cuando se entra en la lingüística, y peor, sin tener en cuenta la metamorfosis histórica de la lengua desaparecida, y basándose únicamente en pocas palabras modernas o muy deterioradas. Y termino aquí, porque esto es pasmoso.

Tegucigalpa, D. C., febrero de 1946.

X: BUSCANDO LA EXISTENCIA Y EL ORIGEN DE
RASGOS MONGOLOIDES

1.-FILIPINOS Y CHINOS

Asunto muy importante este de los Filipinos desde el punto de vista de Honduras, cuando se sabe que no hay casi hombre erudito que no sepa decir que los indios de Honduras tienen los pómulos muy pronunciados y, por lo tanto, han venido a Honduras desde China pasando por el estrecho de Behring. Y sin embargo, no hay mentira más grande que esta, ni que se diga con tanta sangre fría. Triple mentira, porque si hay algunos indios que tienen los pómulos pronunciados, no todos los tienen; ni han venido de la China sino unos pocos y en tiempos relativamente modernos; ni se puede demostrar que han pasado por el estrecho de Behring, sino probablemente casi todos en barcos españoles.

Es bueno ofrecer aquí datos, y no solamente palabras.

Un ejemplo de lo que puede la fantasía sin el estudio apropiado lo ofrece Morley, en su monumental obra The Inscriptions at Copan, página 224, cuando recuerda que a ciertos escritores les pareció ver en la Estela B de Copán la cabeza del elefante, y en la figura del héroe algo de mongoloide, sacando por consecuencia que los mayas eran de origen asiático. A este respecto reproduce las mismas palabras extravagantes de Arnold, 1909: "En la página 268 se reproducen esculturas con tal aspecto oriental, que uno no puede dudar de su origen. El rostro de las figuras de las estelas son los rostros que uno puede ver hoy en día en Cambogia y Siam. El vestido, los ornamentos, el turbante que cubre la cabeza, que no se encuentran en otras estatuas sino en esta, todos son puramente antiguo indo-chino".

Todas estas fantasías que se repiten entre el pueblo culto producen el efecto extraordinario de que cualquiera se siente un mongoloide.

2.-LA HISTORIA VERDADERA

No voy a inventar: doy en breve lo que expone la Enciclopedia Espasa en su artículo, que ofrece la seriedad del caso, en lo que toca al siguiente dato histórico:

El archipiélago de las Filipinas se llamaba Ma-Yi, y lo sabemos por la breve nota que dejó el geógrafo chino Chao-Yu-Kua en el siglo XIII. Al viajar hacia las Islas de las Especiarías o Molucas, Fernando de Magallanes, en marzo de 1521, descubrió esas islas que llamó de

San Lázaro, las que también se llamaron de Poniente y finalmente FILIPINAS, nombre que se dio primeramente a la isla de Leyte, al llegar a ella la expedición capitaneada por Ruy López Villalobos en 1543.

Luis de Velasco, virrey de México, por orden de Felipe II, mandó una expedición dirigida por Miguel López de Legaspi, que desde el puerto de Navidad, en la Nueva España, el 21 de noviembre de 1564, se dirigió "a la China", llegando a Leyte el 13 de febrero. Tuvo que desalojar a los portugueses, que habían instalado cañones e instruido en el tiro y en la fortificación a los moros o malayos musulmanes, que habían llegado como conquistadores antes de los españoles. Legaspi fundó Manila el 24 de junio de 1571. Esas islas sufrieron muchos ataques de piratas chinos, moros y holandeses.

Desde entonces se inició una corriente comercial directa e ininterrumpida, aun clandestina, entre México y las Filipinas, de donde vinieron a la Nueva España y por toda la costa del Pacífico, hasta el Perú y acaso a través de Chile, hasta la Argentina, los filipinos, que trajeron de seguro instrumentos como aquellos que se han encontrado por toda la costa del Pacífico.

3.-EL COMERCIO CON LAS FILIPINAS

El comercio que se decía "de la China" era muy activo, aunque por varias causas, en ciertos tiempos sufrió alguna merma. Fue comercio lícito y aun comercio ilícito, o sea clandestino. De los navíos regulares había dos o tres al año.

Una relación de Panamá, enviada por la Audiencia en 1607, en las Relaciones Históricas y Geográficas de la América Central, Madrid, 1908, página 176, dice: "De la China vienen sedas, lienzos, hierro, cera, loza y otros géneros. Cuarta: la plata que solía pasar por aquí para España se divide y divierte parte a la China, parte a Nueva España".

El curso era desde los puertos de Nueva España y desde los puertos del Perú.

García Peláez, Memorias, II, ha reunido algunos datos interesantes. Los tropiezos a la navegación del sur venían tanto para evitar la persecución de los corsarios como para proteger algunos reinos, especialmente Nueva España y Perú, y no otros como Guatemala. Por la Cédula de 11 de enero de 1593, pasada en la ley 1, título 45, libro 9, se conoce el afán que todas las provincias tenían para tener comercio con la "China", es decir con las Filipinas: este comercio fue concedido exclusivamente a Nueva España. Así que en 1604 se ordenó la construcción de tres navíos armados de 300 toneladas, por cuenta de la real hacienda, para salir desde Acapulco, debiéndose sacar los gastos con los fletes.

Con este fin fue fortificado ese puerto, en donde un navío debía quedar de reserva.

En 1634 el comercio era activo entre Nueva España y el Perú, y los navíos llevaban gran contrabando de ropa de China, a pesar de las severas medidas de prohibición que se habían tomado, aun con el comercio entre los dos reinos. En 1647 no llegó navío de Filipinas, y se hizo todo lo posible para comprar por cuenta de Su Majestad dos navíos de 300 toneladas. El comercio con las Filipinas continuó hasta que duró la Colonia.

4.-CASOS DE DISPERSIÓN EN COSTAS AMERICANAS

Los casos de naufragio y de arribo forzoso en costas nórdicas, o de dispersión en el continente, debieron ser cosa no infrecuente, aun fuera de la navegación regular española y aun anteriormente al descubrimiento y a la colonización, puesto que cualquier mapa de las corrientes marinas muestra que precisamente de las Islas Filipinas salen dos corrientes importantes: la contracorriente ecuatorial que llega a la América Central y a las costas del Perú choca con la corriente que viene del Norte y va a formar la corriente ecuatorial del Norte, que regresa a las Filipinas y se dirige a las costas de la América septentrional y de Alaska. Casi el mismo recorrido tienen los vientos de enero y de julio.

No nos interesa por el momento la corriente ecuatorial del Sur ni la corriente Antártica. A este propósito Beuchat, Manual de Arqueología, capítulo I, expresa que la contracorriente ecuatorial tiene como punto de partida el archipiélago de las Filipinas, habitado por los malayos, navegantes atrevidos y piratas inveterados, y es por lo tanto favorable. Sin embargo, dice que el camino del Kuro Shivo "es el que siguen todavía los veleros que van desde los puertos de China y del Japón a San Francisco, y es el que, contra su voluntad, siguieron buen número de pescadores y marinos japoneses que fueron a naufragar en la costa occidental de América". Numerosos navíos se perdieron en las costas de Alaska o en el Oregón y California, impulsados por los tifones o por la corriente, y cita la revista de San

Francisco Overland Monthly, que en el año de 1875 publicó la lista de 15 navíos japoneses o chinos que se perdieron en aquellas costas desde principios del siglo XIX. Las naos de China, por esta causa, procuraban no arribar nunca antes de diciembre.

Viene a propósito el caso que refiere Ximénez, Historia General, 15, 10. El 29 de mayo de 1657 llegó finalmente al puerto de Amapala, La Libertad, la nao Nuestra Señora de la Victoria, que con destino a Acapulco había salido de cerca de Manila el 20 de mayo de 1656 y después de tres meses de navegación se había encontrado con otro navío, salido del mismo puerto veinte días después. Se separaron después de haber corrido tres días juntas, y se apartaron para tomar altura. La nao Victoria fue cogida por malos temporales, y tuvo que derribar el árbol mayor. Los navegantes descubrieron de paso dos islas grandes que no estaban en la carta, y en inminente peligro de ir contra las peñas, un padre franciscano que estaba en el navío, "sacando una imagen de Nuestra Señora de Guadalupe la mostró a los islotes y volviéndose en un momento el viento por popa, por la proa, los apartó de las islas; y desde entonces se llaman aquellas 'islas de Guadalupe'". La nave Victoria tomó otro rumbo y tomando altura en más de tres meses anduvieron errando por las costas, muertos de hambre y perdidos varias veces, hasta que fueron remolcados a Amapala. "Las personas que murieron fueron 150 y entre ellas tres almirantes".

En 1660 estaban detenidos en México el gobernador, oidores y religiosos; se pidió un navío de 300 toneladas para ir a Filipinas. Entonces comenzaron a faltar pilotos y en el Realejo no se construían naves para Filipinas. En 1785, con cédula de 10 de marzo, el comercio con Manila se había puesto bajo una poderosa compañía, y ahora se clamaba por el libre comercio.

5.-LA NATURALEZA EN LAS FILIPINAS

Geológica y etnológicamente las Filipinas pertenecen a la Malasia. Clima cálido; los monzones terribles influyen en la navegación. El arroz, principal alimento; el maíz, importado por los españoles; el zacate, llevado por los religiosos de México; el índigo en estado silvestre; de la yuca se extrae la tapioca; la caña de azúcar es la reina de las aromáticas; el tabaco, importado de México en el siglo XVI; el café, en el siglo XVIII. Nativas son la nuez moscada, la canela, la manga y otras frutas.

6.-ETNOGRAFÍA FILIPINA

Según Barrow, las Filipinas son la clave de problemas malayo-polinesios. Diversidad de opiniones acerca de si son tronco de una misma raza, o de tres: la negrita, la malaya, la indonesia. Los negritos, habitantes del interior, conocidos como el último peldaño de la humanidad, y siendo los más primitivos del mundo, han, sin embargo, conservado la idea de la unidad de Dios y la unidad e indisolubilidad matrimonial.

Fr. Juan Ferrando describe así a los filipinos que vio en los primeros tiempos: "El indio indígena de origen malayo es de color cobre, bien formado, pelo negro, largo; barbilampiño, indolente, apasionado de la música y del baile...... y más apasionado del gallo..... No se cuida del porvenir ni se calienta la cabeza en pensar mucho.... llega hasta los ciento veinte años...... Si tiene un peso, o cien, eso gasta, y si no se conforma...... pide cuanto necesita aunque después cueste trabajo el cobrarle. Gusta de lucir..... los indios tienen talento en el ojo y en la mano, pues son excelentes imitadores, buenos músicos, pintores, talabarteros y sobre todo buenos marinos......".

La gente filipina ha perdido mucho de su pureza. Manila fue la más cosmopolita ciudad del extremo oriente. La raza española es la que más se ha cruzado; pero, más débil, va perdiendo fuerzas y poco a poco la sangre cruzada después de 1565 va desapareciendo. Los rasgos de los mestizos son nariz recta, ojos sin oblicuidad ni repliegue falciforme, sino caracteres europeos; queda de la sangre malaya la rudeza del pelo, el aplanamiento posterior del cráneo, la delicadeza de las extremidades. La eminencia de los pómulos es notablemente menor; el prognatismo alveolar y el grosor de sus labios están rebajados.

"Mucho más considerable, véase Enciclopedia Espasa, y persistente ha sido el cruce de los chinos con las filipinas. La sangre china está dotada de una fuerza extraordinaria de atracción y el cruzamiento es eugenésico en su más alto grado. Caracteriza al mestizo chino la elevación de la talla del cráneo, la oblicuidad de los ojos y el alargamiento de las extremidades. Son unos 500.000. Los mestizos sangleyes, procreados de india y chino, han llenado el archipiélago, que no los había en el primer descubrimiento, año de 1738."

7.-INFLUENCIA EN AMÉRICA

El contador Rodrigo de Albornoz, en carta al Rey de 1525, Documentos, XIII, 45, informaba: "Los dos navíos que se hacían en Zacatula y un bergantín están acabados, y pudieran luego ir a descubrir y seguir el camino de la especiaría, que según los pilotos aquí dicen, por su punto y cartas no está de Zacatula de seiscientas leguas, y hay nuevas de indios que dicen que en el camino hay islas ricas de perlas, y piedras, y siendo la parte del Sur, ha de haber, según razón, oro en abundancia; y preguntando a los indios de aquella costa de Zacatula cómo saben que debe haber por allí islas, dicen que muchas veces oyeron a sus padres y abuelos que de cierto en cierto tiempo solían venir de aquella costa indios de ciertas islas del sur que señalan, y que venían en unas grandes piraguas y les traían allí cosas gentiles de rescate y llevaban ellos otras de la tierra, y que algunas veces, cuando la mar andaba brava, que suele haber grandes olas en aquella parte del sur, más que en otra parte ninguna, se quedaban los que venían acá cinco o seis meses, hasta que venía el buen tiempo, sosegaba la mar y se tornaban a ir; y así se tiene por cierto hay islas cerca......".

Sea lo que sea de esos emigrantes antes de la conquista, lo cierto es que después, al tiempo de la colonia, vinieron con los navíos de Filipinas grandes cantidades de gentes. Deben haber venido grandes cantidades de esclavos, que no se dicen. Las rebeliones de los indios tributarios, las de los chinos bogadores en 1590; el alzamiento de 20.000 chinos en 1603; el de los japoneses de Manila; el comercio clandestino, todo debe haber contribuido.

Sin esto, tenemos un testimonio irrecusable de la presencia de gran número de filipinos en la Nueva España. En 1770 el Arzobispo de México, don Francisco A. Lorenzana y B., publicó un edicto para desterrar idolatría, etc., extendiendo la censura a todos, en esta forma: "......hemos resuelto hacer a todos presente la general prohibición de este Tribunal de Indios y chinos, y dentro de dicho tiempo concurran los indios o chinos, que por su fragilidad se hallaren incursos en ......". En la nota a este edicto está explicado que "Los naturales de China están sujetos...... si se han domiciliado. Son de las Islas Filipinas, que vulgarmente llaman chinos".

Lo que se anota en este capítulo, que no es todo lo que se puede decir, da a comprender que cuando se encuentran rasgos mongoloides no es juicioso juzgar inmediatamente que los chinos o japoneses, así puros como son, vinieron directamente a América por el estrecho de Behring, y antes de Colón.

Existen artefactos y palabras de origen polinesio, como lo demuestra desde Argentina el italiano Imbelloni, de fama universal, con los "mere", o mazos de piedra en forma de corta pala, que se han encontrado en todo lo largo de la costa del Pacífico.

Tanto lo demostrado por Imbelloni como lo dicho arriba dan algo qué pensar.

Tegucigalpa, D. C., febrero de 1946.

XI: LOS INDIOS PUROS DE HONDURAS

1.-UNA PARADOJA

Parece una paradoja, cuando se piensa en tantos indios naturales hondureños, que a pesar de las muchas vicisitudes, del contacto con tantos negros y del inmenso mestizaje desde el principio de la colonización, han permanecido puros, con haber perdido totalmente su lengua, y en parte sus costumbres.

Sin embargo, sucedió lo mismo como en Grecia, que, vencida por los romanos, conquistó a su vez a la misma Roma.

2.-EL TOTOPOSTE Y EL TABLÓN PARA CÁNTAROS

Si tomamos para un examen estos dos elementos culturales citados, encontramos que el TOTOPOSTE es un alimento todavía muy común en Honduras y sirve en los viajes. Es una masa hecha de maíz molido y aderezado en varias maneras según las regiones. El totoposte moderno parece que no es tan fino como lo hacían los mayas.

A este propósito, precisamente hace pocos días, en las vegas de la margen derecha del río Humuya, a menos de una legua de distancia de la ciudad de Comayagua, región plenamente maya, como lo demuestran los restos aun últimamente descubiertos, se ha encontrado el TOTOPOSTE que usaban los mayas antiguamente; probablemente quedó allí abandonado, junto con una piedra de moler y un tablón para cántaros, al tiempo que los mayas de Comayagua se fortalecieron en Quelepa y en Tenampúa, Tenan-puuc, cerro con población, hostigados por Cáceres y por Montejo, abandonando para siempre sus casas, frente a las cuales dejaron montoncitos de obsidiana. Los que se han hallado por el señor coronel Gregorio Sanabria, gobernador del departamento, son varios pedacitos y uno entero. El totoposte entero es del grosor de un caramelo moderno, de apenas dos centímetros por cada lado, de pasta finísima hecha como cinta enrollada, como si fuese hechura de hadas.

El tablón para cántaros es de piedra verde, estrecho y largo, tanto para contener cuatro cántaros cómodamente, no más. El asiento es cavado en la piedra, en forma semiesférica, con un borde circular exterior. El tablón tiene dos cabezas de león en los extremos. Tales tablones usamos todavía en nuestras casas; pero los nuestros no son de material tan fino y duradero, tan artísticos ni tan elegantes como los antiguos de los mayas. Parece que nada ha cambiado desde entonces, sino en menos cultura y elegancia.

3.-LAS GRANDES INDIADAS

Honduras era muy poblada. Torquemada, 3, 41, habla del río "HAGUARO", Aguán, en cuyas riberas había grandes poblaciones, se regaban grandes sementeras dc las semillas antiguas de los indios... "El río Uhlua tiene veinte leguas de hermosa ribera, poblada de ambas partes hasta que entra en la mar."

Cortés encontró grandes riquezas y señoríos con numerosas poblaciones. Lempira pudo fácilmente juntar un ejército de treinta mil indios con dos mil jefes. Los Cares de Intibucá y los Cerquís de Cerquín eran numerosos. Más numerosos los Comayagua y los Guajiquiro. Numerosísimos los Quiles de Olancho, cerca de Catacamas, que eran indios más puros, y los Torebas de la región desde Juticalpa hasta la Segovia, por todo el río Guayape, y los Chorotegas del sur y los Apay del occidente, y las grandes indiadas de la costa: era un gentío enorme.

Se destruyeron o dispersaron casi todos. Los Guajiquiros del sur del Valle de Comayagua se fueron por la montañas, hasta Aguanqueterique y Marcala; los Comayagua, por las montañas de la Sampedrana y la Cuchilla, y probablemente son los mismos que dieron el nombre a "los Guamiles de los Hicaques" de la cercanía de Esquías, y que eran también llamados "LOS CHATOS", por tener la cabeza achatada.

4.-LAS POBLACIONES DE INDIOS PUROS

Los mulatos también fueron obligados al tributo, y en los libros de bautismo y matrimonios de Honduras se indican por lo general como "mulatos libres". Las poblaciones de mulatos se hicieron al lado de las de los indios puros, conservándose las dos comunidades, casi sin excepción, separadas y sin mezcla. Así, en los libros de bautismo de los pueblos indios se señalan desde mitad del siglo XVIII con el nombre de "indio tributario", y esto ayuda para reconocer cuáles pueblos han permanecido de indios puros y cuáles no.

Entre mis apuntes sacados precisamente de los libros de bautismos del Obispado de Comayagua, encuentro, por ejemplo, en el libro de Siguatepeque, todos los indios tributarios desde 1757 hasta diciembre de 1768, cuando comienzan a bautizarse ladinos, y en 1776 los mulatos. En Yambalanquira, desde 1779, todos tributarios sin excepción; en Yocón, desde 1748, todos indios tributarios; Yolula e Intibucá, todos tributarios, con alguna excepción de bautizados de otros pueblos; Intibucá, de 1759 hasta 1777, son todos indios tributarios; Guaimaca, en 1768, todos indios tributarios hasta 1774, en que aparecen varios ladinos, un mulato y dos mestizos; Jocoara y Yarula, 1758, todos indios tributarios; Gualcinsin, Gualcinse, 1712, todos indios tributarios, exceptuados algunos laboríos y ladinos; Guancapla, todos indios tributarios, pero en 1783 aumentan los mulatos y pardos del valle de Ilila; Gualala, 1762, tributarios; Gualmuaca, todos indios tributarios, algunos laboríos, ladinos y españoles; pueblo de Celilac, 1797, todos tributarios; La Campa, 1808, todos tributarios.

En 1791 la población de Honduras era de 93.501 habitantes; en 1801, de 130.000.

Cuando Ramón Anguiano levantó el censo de la República, en 1801, la población era así: en cuanto a los pueblos de indios, teniendo en cuenta las reducciones, que eran de gente mulata, los indios del Valle de Comayagua eran en total 4.245, distribuidos en varias poblaciones, es decir, laboríos de la ciudad, Jeto; parroquia de Lejamaní; parroquia de Cururú, comprendiendo Tambla, Lamaní, Guaxiquiro, Similatón, Opatoro, Cacauterique; parroquia de Siguatepeque, Jaitique, Miambar, reducción; parroquia de Chinacla. Subdelegación de Tegucigalpa; pueblos de indios: San Miguel de Tegucigalpa, Suyapa, con reducción de ladinos, Comayagüela; parroquia Ojojona, Lepaterique, Santa Ana; parroquia Tatumbla;

parroquia Texiguat, Támara, todo con 2.516 indios tributarios. Tenencia de Nacaome; pueblos de indios: parroquia Goascorán, reducción de ladinos, Langue, Aramecina, reducción de ladinos, Pespire, reducción, Aguanqueterique, Curarén, Alubarén, reducción, Reitoca, Lauterique, en total 1.985.

Tenencia de Choluteca: Ninaca, Tiscagua, 552 indios. Subdelegación de Gracias a Dios: pueblos de indios: MEXICAPA, de mexicanos llegados con los españoles para las minas, Talgua, La Iguala, Lepaera, Colosuca, Coloete, Cayquín, La Campa; parroquia Intibucá, con reducción de ladinos separada, Xicaramaní, Yambalanguila, Guancapla, con reducción de ladinos, San Juan de Buena Vista, con reducción; Yolula; parroquia Camasca, Colomoncagua, con reducción, Guarajambala; parroquia Quesailica, con reducción, Opoa, donde fue fundada la primera ciudad de Gracias, Lagüigua, Villa del Calvario, Erandique, con barrio de ladinos que existe hasta hoy, Guaxinlaca, Gualcinse, Piraera, con reducción, Majatique, Guasabasque, Gualmuaca, Tambla, con reducción, Guarita, con reducción, Tomalá, Joconguera, hoy Candelaria, en total 18.214 indios. Tenencia de Sensenti: pueblo de indios: parroquia Sensenti, con reducción, Chucuyuco, con reducción; parroquia Gualcha, Cucuyagua, con reducción, Corquín, con reducción, existe todavía el barrio; parroquia Ocotepeque, con reducción, San Sebastián, total 1.806 indios. Subdelegación de Chinda: la parroquia principal era la ciudad de San Pedro, que comprendía solamente tres familias de españoles, 53 ladinos y 12 solteros, estando desparramados los demás en todos los pueblos de indios y nuevas poblaciones de mulatos de las minas de la parroquia; pueblos de indios: parroquia Petoa, Santiago, con reducción, Xicamaya, Candelaria; parroquia Tiuma, debió ser este el más antiguo e importante centro del valle, en donde los indios quedaron más aferrados a su tierra, como parece decirlo el nombre maya Tiuma; en el Repartimiento de Alvarado, TEUMA, que vale lo mismo, significado: "allí donde está lo nuestro", en la cual había reducción, con cinco familias de españoles, 26 de ladinos y 19 solteros; parroquia Chinda, con reducción, con un total de 640 indios.

Subdelegación de Téncoa: era esta una de las partes más pobladas y muy ricas en minas; al principio del siglo XIX se fundaron en sus valles muchas poblaciones con españoles y ladinos, comenzando por Santa Bárbara, en donde habían 129 familias de españoles, por supuesto de criollos; parroquia Tencoa: pueblos de indios: Ilamatepeque, Chuchultepeque, nota: el nombre CHUCHUN, o chochón, equivalente a Chontal, o rústico, y tepeque, cerro, dado por los españoles mexicanizados, Celilaca, parece indicar el agua fría, y efectivamente hay por allí una quebrada de agua fresca, Xalapa, el nombre Chala, o Cala, que en maya se repite mucho en toda Honduras, con significado de "garganta" o de "señor", Macholoa, parece indicar en maya milpa sin agua porque el río pasa por allí muy hondo, Gualala, Yamala, Ojuera, Posta, con reducción de 12 familias españolas, 24 ladinas y 6 solteros, además de 269 indios y 87 solteros indios; existen allí montículos mayas importantes y restos de edificios e iglesias de los españoles; en todo, dos mil setecientos catorce indios.

Subdelegación de Olancho: Pueblos de indios: parroquia Manto (con Red.), Jano (en donde entraron muchos ladinos y mulatos después), La Guata (en donde los indios se conservaron puros hasta hoy, Red. con algunas excepciones), Yocón (con Reducción), Sacapa (con Red.), Catacamas, El Real (con Red.), en todo 1.523 indios. Subdelegación de Yoro (con muchos Hicaques, como la región del Real, con Payas), Sulaco (con Red.), Yorito (Hicaques), Jocón, misión de Luquigüe, con un total de 951 indios, faltando contar los 5.000 y más de Hicaques y los muchos Payas de Olancho. Subdelegación de Olanchito: aquí es en donde se establecieron más ladinos: pueblos de indios: parroquia Agalteca, con 283 indios. Subdelegación de Trujillo: ciudad de Trujillo con 80 familias de españoles; Sonaguera con 1.500 ladinos y mulatos, negros franceses 200, negros ingleses 300, negros caribes 400, con un total de almas de 6.480.

Anguiano, en su Relación, añade que los sambos de Olancho debían ser como unos 60.000, los indios Payas en número de diez a doce mil, en el mismo Partido, y en el Partido de Yoro, los indios Hicaques, en número de 16.000, unos y otros mansos y de continuo trato y comercio con los españoles. Añade que todos los pueblos indios tenían los ejidos de ley, pero no las reducciones, y que las familias españolas "presentan a la vista una población civil nada vulgar y propia de la sociedad y sostener al público...... las más son familias criollas", es decir, de hijos nacidos en Honduras.

CONCLUSIONES

No me demoro en examinar otros datos estadísticos, que salen fuera de la brevedad impuesta.

Todos estos pueblos eran de origen muy antiguo: acaso eran los abuelos de otros que después volvieron, según se colige de las leyendas recogidas en México por Cortés, que de Honduras fueron a poblar allá. Los Cheles deben de tener algo de común con QUILES, los indios más puros de Olancho; los chortí y los Choltí con los Chorotegas, y todos con los Mames, que con su significado de viejos, comparados con los restos arqueológicos y los lingüísticos, que son una gran antigüedad, autorizan a decir lo mismo, es decir, que en Honduras se encuentran los restos de los Mayas más antiguos.

Se exceptúan algunas manchas de mexicanos, como las dos poblaciones "Mejicapa" de Comayagua y Gracias y otras pequeñas manchas que introdujeron los españoles, a más de los otros que vinieron después.

Y después de todo esto, sería grave continuar diciendo que Honduras no era Maya, que fue invadida por los Mexicanos del legendario Topiltzín, y afectada por las no menos legendarias invasiones de mercaderes de Moctezuma o Ahuitzol.

Tegucigalpa, D. C., febrero de 1946.

XII: LOS QUILES, LOS GUAJIQUIROS, LOS INTIBUCANOS (Cares)

1.-UNIDAD DE FAMILIA EN DIVERSOS GRUPOS

Aunque los indios de Honduras se encuentran dentro de la familia maya del más antiguo linaje, sin embargo, pasando el tiempo, se diferenciaron según las diversas regiones que ocupaban, y sin distinguirse profundamente en costumbre y en lengua, recibieron a los españoles, cuyos sacerdotes y maestros, para disminuir las dificultades, les enseñaron la lengua nahuatl, que desde entonces, en muchas partes, era entendida por todos. Esto y el contacto con los españoles, negros y otras castas, profundizaron la diferencia del lenguaje, y cuando los Reyes de España obligaron la enseñanza del idioma español, poco a poco el lenguaje nativo fue olvidado o quedó escondido y de patrimonio de algunos pocos. Fuentes y Guzmán, Recordación Florida, libro IX, capítulo 21, se refiere a la lengua española que se debía enseñar por los religiosos, y no lo hicieron sino después de un siglo. Dice: "Pero atendiendo cuánto importaba que esta generación de los indios, tan llenos de malicia y de cautela, fuesen entendidos de nosotros, se mandó por cédula dada en Valladolid a 7 de junio de 1550, libro de Cédulas Reales de la Secretaría de Cámara, folio 106, que los religiosos enseñen la doctrina a los indios en lengua castellana; más esto que no se hizo jamás no parece tan necesario, no entendiendo ellos la lengua castellana, porque sería relatarlo como el papagallo o como si uno rezase el Ave María en latín sin saber la Gramática. Y parece más de razón y de utilidad a los indios lo que ahora nuevamente está ordenado, acerca de que no hablan otro idioma generalmente que la lengua española; mas esto duramente, tarde o jamás se verá ejecutado, porque de hacerse y ser ellos tan inteligentes en esta nuestra vulgar como nosotros y los mulatos y negros, cualquiera clérigo de los sobrados y suficientísimos en letras y virtud que hoy tiene este Obispado pudiera entrar a administrarlos y esto no les está de buena cuenta a los religiosos; pero también a estos miserables indios se seguiría el provecho de que sin necesitar de intérprete, que tuercen y desfiguran sus informes, pudieran ellos por sí mismos representar sus quejas y sobrecargas."

Entre los indios puros de Honduras se cuentan los QUILES que han quedado viviendo en el substracto de toda Honduras y en los nombres de gentes y de lugares; los CARES cuyos representantes más genuinos son los INTIBUCANOS; los GUAJIQUIROS cuyo nombre implica la palabra QUILES; los CHOROTEGAS, que continúan existiendo en el sur de Honduras, especialmente en la región de Langue; y los HA PAY o serranos, que según García del Palacio tenían la misma lengua de los de Yucatán y habitaban las serranías de Copán y valles adyacentes.

2.-LOS QUILES

El 29 de mayo de 1943 pasé por las ruinas de San Jorge de Olancho el Viejo, frente al Boquerón, y poco después por Santa María del Real, o El Real del Río de las Piedras, donde Alonso de Cáceres redujo a la obediencia a los TOREBAS, que llegaban hasta la Segovia, en donde en 1524 Gil González Dávila batió a Hernando de Soto, y cuyo nombre, como expliqué en el capítulo dedicado a los Jicaques o Turrupán, significa señor de su tierra, o sea los "naturales". Cáceres mandó a fundar San Jorge de Olancho, en 1540, y los naturales, señores de su tierra, fueron empleados ampliamente, junto con mexicanos y negros africanos, en número de a lo menos 25 mil, para extraer el oro del Guayape. Es natural que los mexicanos se escapaban, los negros se volvían "cimarrones" y los Torebas se fortificaban y se escondían en las cuevas de las montañas, o se volvían "Jicaques", o sea "salvajes", según el nombre que les dio Alonso de Cáceres y Guzmán, cuando los descubrió en 1603 a unas seis leguas de distancia del mismo Real.

El 31 de mayo, en San Jorge de Río Tinto, aprendí que allí vivía el indio Camasquire, y dicen también que la de allí era la raza más pura. Al tiempo que entraron los españoles a Honduras, muchos indios encontraron refugio en las numerosas grutas o cuevas de los cerros. Creo que a esta época se deben atribuir las numerosas pinturas y petroglifos que se ven todavía en esas grutas, todos de carácter descriptivo o mágico, según la mentalidad de los indios que despavoridos huían del poder de los invasores. Ordinariamente, todos estos dibujos, tanto en Honduras como en las regiones limítrofes, son de un mismo argumento y de un mismo estilo; de carácter popular, y representan animales, especialmente culebras enroscadas, figuras humanas, el sol, etc.

Precisamente a estos hechos, aunque posteriores, se refiere el padre Espino en 1668, en la región del valle de Jamastrán, cerca de la de Segovia. Dice el padre Espino en su Relación, página 355: "... fuíme a la ciudad de la Nueva Segovia, mi patria, distante deste pueblo, Jalapa, más de doze leguas... Volvime al pueblo de S. Buenaventura, que avia yo poblado, el qual estaba despoblado, porque los indios viéndose solos, se fueron otra vez a la montaña y se metieron en unas grutas, temerosos de los de Santa María sus enemigos."

CAMASQUIRE parece que significa "pueblo, o gente de la iguana", si se entiende que el lenguaje SUMU ha conservado la palabra CAMA con significado de iguana. CATACAMAS podría ser "la iguana del pueblo". Pero según se divida la palabra admite otros significados, especialmente si la final AS tiene significado de agua, en el lenguaje maya corrompido, o filológicamente considerado según la evolución y transformación histórica de esa región.

Sin embargo, "Cama" es también palabra quiché y significa muerte o muertos, como "Cimi", en maya. Podría tener significado de "Metnal" o lugar de los muertos. CAM-AS sería más bien: agua muerta, Cimi-Cam, muerte; CATACAMAS, Cah-ta-cam-as: pueblo donde está el agua muerta, con alusión a alguna laguna o pantano; y este es el mismo significado de CAMASQUIRE, QUILE, significado de gente.

En Catacamas, anteriormente, la mujer encargada de la limpieza del templo se llamaba Tenanza, que es nombre maya y significa la "blanca del pueblo" o la "poblana que blanquea" o que limpia, de tenan, pueblo, y zac, blanco.

3.-SIGNIFICADO Y EXTENSIÓN DE "QUILE"

Quile significa gente, y tiene un camino largo y variado en la etimología y una extensión amplísima en palabras de poblaciones y de lugares. En chol, la palabra quire significa hombre.

El significado primitivo es uinic, que en maya significa hombre; pero se transformó en uilic y en uilan y, según lo conservan los Guajiquiro, en huiram, como se encuentra en HUIRAMPUCA, que precisamente significa "cerros que rodean el pueblo", como efectivamente lo es. Son derivados Guira, Guire, Quila, Quile, y con esta terminación, que significa gente o pueblo, existen en Honduras y fuera de ella una gran cantidad de nombres.

Así se encuentra en la misma región de Catacamas y de Camasquire, el río Camasquire; Puskira; el río o quebrada de Pisiquire y Aguaquire que van al río Guampú, y el río Conquire que va al Río Tinto. Hay el río y pueblo Jutiquile, y en el camino de Culmí pasé por un vallecito verde con una laguna actualmente seca. El lugar se llama QUILIS, y la laguna la dicen Quilis. El padre Vásquez, en la obra citada, libro V, tratado I, capítulo 13, ofrece la noticia de que el río de Agalta, que los ingleses llamaron Black River, o Río Negro, y los de la tierra Río Tinto, se llamaba PISICURE. Es probable que el nombre sea PISIQUILE, nombre de otro también afluente del Guampú. El río de Agalta se forma en el valle del mismo nombre, en donde el padre Goicoechea, al principio del siglo XIX, fundó San Esteban y PACURA. Es posible que el nombre fuese Pa-Quila, que sería "las montañas de los Quiles", o Pa-Dzula, montañas de los señores. Allí los indios que el padre Espino reunió en dos pueblos, bajo el nombre de indios PAYAS, una vez que se fueron a celebrar unos de sus ritos en ciertas grutas o cuevas, a la manera antigua. Hasta hace poco tiempo, solían celebrar esos ritos en una gruta de Olancho y era sacerdotisa una mujer. Según dije al tratar del nombre PAYA y de los PAYAS, este nombre PA-QUILE se conectaría con el nombre

PA-YA; es decir, tendría el mismo significado de "indios serranos" o "indios de las sierras".

Extendiendo la vista más afuera, se encuentra QUIRIGUA, que fue poblada por los de la Florida de Honduras, sobre el río Motagua, contiene en sí la palabra QUILE, y puede significar el río del pueblo de los cues o templos, o su río del pueblo donde están los templos.

Parece que QUIRIGUA era nombre extenso, porque Pedro Mártir de Angleria dice que Colón "Ad milliaria decen paulo amplius tellurem repetit nomine incolarum quiriquetanam: ipse vero ciámba nuncupavit", Décadas, III, libro IV, "A poco más de diez millas, encontró un territorio dilatado que en lengua de los indígenas se llamaba Quiriquetana, pero él le puso Ciamba". Aunque esto que dice Pedro de Angleria admite discusión, sin embargo parece que puede aplicarse a los ríos del pueblo, confróntese Ulúa, o sea "río de nuestra tierra", que son numerosos en la costa norte de Honduras.

4.-LOS GUAJIQUIRO

Los Guajiquiro, quilo-qui-ua, gentes mucha milpa —Montejo los dice Guaxerequí, que es lo mismo—, y los Cururú, o Quororo, eran la misma gente que habitaba en la parte sudoccidental de Comayagua, en donde estaba la antigua TAMBLA, hoy Humuya. Cururú o Quororo, lu-colo, significa tierra de milpas, siendo colo plural de col, milpa.

Los Guajiquiro llegaban hasta los confines de El Salvador y más allá aún, con sus tierras. Los pleitos de tierra de los Guajiquiro, llamados así porque eran excelentes milperos, eran interminables al tiempo de la colonia; porque su gente ocupaba toda la parte sur del Valle de Comayagua, acaso desde donde los varios ríos se reúnen, en Canquigue, frente al gran montículo, que era el templo principal de la región, y forma Humuya, o sea el río único, como lo dice su nombre maya. Cuando Montejo se apoderó de Tenampúa ellos no habían tenido tiempo de cortar la cuchilla del cerro, que aún queda con ese corte a medias, y el día anterior a su llegada desampararon aquella fortaleza natural e inexpugnable. Quemaron todas sus casas y se dispersaron. Poco a poco fueron reunidos nuevamente; los Quororo, encomendados a Alvarado, fueron puestos bajo la Real Corona después de su muerte, como lo dijo la carta de Maldonado; los Guajiquiro más cercanos los tomó para sí en encomienda el gobernador Alonso de Ortiz Delgueta, que se había tomado también los terrenos de los indios de Jeto.

Venidas las nuevas leyes, todos los indios de Honduras, bajo la influencia de los religiosos y maestros, procuraron recobrar su libertad y en todas partes reclamaron sus tierras, como se puede verificar por las numerosas peticiones y pleitos desde 1580 hasta fines del siglo. Los Guajiquiro, en 1599, hicieron pleito con doña Isabel de Alvarado, por sus tierras; los testigos debían traerlos desde hasta 15 leguas, es decir, desde los confines de El Salvador, donde habitan los Opatoros y los Similatón. El pleito principal, porque litigaron también con otros pueblos de la misma gente, por cuestión de confines, fue especialmente por el lugar llamado ZACUALPA, en toda la literatura antigua de Honduras significa lugar que fue pueblo y después despoblado. Este lugar era habitado por ellos desde tiempo inmemorial; y el pueblo donde ahora vivían lo habían habitado ya varias veces.

El testigo mestizo Diego de Cabrera, hijo del conquistador Juan de Cabrera, oyó decir a su padre que "en tiempo de la conquista abían hallado a los indios del dicho pueblo en la dicha Zacualpa y que se halló en la dicha Zacualpa una cabeza de un español y un corazón, por lo cual los conquistadores hizieron justicia de alguno de los principales, y que la dicha Zacualpa y tierras eran de los dichos yndios de Guaxiquiro", Archivo Nacional, títulos de tierras, sección Comayagua, número 140, Guajiquiro. Este hecho recordado por el mestizo Diego de Cabrera corresponde al alzamiento del que la Audiencia dio cuenta en carta de 1545, de que los indios habían matado españoles y negros en las minas de la Nueva Segovia, y que la Audiencia "proveyó en Comayagua a un alcalde donde se rebelaron ciertos pueblos e mataron a un español", Revista del Archivo, Documentos 24, página 48. Por el título de tierras número 141, Guajiquiro, sabemos que las tierras de estos indios llegaban hasta Jupuara, es decir, debajo de Tenampúa, y esto concuerda con la carta de Montejo; y por otros expedientes, especialmente los de San Pedro de Cururú, se ve que las tierras eran también Rancho Grande y Rancho Chiquito, al oriente de Tenampúa, hasta Chinacla, o sea Marcala, y hasta Aguanqueterique.

Así todos estos pueblos eran la misma familia. Se encuentran rastros de lengua mexicana, es verdad, y para atender a estos indios, de ordinario se llama a un nahuatlato que entendía la lengua mexicana. Pero todos saben que ni los Guajiquiro ni los Similatón y otros tenían lengua que se pareciera a la mexicana. Como he dicho y explicaré en capítulo aparte, a todos estos indios se les enseñaba a entender la lengua mexicana para facilitar la enseñanza doctrinal y para entenderse con las autoridades reales. Sin embargo, eran pocos los que la entendían.

5.-LOS INTIBUCANOS (Cares)

Que los Intibucanos eran los Cares de que habla Montejo y Pedraza, con quienes Lempira hizo las paces y estaba observando el giro que tenía la guerra con los españoles, para echarse sobre ellos en el momento oportuno, y habitaban la parte oriental de la región de Cerquín, donde residían los Cerquís, lo confirman los anales de los Mercedarios, confróntese Castro Seoane, en Anales de la Sociedad de Geografía e Historia de Guatemala, marzo de 1945, con la indicación de que en 1696 había dos Mercedarios en la doctrina "de Intibucá, llamada también de los Cares"; confróntese también Revista de Indias, septiembre de 1943, Madrid. Cares y Cerquís, según Pedraza, eran los indios que los españoles de la conquista llamaban SERRANOS. Efectivamente concuerda el nombre INTIPUCA, que parece significar mi serranía, In, mi; Ti, partícula de lugar; Puuc, serranía.

CARE, CALA, CAL, confróntese Cal-el, sin detenerme en explicaciones, tiene significado de jefe o de señor. Se encuentra en un gran número de nombres geográficos de Honduras, como Calamuya, río del señor, Marcala, región o tierra del señor, y en todas partes de Honduras, al encontrarse cualquier campesino, se saluda uno a otro: "Señor". Es la costumbre que camina.

No me detengo en la historia de los Intibucanos sino brevemente, porque tengo un trabajo largo que espera su publicación a este respecto. En un título de tierras del Archivo Nacional de Tegucigalpa, número 333, Intibucá y Eramaní, se encuentra que en 1734 los alcaldes, el maestro, etc., de Jicaramaní se juntaron para hacer el traslado o traducción de un documento escrito por sus antepasados, en 1585, en lengua mexicana alterada, mezclada con palabras españolas y palabras mayas; señal de que quien lo escribió no era un nahoa. Este documento es original porque contiene las firmas diversas de cada uno de los firmantes, y su traslado o traducción fue para que los jueces de la Audiencia tuvieran en cuenta las tierras de los indios de Jicaramaní. Jicaramaní fue el pueblo nativo que se cita tanto en el documento primitivo de 1585 como también en una añadidura de 1657, en donde firma el cacique de Tenambla, Tenan, pueblo; balam, tigre, como también aparece Intibucá, al lado de Jicaramaní, dos comunidades regidas entonces por unos mismos alcaldes y regidores, caso que fue frecuente en Honduras, como por ejemplo en Chinacla y Marcala.

Jicaramaní no es, como podría creerse, un nombre nahoa que se refiera a jícara. Probablemente contiene en sí toda una historia que solamente podemos vislumbrar a través del documento, que muy amablemente tradujo el experto nahuatlato padre Garibay en México. JICARAMANÍ, en maya, contiene en su primera parte los mismos elementos que la palabra Jicaque, como expliqué ya en el capítulo VIII. Hichah, como también Hih-cah, significa en maya el indio natural o el señor de su tierra. La Maní significa pasó ya, no es más, y probablemente este significado se le dio al tiempo que desampararon o fue destruido su pueblo, cuando en lugar de estar desparramados, los españoles los reunieron en un solo lugar; significado que tiene también el nombre maya MANAQUIRA, pueblo sin casa, y el nombre nahoa que persiste, Zacualpa, despoblado, cuyo lugar habitado fue habitado y después despoblado, dejando allí los restos o montículos mayas. Zacualpa es la traducción de Manaquira.

MANAQUIRA sería, en maya, pueblo, o gente sin casa, y correspondería al nombre mexicano ZACUALPA o AZACUALPA, que, en los escritos antiguos de Guatemala, en todo el territorio de Honduras, tiene significado de región que fue antes poblada, pero fue después desamparada y está despoblada; aunque he encontrado un lugar llamado Zacualpa que nuevamente ha sido poblado.

El señor J. G. Cantarero Palacios, de La Esperanza, Intibucá, muy interesado en descifrar los nombres y conocer su aplicación a los lugares, en el caso del documento de los Intibucanos, sugiere que el lugar llamado Zacualpa debe ser el que en el documento se dice LEMLEMCALA. Si vamos a descifrar este nombre, parece indicar "agua de muchísimos señores", y con esto parece significar un lugar cerca del río, o de fuentes de agua. Efectivamente Zacualpa es una altura de donde se originan numerosas quebradas, que van al río Lempa y al río Ulúa.

El documento dice que habitaron varios lugares, que los españoles los redujeron a pueblos, que fue destruido, que se juntaron varios caciques y finalmente hacen el recuento de sus tierras. Todo esto concuerda con la tradición antigua, la cual pude recoger de la boca del indio nativo de Jicaramaní Jesús Hernández Gutiérrez, que la recibió de su padre y este de sus abuelos. Los Jicaramaníes eran nativos en el lugar actual, en realidad parece que habitaban muy desparramados, y los Intibucanos vivían antiguamente en un lugar más al norte, llamado MALERA, aldea que pertenece a San Francisco de Ojuera. Eran pocos y por una desobediencia al Obispo a quien recibieron mal, creo más bien que fue algún capitán español, el cura, algún Mercedario, y el sacristán, dejando allí a la gente mala, se vinieron con los pocos buenos hasta el lugar que se conoce por ZACUALPA, llevando consigo al Señor de Esquipulas, a la Virgen de Mercedes y a la Virgen de Candelaria. De allí se movieron y habitaron "Pueblo Viejo" y, en fin, se juntaron los varios caciques. Según el documento de 1585 el territorio que habitaban era inmenso y se los redujeron poco a poco.

Tegucigalpa, marzo de 1946.

XIII: CHOROTEGA-LENCA-AH PAY

1.-LOS CHOROTEGAS

El 21 de enero de 1522, el capitán Gil González Dávila salió de Panamá con su expedición para descubrir las costas del occidente. En este viaje, dice él mismo, "yo anduve a pie 134 leguas, en las cuales descubrí grandes pueblos y cosas hasta que topé con la lengua de Yucatán... Todas las cosas de Yucatán habemos topado así en casas como en ropas y armas... voy desde aquí a buscar y descubrir por la mar del Norte lo que descubrí y hallé por la del Sur, que es otro Yucatán en la riqueza y en la lengua y en las otras cosas que los indios visten y tratan". En el Golfo de San Vicente, de Nicoya, encontró "el cacique Chorotega... es caribe y de aquí adelante lo son". Debe tenerse presente que Gil González Dávila había ya estado en Yucatán, y por lo tanto, al decir que había topado con la lengua de Yucatán lo decía con cierto conocimiento, indicaba a los Chorotega, y afirmaba que eran de la misma familia de los de Yucatán, es decir MAYA.

CHOROTEGA, CHOLOTECA, CHOLUTECA, CHULUTECA, no es palabra mexicana sino compuesta de elementos lingüísticos de la familia maya. Probablemente la pronunciación debe ser CHULUTECA, por CHOLOTECA, Chorotega es forma española, Choluteca es pronunciación local; CHOLO, plural de chol, significa milpa o milpero; TEGA, por teca, de Tagah, en los anales de los Cakchiqueles, Takaj, en quiché, Taká en kechí, Chakán, maya, y en Guajiquiro y Similatón Taja, significa llanura o valle, en todo el sur de Honduras. Por lo tanto CHOLO-TECA significa llanura de las milpas o de los milperos. Cholu-teca significaría valle de la tierra de la milpa.

Se encuentra primero en la Relación del licenciado Palacio, 1576, en seguida en la del padre Ponce, 1586, y después en Torquemada, al finalizar el mismo siglo, que a los Chorotegas se les llama Mangue; es ese un nombre creado por los españoles con nombre mitad maya y mitad mexicano, y significa los viejos indios mame, o sea antiguos, con alusión a los Chorotega que en Nicaragua habían cedido el puesto a los Nahoas después que los españoles los habían medio destruido.

Existen otros casos semejantes, por ejemplo: Poco-mames, Poco Uinic, ya que Poco significa viejo.

No me detengo en examinar todas las cuestiones que se pueden presentar con respecto a los Chorotegas; las traté ampliamente en el ensayo citado; reservo para la parte arqueológica el tratarla en sus artefactos; diré solamente algo acerca de su antigüedad y su extensión en Honduras.

Hasta hace poco no se distinguía entre Chorotega y Mame. Quiénes eran los Mame pueden decirlo los Anales de los Cakchiqueles; ellos los encontraron y trataron como a sus antiguos hermanos mayores en el departamento de Huehuetenango, colocado entre frías montañas. Desde allí habían venido hacia Nicaragua; serían los mismos Chorotegas. Por otra parte, tanto Remesal como Ximénez harían venir a los Mame desde el sur hacia Chiapas. Lo cierto es que ocuparon grandes territorios hasta El Salvador. En su territorio se ha conservado la lengua quiché en su forma más arcaica que conocemos, el "Tzendal".

Por otra parte, Lothrop, siguiendo a Spinden, parece que considera a los Chorotegas como más antiguos de los Mayas, que habitaban "probablemente" el territorio situado al sur del área Maya y la parte septentrional de Honduras, antes de la llegada de los Mayas, como "hace dos mil años". Spinden amplía todavía más, y sobre la base de algunos artefactos encontrados cerca del Río Plátano, al oeste del Cabo Camarón, da un área muy grande a los Chorotegas: el área abraza desde la parte oriental de La Ceiba, en Honduras, hasta la Laguna de las Perlas en Nicaragua, el norte de Costa Rica y el sur de Nicaragua, Herbert J. Spinden, The Chorotegan Culture Area, Congrès International des Américanistes, XXI sesión, Goteborg, 1924, página 529. No obstante esto, y todo lo que han dicho los que han tratado el punto lingüísticamente, deberá continuarse tratando a los Chorotegas como miembros de la antigua familia de los "Mame", tanto histórica, cultural y lingüísticamente, como también desde el punto de vista arqueológico.

Pocos, y tal vez menos, son los que se han dado cuenta de que en Honduras existen los elementos más antiguos de la lengua MAYA. Los "Mames" se dicen así porque son los viejos, los abuelos, los más antiguos de los Mayas; en Olancho existe el Río Mame, y en su desembocadura, en el Río Aguán, hoy el pueblo de Mame; y las piedras más antiguas de Honduras, las más escondidas, las más toscas y despreciadas, hablan dc los abuelos, hablan de los Chorotegas, hablan de los "MAMES", los abuelos Mayas.

Además de las denominaciones "Viejo y Nuevo Imperio", se ha sentido la necesidad de indicar con nuevos nombres a los mayas anteriores.

Así S. G. Morley, en su reciente obra Historia General de los Antiguos Mayas, sobretiro del tomo II de la Enciclopedia Yucatense, Ciudad de México, 1945, llama el comienzo o fase primera de la Historia de los Antiguos Mayas "Pre Viejo Imperio I, Pre Viejo Imperio II, Pre Viejo Imperio III"; durante este último Imperio se distingue la invención de la cronología del calendario y de la escritura jeroglífica. Lo llama también Proto-Maya I, II y III, y le da un desenvolvimiento, en la península de Yucatán, de dos o tres milenios anteriores a Cristo y los tres siglos subsiguientes.

Dejando a un lado las consideraciones de tiempo, es necesario fijarse en el hecho de que se encuentran con frecuencia artefactos más primitivos y rústicos, al lado o en capas inferiores de los de cultura clásica.

Muchos de ellos, que se hallan aun en la superficie del suelo, pueden ser contemporáneos o posteriores a las culturas mayas más perfectas, y deben atribuirse a gente provinciana, a gente pobre y rústica, a labradores y aun a niños o niñas principiantes; pero muchos otros artefactos se pueden atribuir a gentes que vivieron anteriormente.

Es posible que los Mame y Chorotegas tuvieron abuelos de un tronco mediata o inmediatamente común, que siendo más primitivos desarrollaron su cultura paulatinamente y dieron origen a ambos.

Como todo otro pueblo, los Mayas han debido tener su cultura inicial y su desenvolvimiento cronológico central y periférico, además del propio independiente de cada lugar, y bajo este aspecto los debemos estudiar.

Por lo tanto, se pueden distinguir en los Mayas tres clases de gentes: los que vivían en las ciudades, los Chorotegas o campesinos o agricultores y los Chontales o serranos, que vivían en los cerros, y eran los más rústicos de todos.

2.-LOS "LENCA"

En el Repartimiento que el 15 de julio de 1536 Pedro de Alvarado hizo de la Villa de San Pedro de Puerto Caballos se lee: "A Álvaro de Sandoval, alcalde de la dicha villa, dio e señaló de repartimiento el pueblo de Lenga, que es, hacia la parte del Manianí." Es posible que esta sea la primera vez que en la literatura española se cita al Lenca.

Me encontraba en Mérida entre esos buenos amigos que me acogieron tan primorosamente y estábamos comentando palabras que me interesaban, cuando de repente salió a flote la partícula LEM, que significa mucho o grande, y en seguida me acordé que pueblo, en maya y en chontal, se dice Cah, Cah, Caá. Asintieron los que conversaban conmigo, todos expertos en lengua maya, que LEM-CAH, corrompido en LENCA, tiene significado de pueblo grande o mucha gente, significado que estaba buscando.

Los Lenca han sido y son el rompecabezas de los lingüistas que se han metido a decir algo de Honduras. Con el método hasta hoy usado, si se quiere saber quiénes son o fueron los lencas, no se llegará nunca. Óigase al modernísimo F. J. Santa María, Diccionario General de Americanismos, México, 1942: "LENCAS, m. pl. Indios que poblaban las mesetas y valles de las montañas del este de Nicaragua, y que al principio del siglo XVI habitaban en la parte central de Honduras, especialmente en los departamentos de Comayagua y Tegucigalpa. Se les conoce con el nombre de chontales, payas e hicaques o xicaques, y viven actualmente en la costa de los Mosquitos y en gran parte de la meseta de Honduras." Óigase ahora a Squier, que es el padre de los que modernamente tratan de los Lenca. Dice que recientes investigaciones pueden servir para deshacer toda duda. Él dice: "Todos los escritos que se han publicado en Centro-América sobre el país mismo no han sido más que una repetición servil, rara vez cambiando el lenguaje de las aserciones de Juarros;" sin embargo, después de haber nombrado a los pueblos Lepaterique y Guajiquiro, Lauterique, Opatoro, Cacauterique, Similatón, Yamaranguila, Yucasapa y el gran pueblo de Intibucá, de la comparación de vocabularios, de muy pocas palabras, deduce que "todos son dialectos de una misma lengua". Y en cuanto a darle el título de Lenca, he aquí cómo procede.

Dice: "El Guajiquiro pronuncia su idioma lenca, y como constantemente encuentro en las relaciones de los misioneros que fueron a Honduras hacer referencia a los indios Lencas, he adoptado el nombre para designar a los que ocuparon este distrito." Los más de los misioneros que penetraron a las regiones de los Hicaques y Payas fueron primero a Comayagua, donde casi generalmente tomaban indios lencas para que los acompañaran en sus expediciones. En este punto Squier se entrega a un cúmulo de conjeturas para concluir que Honduras fue ocupada por cuatro familias o grupos distintos de aborígenes: los chortises de Sensenti, varias tribus interpuestas, los salvajes de la Mosquitia, y "los Lencas menos avanzados en civilización", y bajo los varios nombres de chontales, quizá los payas e hicaques, que ocupaban el presente departamento de San Miguel, en El Salvador, y los de Comayagua, Choluteca, Tegucigalpa y parte de los de Olancho y Yoro, en Honduras, incluyendo las islas de Roatán, Guanaja, etc.

Todo este discurso ha hecho Squier para hacernos creer que, sin demostración ninguna, podemos aceptar que se dé el nombre de Lenca a casi toda la gente de Honduras. Y lo más maravilloso es que W. Lehmann tomó en serio el asunto Lenca y dio ocasión a Rudolf Schuller para que dijera que "había llegado a las conclusiones más fantásticas", por ejemplo, en la afinidad con la lengua Xinca. Schuller demuestra que 157 palabras traídas como lenca contienen elementos maya-quiché-cariba-aruak.

El primero en hablar de los Lencas parece que fue el padre guardián del convento franciscano de Comayagua, cuya relación de fines del siglo XVII aprovechó el padre Francisco Vásquez, en su

Crónica, en la cual habla de la muerte dada al padre franciscano Verdalet, por los indios Taguajas, a quienes quería convertir junto con los "lencas, de intrincado idioma y natural alevoso e inconstante". Vivían en el Guayape y "todos son xicaques", dice el padre Vásquez. Después de esto, cuenta el padre Vásquez que en 1667 don Bartolomé Escoto llevó a Guatemala "tres indios xicaques, los cuales buscaron al padre Espino que sabía la lengua lenca que ellos hablaban". Vásquez, Crónica, libro V, tratado I, capítulo 22. "...llegados... a las naciones del xicaque... fue servido Nuestro Señor de depararles una familia de indios paracas de nación lenca", cuya lengua materna era la lenca. El padre Vásquez dio mayor impulso a esta voz "lenca", sin penetrar el significado.

Para entender la palabra LENCA aplicada por Vásquez, es necesario conocer que este escritor franciscano comenzó a copiar datos para la Crónica en 1681. Esta obra está basada principalmente sobre documentos de conventos y relaciones de superiores franciscanos. Con respecto a Honduras, era principalmente el convento de Comayagua el que ofreció los mejores datos. Una relación escrita precisamente a fines del siglo XVII por un padre franciscano que estuvo de superior en Comayagua, como parece colegirse de sus palabras, y que no es el padre Espino, supongo que sea el que comenzó a dar el nombre LENCA, nombre que en documento de 1690, publicado por el padre Lamadrid y citado arriba, ya es usado ampliamente, porque a ciertos padres que se destinaban a las regiones de Honduras y de San Miguel se les daba aprobación de suficiencia de lengua LENCA.

En una lista de religiosos compuesta en 1690 y publicada por el reverendo padre L. Lamadrid en el tomo IV de la segunda edición de Vásquez, 1944, al nombrar los padres de la Custodia de Santa Catarina, Comayagua, se citan varios padres, doctrineros, vicarios, predicadores, etc., aprobados en lengua mexicana y lenca, y otros aprobados en tres lenguas. Pero, en las reducciones de Tegucigalpa, o sea la Taguzgalpa y la Tologalpa, no se dicen las lenguas que conocen. Se citan también cuatro personas de indios lencas en Nacaome, y en Goascorán 60 personas, indios mexicanos y lencas. En aquel tiempo, ya Goascorán y Nacaome parece que no eran más Chorotega. Et de hoc satis: porque los Lencas no son más que un nombre, bajo el cual los franciscanos pusieron a grupos de indios, probablemente mayas, más numerosos, más cultos y menos salvajes que otros. Squier, sin entenderlo, siguió más adelante que los franciscanos; los lingüistas posteriores lo entendieron menos y lo tomaron como cuestión de lengua, y no era sino cuestión de nombre, porque, también sin entenderlo, los geógrafos, en los mapas, los llamaron Chontales.

Si comparamos lo que dice Vásquez, al referirse al padre Espino, con lo que ofrece el dicho documento de 1690, y la relación del padre Espino, sacaremos alguna luz que será provechosa para entender el origen de la aplicación tardía del nombre Lenca, por parte de los franciscanos de Comayagua.

Ahora bien. En el documento siguiente de 1689, se citan ciertos pueblos como Nacaome, compuesto solamente de 4 personas que hablaban LENCA y al mismo tiempo castellano, y Goascorán, en donde había 50 mexicanos y LENCAS. Ahora se sabe bien que Goascorán y Nacaome eran de lengua CHOROTEGA.

En el documento antes aludido se nombran los padres que conocían la lengua lenca. Entre ellos, en Tegucigalpa, fray Francisco de Alarcón, que había tomado el hábito en 1652; en Nacaome, el padre fray Miguel Domínguez, que había tomado el hábito en 1655. Por lo tanto, en 1667, cuando se dice que el padre Espino era el único que sabía la lengua de aquellos indios, estos religiosos debían conocer algo de la lengua. Pero, dejando a un lado esta consideración, si examinamos la relación misma del padre Espino encontramos ante todo que el padre Espino dice que solamente dos fueron los indios que los buscaron, y murieron los dos. Y en toda la relación no se nombra nunca la palabra lenca, sino se dice siempre xicaque. Si el nombre de la lengua adonde fue el padre Espino, que era nativo de la Segovia, se hubiese llamado LENCA, en las muchas veces que el padre Espino nombra su lengua y la de los indios que pertenecían a su misión y estuvieron en su contacto, la hubiese nombrado a lo menos una vez.

El indio era Hicaque, que significaba silvestre. Pero se debe saber que los Hicaques se apellidan a sí mismos TOR o TOL, TORRUPAN, que tiene significado de "persona" o "gente". Ahora bien: TORO o TOHORO es palabra recogida por Squier, de los indios Guajiquiro, Opatoro, Similatón, y según ellos significa CABEZA, como también en lenguaje chortí. En maya, la O, o más bien la doble OO finales, forman el plural de los nombres; por lo tanto, en tiempo de Vásquez, los Hicaques del Guayambre y del Guayape usaban la palabra TOR, lo mismo como ahora, con el significado que le dan los Guajiquiro, es decir de CABEZA; y poniéndolo en plural, Toro, era CABEZAS, el apellido del indio Andrés que, traducido, era Cabezas, como le llama el padre Espino.

Esto demuestra que antiguamente todos estos indios eran de una familia, la maya, y tenían una misma lengua, la maya, que poco a poco se corrompió y se diferenció gradualmente, con los contactos diversos y con distanciarse cada vez más los miembros de esa grande y antigua familia maya de Honduras.

3.-LOS AH PAY (APAY)

En la relación del licenciado García del Palacio, después que este ha hablado de Copán, cuenta que, según decían, "había venido allí y fecho aquellos edificios, un gran señor de la provincia de Yucatán y que al cabo de algunos años se volvió a su tierra solo". Es esta leyenda maya cosmopolita de KUKULCÁN. Se debe tener presente que Copán es mucho más antigua que Yucatán.

Lo que interesa es que Palacio asegura que la gente de Copán era de la misma lengua de Yucatán, y que la llama Apay. Dice: "Así la lengua apay que aquí hablan, corre y extiéndese en Yucatán y las provincias dichas y ansí mismo parece que el arte de los dichos edificios es como la que hallaron en otras partes los españoles, que primeramente descubrieron la de Yucatán y Tabasco".

No podemos demorarnos en explicar esto que es tan evidente. Copán era maya, y su gente hablaba la misma lengua de Yucatán, es decir la MAYA.

Cómo y por qué la llamaron Apay se puede entender si se recuerda lo que ya dije en el capítulo II, a saber: que PAYA, de Paa-ya, llamaron a la región de la sierra, como barrera del agua. Los habitantes de la PAYA eran los serranos. Solamente Palacio nos habla de la lengua apay, pero se debe pensar en que a los habitantes de estas serranías, en cuyo medio está COPÁN, los llamaban AH PAY, siendo ah el artículo masculino, y por lo tanto Ah pay, el serrano, dando los españoles el nombre de APAY a la lengua que ellos hablaban.

Pay es también zorrillo hediondo, y también costa del mar.

Ah Pay significaría: "la familia de los zorrillos", y bien podría ser. O si no, "los de la costa del mar"; y también puede ser, porque se acercan más a la palabra Paya.

Tegucigalpa, D. C., marzo de 1946.

XIV: LOS MEXICANOS

1.- LOS MEXICANOS EN HONDURAS

No hay ninguna duda sobre la presencia de mexicanos en Honduras después de la llegada de los españoles. Efectivamente, existen en el mapa de Honduras muchos nombres que son mexicanos, o traducidos o transformados en mexicanos, porque, según la regla que da el capitán Vargas Machuca en su Milicia y descripción de las Indias (Madrid, 1599; reimpr. 1892), el capitán o cabo "advertirá asimismo de poner nombre a todos los ríos y que se los pongan los cabos que corrieren la tierra y cordilleras y lomas y quebradas".

Los españoles que llegaron a Honduras, directa o indirectamente, venían de México, con mexicanos (Olid, Las Casas, Cortés, Cereceda, Alvarado, Montejo y otros), o de El Salvador y de Nicaragua, e incluso del gran mercado de indios de Santo Domingo, con indios del Golfo de México, con pipiles y nahoas (Hernández, Gabriel de Rojas, Compañón, López de Salcedo, Albítez, Alvarado y otros).

Con nahoas, chorotegas y negros se trabajaba en las minas de Gracias a Dios (Segovia); en el Guayape, con 25,000 y más negros e indios, entre los cuales había los anotados de lengua mexicana; y en Naco trabajaron Olid y después Cereceda, Alvarado y Montejo con numerosas cuadrillas de mexicanos y de otros, que fueron retiradas por Maldonado y después repuestas.

En las minas de Honduras había todos los elementos humanos que se han indicado.

2.- LOS DOS BARRIOS MEXICAPA

A poca distancia de la ciudad de Gracias, a los pies del Ceel-ac, o Ceel-Ah ceh (posiblemente: jabalí frío; el venado frío o el cazador o flechero frío, paralelo al Cerbatanero Hun Ahpú o Gran Cerdo del Alba, del Popol Vuh), casi exactamente frente a unas bocas tapadas de antiguas minas, existe la graciosa aldea de Mexicapa. Donde se asentaban los mexicanos, se daba el nombre de Mexicapa, y no hay duda de que de México llegaron allí indios para trabajar las minas. Entre sus antiguas costumbres está la del guancasco que tienen con la ciudad de Gracias, viniendo a bailar el baile indígena de San Sebastián y Santa Lucía el 20 de enero, fiesta patronal de San Sebastián.

A poca distancia de la ciudad de Comayagua también existen las ruinas de la pequeña iglesia y barrio de Mexicapa. Era de indios mexicanos que debieron servir en las minas de plata que, a dos o tres tiros de ballesta, existieron al oriente de la misma ciudad y fueron descubiertas por Montejo. Tenían por patrona a la Virgen de Guadalupe, cuya imagen de bulto se encuentra en la capilla del Sagrario de la Catedral.

En los expedientes de los títulos de los terrenos de El Trapiche, cuyos litigios duraron más de 150 años (V. Archivo Nacional de Tegucigalpa), se manda a declarar a los indios de Geto y a los de Comayagua, que estaban bajo un mismo gobernador indígena; pero, en 1636, en la compra de la hacienda del Tenguaje, no se llama a declarar a los indios de Comayagua, sino a los de Mexicapa. Parece que los mexicanos estaban dispersos y que solamente a principios del siglo XVII fueron reunidos en el barrio de aquel nombre.

En la visita que el Padre Ponce hizo en 1586, pasando por el sur de Honduras, recibió la relación del Primer Custodio Franciscano, el cual decía que "los indios de la visita de Agalteca son de lengua colo; los de Comayagua, unos son de esta misma lengua colo, y otros de la mexicana o pipil". La lengua colo era la nativa maya; la pipil era la que se introdujo cuando vinieron los españoles a Comayagua (Rel. Ponce, p. 347), y que los franciscanos enseñaban para facilitar la doctrina. No debe, pues, extrañar que en Honduras se encuentre algún artefacto mexicano.

3.- LAS DOCTRINAS Y LA ENSEÑANZA DE LA LENGUA MEXICANA

Lo que llegó a hacer el Inca, unificando la lengua en el Imperio incaico, lo hizo también el tlatoani cuando logró reunir a los varios pueblos en torno a México.

Sintieron esta necesidad los franciscanos, los dominicos y los mercedarios, y por todas partes abrieron escuelas en sus conventos para enseñar la lengua mexicana como lengua común; y lo hicieron todavía más atrevidamente los jesuitas en el Amazonas, creando una lengua nueva, especie de esperanto, con la que todos se entendían.

En la relación que los franciscanos de Guadalajara hicieron al Rey en 1569 (Códice Franciscano, México, 1941, p. 153), acerca del modo de administrar la doctrina cristiana, se dice: "Han trabajado, por la mucha diversidad de lengua que hay en esta tierra, de enseñar una lengua, que es la mexicana y más general, para que en ella entiendan la doctrina cristiana, y en ella se confiesen en general, fuera la lengua tarasca, que es una provincia; y esta lengua mexicana han enseñado y enseñan los religiosos en sus conventos a los que no la saben. Tienen los religiosos un indio maestro en cada convento, que enseña a leer, escribir y contar... Trabajan que cada día se junten los muchachos a la mañana una hora a aprender la doctrina y la lengua mexicana... Trabajan de ponerles sobrenombres de españoles por quitarles los que ellos tienen, que son de animales y demonios, para apartarlos del todo de sus antiguallas".

En cuanto a los mercedarios, Remesal dice lo siguiente (Hist., I, L. II, c. 19): "Los P. Fray Pedro de Angulo y Fray Juan de Torres y otros desta religión, con infinito trabajo, juntaron los pueblos de caserías o familias de indios tan apartadas unas de otras que cada una tenía lengua diferente, como se echa de ver en la particular que cada uno habla, usando de la mexicana como general y común".

Se procuraba que los religiosos doctrineros aprendieran una o más lenguas para poder servir a los indios; pero se tenía especial cuidado en que supieran la lengua mexicana, para que sirviera como lengua general en todas partes, y aun se les hacía examen de lenguas antes de enviarlos. Así encontramos en 1690, en el Convento de San Antonio de Comayagua, al doctrinero y vicario predicador Fr. Andrés de Gaviria, criollo, ministro examinado y aprobado en suficiencia de cura y lengua mexicana. En el Convento de San Diego de Teguzigalpa, el padre Francisco de Alarcón, criollo, era ministro examinado y aprobado y maestro excelente en suficiencia de cura y lengua mexicana y lenca. Era doctrinero el P. predicador Fr. Raimundo Barrientos, criollo, ministro examinado y aprobado en suficiencia de cura y lengua mexicana. Era compañero Fr. Jacinto de Quiroga, ministro examinado y aprobado en suficiencia de cura y lengua mexicana. Lo mismo sucedía en el Convento de Nacaome, en Amapala, en San Miguel. Las reducciones de Teguzigalpa alcanzaban hasta Orica y había muchos indios. Además, se habían comenzado entonces las misiones de Olancho.

Así, el Padre Ponce, en 1586, podía bien escribir, al tratar de la provincia de Xoconusco (1. c., p. 294), que "aunque los indios de aquella tierra tienen lengua particular, tratan empero y contratan en la mexicana con los españoles, porque, como atrás queda dicho, corre hasta Guatemala y Nicaragua y aún más adelante".

En cuanto a El Salvador, se hablaba en alguna parte la lengua pipil; y en Nicaragua, dice el Padre Ponce (1. c., p. 369): "La lengua que hay en estos conventos y sus visitas es la mangue en la mayor parte de Nicaragua, aunque también hay indios nahoas; y en la isla de la Laguna se habla otra lengua particular, en Costa Rica otra y otras, pero por toda esta tierra corre la mexicana".

4.- CORTÉS EN HONDURAS

Demasiado vuelo dieron algunos a lo que dice Cortés en su quinta carta al Emperador, y quisieron asegurar que en Honduras había mexicanos precolombinos. Efectivamente, Cortés quiso demostrar al Emperador que Honduras y la Nueva España eran una sola cosa, y le interesaba que también la lengua lo fuese.

Dice: "Pasados dos días después que llegué a este puerto y villa de Trujillo, envié un español que entiende la lengua, y con él tres indios de los naturales de Culúa, a aquellos pueblos que los vecinos me habían dicho, e informé bien al español e indios de lo que debían decir a los señores y naturales de los dichos pueblos, en especial hacerles saber cómo era yo el que había venido a estas partes, porque a causa del mucho trato, en muchas de ellas tienen de mí noticia y de las cosas de Méjico por vía de mercaderes". Y a los primeros pueblos que fueron, fue uno que se dice Chapagua y a otro que se dice Papayeca, que están siete leguas de aquella villa y dos leguas el uno del otro. "Son pueblos muy principales, según después ha parecido; porque el de Papayeca tiene dieciocho pueblos sujetos y el de Chapagua diez... oyeron... enviaron con aquellos mensajeros otros suyos para que viesen más por entero si era verdad lo que aquellos les habían dicho; y venidos, yo los recibí muy bien y di algunas cosillas, y los torné a hablar con la lengua que yo llevé, porque la de Culúa y ésta es casi una, excepto que difieren en alguna pronunciación y en algunos vocablos".

Este intérprete era nada menos que doña Marina, que no entendía solamente la mexicana, sino también otras lenguas de esos indios, no excluida la maya.

Los mensajeros de esos pueblos debían de haber aprendido también algo de los españoles que ya estaban en Trujillo desde algún tiempo, y de los mercaderes de quienes habla Cortés. Esto se deduce de la relación de Bernal Díaz del Castillo (c. 183): "...cuando se hubieron juntado los caciques de cuatro pueblos más principales,

Cortés les habló con doña Marina y les dijo las cosas tocantes a nuestra santa fe... y aun Fray Juan de las Varillas y los dos religiosos franciscanos que Cortés traía les predicaron cosas muy santas y buenas, y lo que decían los frailes franciscos se lo declaraban dos indios mexicanos que sabían la lengua española, con otros intérpretes de aquella lengua..."

De manera que, si los indios de Chapagua y Papayeca hubiesen sido de la misma lengua de Culúa, o sea mexicana, habrían debido entender directamente a los intérpretes mexicanos de Cortés y no tener necesidad de que otros intérpretes les tradujesen de la lengua mexicana a la de ellos. Lo que sucedió fue que los intérpretes de Cortés traducían del español al mexicano, y otros intérpretes, que conocían esa lengua, traducían a la lengua de los indios. No era, pues, lengua mexicana.

Pero se pueden entender mejor las palabras algo oscuras de Cortés si se acepta que los dos indios mexicanos eran de Veracruz o de Tabasco, es decir, de lengua maya. Y los otros intérpretes eran la Marina y Aguilar; es decir, que los intérpretes eran varios, y todos se hacían entender en maya.

Se ha querido decir que los dos nombres Chapagua y Papayeca son mexicanos; pero, al contrario, son nombres puramente mayas. CHAPAGUA contiene en sí el nombre Chapa, que significa guacamayo rojo, y es nombre chorotega, según Brinton; y PAPAYECA es nombre maya, corrupción de papachak, que significa cabeza chata (Dicc. Pérez, voz: chata), probable modalidad del dialecto maya-chorotega; o, según el Diccionario de Motul, PAPAYAC, cosa angosta, que vale lo mismo.

Se debe también tener presente que Cortés había venido a Honduras atraído por el oro, porque le habían dicho que hasta los pescadores usaban oro en sus redes, y estaba buscando la HUEHUETLAPALLAN, de donde habían salido los mexicanos para poblar a México, y ésta estaba seguramente en HONDURAS; noticia que reafirma Pedraza diciendo que indios antiguos afirmaban que los mexicanos habían salido de Honduras.[4]

---

[4] Cortés, en su quinta carta al Emperador, habla de una provincia llamada Hueitapalan, de la que tenía noticia desde años atrás, y a la que atribuía gran riqueza, población y organización. Pedraza, en su relación de 1544, recoge además la tradición según la cual algunos indios antiguos

5.- LA LAGUNA DE ORO Y EL TRIBUTO DE MOCTEZUMA

En 1536 la Reina mandó que se descubriera el Desaguadero de la laguna de Nicaragua porque la habían informado de que en sus bocas, en la Mar del Norte, se había sacado el oro que tenía Moctezuma, enviándolo por la vía de Yucatán.[5]

Esta noticia se amplió con la que recogió Juan Vázquez de Coronado en 1564, y repitió Juan Dávago de Estrada en 1572. Basta citar las palabras de este último para quedar asombrados: "el gran rey Montezuma, que envió sus ejércitos... en demanda de la dicha provincia (Talamanca), de la cual tuvo muchas y muy especiales piezas de oro... y he visto reliquias de sus soldados y ejércitos que se llaman Nauatatos".

Éstos habrían venido allí para cobrar el tributo que los caribes pagaban a Moctezuma, y quedaron cuando oyeron de la conquista de Cortés. Ni Oviedo, que procura saber del descubrimiento del Desaguadero, ni Torquemada, muy interesado en ello, dan noticia segura de esto, que no pasa de ser una de las tantas fantasías con que los españoles llenaban la mente de los reyes por buscar el Dorado en todas partes.

Que indios nahoas de Nicaragua hayan llegado a las bocas del Desaguadero, lo admite también Oviedo; y que de allí hayan bajado hacia la Bahía del Almirante es posible. Pero Torquemada, que es amplísimo, habla solamente de mercaderes y no de ejércitos salidos de México.

---

afirmaban que de Honduras había salido la gente mexicana. Estas referencias alimentaron la idea de una relación originaria entre Honduras y México.

[5] La cédula de 1536 ordenando explorar el Desaguadero de la laguna de Nicaragua se apoyaba en la noticia de que por allí habría salido hacia Yucatán el oro de Moctezuma. La noticia parece haber servido, más que nada, para estimular nuevas exploraciones y atraer el interés de la Corona hacia aquella región.

6.- LOS MEXICANOS DEL PADRE VERDALET Y LOS DEL P. MARTÍNEZ

El misionero Padre Verdalet, sacrificado por los taguacas, tuvo que tratar también con los que llamaron mexicanos. La escena es en el Guayape, entre el Portal del Infierno y Teotecacinte. Estos a quienes llamaban mexicanos, o son los nahoas de Nicaragua que fueron llevados a las minas de Gracias a Dios, de la Segovia, o los mexicanos que sacaban oro en el Guayape; es probable que todos se internaran en la selva.

Pero probablemente son los anaguacas, de quienes habla Oviedo (42, 12), que estaban entre la Segovia y el Guayape, precisamente por donde entró Verdalet. Dudo que fueran mexicanos.

También el Padre Martínez habla, hipotéticamente, de mexicanos en la Costa Norte. Pero no encontró a mexicanos, sino payas, xicaques y guabas mestizos —españoles mezclados con caribes o mayas— y salvajes, quienes le dieron muerte.

Sobre el Padre Verdalet y el Padre Martínez, así como sobre los anaguacas y los grupos de la región del Guayape y la Costa Norte, conviene ver a Vásquez y a Oviedo. La documentación permite sospechar presencia de grupos venidos de Nicaragua o mezclados con otros elementos, pero no autoriza a identificar sin más a todos ellos como mexicanos.

7.-LAS FANTASIAS DE INVASIONES MEXICANAS EN HONDURAS

Se ha especulado mucho sobre el legendario Topiltzín, que, expulsado de Tula, habría fundado el Reino de Payaquí, de los últimos toltecas con la lengua Apay, en Copán. Al respecto, véase mi artículo XIV, los Ah-pay (APAY), que eran los mismos mayas, iguales a los de Yucatán, como lo dice García del Palacio.

Sobre las fantasías de Torquemada y de otros acerca de los ejércitos y mercaderes enviados por Ahuitzotl y Moctezuma para conquistar el más grande imperio, y que habrían quedado en Honduras, me remito a mi estudio titulado Choluteca, Tegucigalpa, 1945.

Además, consúltese al respecto a Francisco Plancarte y Navarrete (Prehistoria de México, cap. "El Dios de los Ulmecas", 1923), y no se olvide que el gran erudito Peñafiel, comentando la palabra

"Nolpopocayan", cree que no hay datos suficientes para asegurar que las conquistas de los aztecas hayan llegado hasta Guatemala.(50)

Tegucigalpa, marzo de 1946.

XV: ATLÁNTIDA

1.- ATLAS

Mucho hilo tendrán que torcer quienes se han dedicado a buscar en el mundo el sitio que creen corresponde a la Atlántida.

Para su consuelo pueden consultar la lista que el sabio Imbelloni (Libro de las Atlántidas, cap. VIII) ofrece de las distintas ubicaciones geográficas de Atlántida, dadas por los muchos atlantófilos que se han dedicado a su estudio. A pesar de las prohibiciones puestas por el Congreso de Americanistas de Nancy (1875) y de los anatemas impuestos por varios escritores, la Atlántida queda como un enigma indescifrable ante el estudioso, el poeta y el visionario, no siempre del todo conscientes; y la Atlántida aparece en el Cáucaso, en Ceilán, en Palestina, en Persia, en Siberia, en Alemania, en Andalucía, en Ática, en Creta, en España, en Europa del Norte, en Francia, en Holanda, en Inglaterra y Francia septentrional, en el Mar de Azov, en el Mediterráneo oriental, en Portugal, en Suecia, en Groenlandia, en Spitzberg, en las tierras árticas, en las Islas Afortunadas, en las Azores, Canarias, Cabo Verde, en Cádiz, sobre la cresta del Dolphin, en el eje Antillas-Gibraltar, en el eje Gibraltar-Nueva York, en el eje Gibraltar-Terranova, en el Océano Atlántico, en el África Austral, en el Atlas marroquí, en Mauritania, en Nigeria, en otras regiones africanas, en el Ahaggar del Sahara, en Túnez, en América, en las Antillas, en Centroamérica, México, en el Mato Grosso (Brasil), en Venezuela y en Oceanía.

Atlas era la montaña del Peloponeso, enorme macizo que con sus altas cimas sostenía el cielo. Pero existían otras altas cimas que sostenían el cielo; en Sicilia, en Marruecos, en el Cáucaso, y todas tenían el nombre griego Atlas, o sea, el que sostiene el cielo.

2.- ISLAS Y ESTRECHOS

La posición de la Atlántida en la geografía está indicada como la de una isla frente a un estrecho.

Pero, en la antigüedad, y aun en tiempos actuales, las islas, por ejemplo la isla de Marajó y la de Tupinambarana en el Amazonas, son circundadas también por ríos o brazos de río; y aun se da el caso de llamar isla a una parte de tierra firme, circundada de una manera especial, por ejemplo un oasis. En este sentido sería fácil ver a la Atlántida colocada en medio de tierras y no circundada por el mar.

Mucho más cuando las Columnas de Hércules a que hace alusión Platón no son las mismas que conoció Solón, a quien se atribuye la narración. Para Platón, estaban colocadas en el estrecho de Gibraltar. Para Solón estaban en otro estrecho del Mediterráneo. La siguiente lección de geografía histórica es de Imbelloni (1. c., cap. XVIII): "Los fenicios indicaban en su lengua con el nombre Gaddir lo que nosotros llamamos un estrecho, y en todos los estrechos que frecuentaban en sus navegaciones levantaban edículos o templos a la divinidad nacional, Melkart, la que los griegos asimilaron luego a Hércules en virtud de su creencia, algo maniática, de que todos los pueblos rindiesen culto, con diversos nombres, a los mismos dioses de la Grecia. Concluyendo, es justo reconocer que hubo en la geografía de los antiguos muchas más Gaddir que las que conocemos; todas fueron emporios fenicios emplazados en las costas, no lejos de un estrecho y cerca de ellos se erguían columnas consagradas al dios Melkart, las que pasaron en general a la tradición grecorromana con el nombre de 'Columnas de Hércules'."

3.- EL DISCURSO DE PLATÓN

Platón trató de la Atlántida por primera vez en el Timeo y en el Critias. La construcción del mito de Atlántida le sirve a Platón como modelo plástico, de género múltiple, para su construcción utópica del Estado perfecto, en el cual todo ha sido preparado de una manera ideal para sostener una guerra honorable. Es la guerra victoriosa de los atenienses primitivos con los atlantes, ambos sumergidos y desaparecidos en el fondo del mar.

He aquí algunas palabras del fragmento del Timeo, según la traducción que se encuentra en Imbelloni: "20d Critias.- Escucha, pues, Sócrates, una historia muy singular... que refirió una vez Solón, el más sabio de los siete sabios... tratábase de la hazaña más grande... que esta ciudad haya jamás consumado... Hay en Egipto... la ciudad más grande... Sais, de donde era rey Amasis... es una diosa quien la ha fundado: en Egipto su nombre es Neith, pero en griego... es

Athenea... Aquella gente es muy amiga de los atenienses y afirman ser, de algún modo, sus parientes..."

Aquí entra el relato que un viejo sacerdote egipcio hace a Solón diciendo: "...oh Solón... ignoráis que en vuestro país ha nacido la raza más bella y mejor que hubo entre los hombres, ni que de aquellos hombres descendéis vos y toda vuestra ciudad, pues un poco de aquella simiente fue conservada... fue en otro tiempo... que la ciudad que hoy es la de los atenienses era de todas, la mejor en la guerra y singularmente poseía las mejores leyes para todas las cosas... Entre nuestras dos ciudades la vuestra es más antigua en mil años... han pasado... ocho mil años... en aquel tiempo, se podía atravesar ese mar. Había en él una isla frente al pasaje que vosotros llamáis Columnas de Hércules. Esta isla era más grande que Libia y Asia reunidas. Los navegantes podían pasar de esta isla a las otras y de éstas podían pasar a la tierra firme situada toda alrededor de ese mar, que realmente merece tal nombre... En esta isla Atlántida, los reyes habían formado un imperio grande y maravilloso. Este imperio era soberano de toda la isla y de otra más, como también de regiones de la tierra firme.

"Por otra parte, de este lado, tenían la Libia hasta Egipto y Europa hasta la Tirrenia. Bien, esta potencia, habiendo una vez concentrado todas sus fuerzas, intentó en un solo esfuerzo avasallar vuestro territorio, el nuestro y todos los que se encuentran de este lado del estrecho. Fue entonces, oh Solón, que la potencia de vuestra ciudad hizo brillar frente a los ojos de todos su heroísmo y su energía; pues ella superaba a todas por la fuerza de su alma y por su arte militar. Por consiguiente, a la cabeza de los helenos, primero, después sola por necesidad, abandonada por los otros, al llegar los supremos peligros vence a los invasores, erigió el trofeo, preservó de la esclavitud a aquellos que jamás habían sido esclavos... Pero, en el tiempo que siguió, hubo horrorosos temblores de tierra y cataclismos. En el solo espacio de un día y una noche terrible, todo vuestro ejército fue engullido de una sola vez bajo la tierra y, del mismo modo, la isla Atlántida se abismó en el mar y desapareció..."

Aquí sigue el diálogo, demostrando que se trata de una ficción histórica para aplicarla a una realidad: la del Estado típico ideal. Era, pues, una narración de aplicación política, encerrando en sí puntos de historia y de geografía verdadera mezclados con contradicciones, como las de los números dados por Platón, que darían una población de 138,000,000 en una superficie de 120,000 km, con una densidad de 1,150 hombres por km.

4.- LAS ATLÁNTIDAS

Imbelloni, en su precioso volumen, ofrece una valiosa revista de las Atlántidas.

Ante todo, la Atlántida de los cronistas, en cuyo capítulo se revela que Colón creyó haber llegado al Ofir de la Biblia, en la cual se cuenta que Salomón tenía a su servicio la flota fenicia que del misterioso Ofir traía los materiales más finos para la construcción del templo.

La Atlántida del americanista, que desde el tiempo del descubrimiento encontró en América la Atlántida contenida en los diálogos de Platón. En efecto, la Atlántida fue puesta en relieve principalmente por los americanistas, habiendo antes y después dado origen al impulso para el descubrimiento de islas y tierras desconocidas.

La Atlántida del oceanógrafo encuentra su existencia en las montañas del fondo del océano, que realmente presenta una cresta longitudinal y varios puentes entre el Viejo y el Nuevo Continente.

La Atlántida del geólogo. La teoría de los puentes se desvanece ante la teoría de Wegener "de las traslaciones continentales", punto de partida para nuevos estudios que todavía siguen su ruta.

En todo caso, el hundimiento de Atlántida habría sucedido antes de que naciera el primer hombre sobre la tierra, y la narración de Platón se quedaría en el aire.

La Atlántida del antropólogo. Sarmiento de Gamboa afirma que Atlas fue hijo de Jafet y de la ninfa Asia, nieto de Noé; Santo Domingo y Cuba habrían sido "pobladas de los naturales desta isla Atlántida". De aquí que el conde Carli sostenga en 1788 que los antiguos pueblos de América descienden de los antiguos atlántidos; que D. Alfredo Chavero le añada que la raza nahua vino a México de la Atlántida; y otros digan que los toltecas de México, los mayas de Yucatán y los aimaras y quechuas del Perú fueron colonia de Atlántida.

Se ha hecho hincapié en los "hombres rojos", olvidándose de cómo se pintaban el cuerpo con diversas pinturas; y en la dolicocefalia, sin recordar las deformaciones artificiales de los hombres americanos. La Antropología solo artificialmente se conecta con Platón.

La Atlántida de los fantaseadores. Los ocultistas han aprovechado la Atlántida para decir "una serie edificante de disparates"; como también los lingüistas y etimólogos, por ejemplo Le Plongeon, que dice haber encontrado palabras griegas entre los mayas, y Manzi, que encuentra el maya como idioma de un pueblo rojo derivado de Atlántida.

Como ejemplo de etimología, baste citar que Atlas, griego, se ha hecho igual a Atl, nahoa, que significando agua debe estar a la fuerza ligado con Atlántida circundada de agua. Dejando aparte a otros, se nombra la Atlántida de los teósofos y el movimiento y sociedades atlantidistas contemporáneas, en el capítulo VII de la primera parte de Imbelloni.

La Atlántida en la geografía medieval figuró de una manera especial en redescubrimientos de islas del Atlántico. Se desea redescubrir lo que conocían los fenicios, griegos y romanos, y se buscan las noticias sobre las islas maravillosas de San Brandán, Antilia, Brasilia, Maida, Mag-Meld, Man Santanaxio, y parece que por los geógrafos árabes se remozó Atlántida, que desde entonces fue causa de nuevos descubrimientos.

Algunos autores modernos insistieron en atribuir antigüedad nahua a lugares como Naco, cerca de San Pedro Sula, sin aportar pruebas suficientes de que esa presencia fuese anterior a la llegada de los españoles.

Las relaciones tempranas de Cortés, Bernal Díaz y los primeros gobernadores muestran, más bien, que Naco pertenecía al ámbito maya del valle de Sula y de Quimistán, aunque muy pronto se llenó de cuadrillas de mexicanos introducidos por los conquistadores. Esto explica la posterior confusión.

CONSIDERACIÓN FINAL SOBRE ATLÁNTIDA

No hay duda de que la Atlántida ha ejercido una atracción maravillosa en la mente de todos los que se han detenido en ella. Brilla como si fuera una realidad, porque encierra en sí, junto con los elementos del mito, las apariencias geográficas de varios hechos de la antigüedad, aunque se sabe que Platón no quiso narrar una historia, sino "plasmar un hecho" para acomodarlo a la estructura de su Estado ideal.

El americanista moderno mira a Atlántida como a una sirena que extiende los brazos hacia uno y otro continente, para preguntarse de qué manera podrá unirlos en un abrazo fraterno.

Tegucigalpa, D. C., marzo de 1946.

SEGUNDA PARTE: LOS FUNDAMENTOS DE LA ARQUEOLOGÍA MAYA

I.   ¿QUÉ SIGNIFICA ARQUEOLOGÍA MAYA?

En la primera parte he debido tratar, ante todo, de la gente que existió en Honduras al tiempo del descubrimiento y después de la Conquista, hasta el presente. Se ha visto que su origen, en toda Honduras, pertenece a la gran familia maya. Y sin profundizar todavía en cuáles ramas de la familia maya perteneció toda esta indiada que aún queda, y sin examinar de qué modo se disgregó paulatinamente en varias denominaciones, sin embargo, hemos visto que todos estos grupos pertenecieron probablemente al más antiguo tronco y tuvieron el más antiguo origen de la gente maya.

Probablemente, en oleadas, se movieron y volvieron; fueron hacia México, hacia el occidente y hacia el oriente; se mezclaron y se remezclaron entre sí. Se pueden denominar chorotegas, mame, chol, chortí o de cualquier otra manera. Lo cierto es que antes de la conquista, la parte occidental de Honduras y todo el río Ulúa tenían estrechas relaciones con la gente de Yucatán, y que la región de Copán tenía relaciones idénticas, como lo asegura Palacio, que dice que su lengua, que él llama Apay, Ah Pay, "que aquí hablan, corre y extiéndese en Yucatán y las provincias dichas y asimismo parece que el arte de los dichos edificios es como la que hallaron en otras partes los españoles, que primeramente descubrieron la de Yucatán y Tabasco"; véase primera parte, Etnología, capítulo XIV.

Nos encontramos, pues, frente a la arqueología de Honduras, que debemos examinar en consonancia con la más antigua arqueología de Yucatán y Tabasco y de otras regiones mayas.

ARQUEOLOGÍA, como todos saben, significa tratado de cosas antiguas, mientras que con el término ETNOLOGÍA entendemos tratar de la gente del mundo, y con el término ETNOGRAFÍA entendemos la descripción de esta gente, para ofrecer una base a la compactación etnológica.

Nosotros, que nos ocupamos principalmente de Honduras, no podemos desentendernos de la cultura de la gente que la rodea y, por lo tanto, debemos, al menos sumariamente, estudiarla también, para conocer sus cualidades, idénticas o diferentes de las de la gente de este país.

Comenzaremos por ver, brevemente, lo que decía el obispo Landa de la gente de Yucatán y de sus cosas. Landa fue un testigo ocular de primer orden.

Entendemos que, de la misma manera que sucede hoy, también en tiempo de los mayas y en el territorio que ocupaban, existían tres clases dentro de la misma familia: primero, los que vivían en las ciudades y sus barrios, con cultura de ciudadanos y diferenciaciones en artes, oficios y servidumbres; segundo, los campesinos, cultivadores o milperos de las llanuras y valles, o sea los chorotegas, cholotecas, chorob, cholob, colob, colo; tercero, los serranos, o habitantes de los cerros y montañas, como eran los cares, intibucanos, los cerquís de Lempira y otros, a quienes los españoles llamaron chontales, o sea rudos y bozales, y en otras partes otomíes, chichimecas, etc.

Se omiten los que vivían en las selvas. En la civilización maya es probable que no los hubiera; pero al tiempo de la conquista de los españoles, una gran parte de los mayas, aun los de las ciudades, se refugiaron en cuevas o se escondieron en las selvas y se volvieron salvajes, como los que después en Honduras se apellidaron hicaques o payas, es decir, salvajes o serranos.

II: DE LOS MAYAS DE YUCATÁN

1.- ORIGEN DE LA GENTE DE YUCATÁN

"Que algunos viejos de Yucatán dicen haber oído a sus antepasados que pobló aquella tierra cierta gente que entró por levante, a la cual había Dios librado abriéndoles doce caminos por el mar... Que la lengua de esta tierra es toda una... aunque en las costas hay alguna diferencia en vocablos y en el tono de hablar; y que así los de la costa son más pulidos en su trato y lengua; y que las mujeres cubren los pechos, y las de más adentro no", capítulo V.

"Que es opinión entre los indios que con los Yzaes que poblaron Chichenizá reinó un gran señor llamado CUCULCÁN... y dicen que entró por la parte de poniente... y que después de su vuelta fue tenido en México por uno de sus dioses y llamado Cezalcuati y que en Yucatán también lo tuvieron por dios por ser gran republicano...", capítulo VI.

2.- DE LOS TEMPLOS Y DE SUS CERCADOS

Como en Honduras se encuentran muchas ruinas de templos y palacios que están cercados, comenzando por Tenampúa, Copán, La Unión y toda la región occidental en el departamento de Gracias, pondremos aquí lo que dice Landa de los templos de Yucatán.

"Que en Yucatán hay muchos edificios de gran hermosura... todos de cantería muy bien labrada, sin ningún género de metal con que se pudiesen labrar... Que están estos edificios muy cerca unos de otros y que son templos, y que la razón de haber tantos es por mudarse las poblaciones muchas veces; y que en cada pueblo labraban un templo por el gran aparejo que hay de piedra y cal y cierta tierra blanca excelente para edificios. Que estos edificios no son hechos por otras naciones sino por indios, lo cual se ve por hombres de piedra desnudos y honestados de unos largos listones que llaman en su lengua ex, bragas, calzones, taparrabo, y de otras divisas que los indios traen", capítulo V.

"Que este CUCULCÁN tornó a poblar otra ciudad tratando con los señores naturales de la tierra... eligieron un asiento... donde ahora está Mérida... y que allá cercaron de una muy ancha pared de piedra seca como medio cuarto de legua, dejando solo dos puertas angostas, y la pared no muy alta, y en medio de esta cerca hicieron sus templos; y que al mayor, que es como el de Chichenizá, llamaron Cuculcán; y que hicieron otro redondo y con cuatro puertas, diferente a cuantos hay en aquella tierra, y otros a la redonda, juntos uno de otro; y que dentro de este cercado hicieron casas para los señores, entre los cuales solamente repartieron la tierra dando pueblos a cada uno conforme a la antigüedad de su linaje y al valor de su persona... llamáronla Mayapán, que quiere decir el pendón de la Maya, porque a la lengua de la tierra llaman maya; y los indios llaman Ychpa a la ciudad, que quiere decir dentro de las cercas", capítulo VI, capítulo XLII.

3.- DE LAS POBLACIONES

"Que partido Cuculcán, acordaron los señores, para que la república durase, que el mando principal lo tuviese la casa de los Cocomes por ser la más antigua y más rica y por ser el que la regía entonces hombre de más valor; y que hecho esto ordenaron que, pues en el cercado no había sino templos y casas para los señores y gran sacerdote, se hiciesen casas fuera de la cerca donde cada uno de ellos pusiese alguna gente de servicio y donde los de sus pueblos acudiesen cuando viniesen a la ciudad con negocio; y que en estas casas puso cada uno su mayordomo, el cual traía por señal una vara gorda y corta y que la llamaban Caluec", capítulo VII.

En el contexto se ve que Cal, jefe, uac, comida, era el que proveía la comida, administrando los pueblos, es decir, el mayordomo. Lo mismo se encuentra en los vestigios de poblaciones de Honduras.

4.- DE LOS PRINCIPALES Y DE SUS OFICIOS

"Que todos los señores tenían cuidado de respetar, visitar y honrar a Cocom, acompañándole y festejándole y acudiendo a él con los negocios arduos, y que entre sí vivían muy en paz y en mucho pasatiempo, como ellos lo usan, en bailes, convites y caza."

"Que los de Yucatán fueron tan cuidadosos en las cosas de la religión como en las del gobierno y que tenían un gran sacerdote a quien llamaban Ah Kin May, y por nombre Ahau Can May, que quiere decir el gran sacerdote May, que era muy reverenciado por los señores, el cual tenía repartimiento de indios y que, además de las ofrendas, los señores le hacían presentes, y que todos los sacerdotes de los pueblos le contribuían... y que éstos proveían de sacerdotes a los pueblos cuando faltaban, examinándolos en sus ciencias y ceremonias y encargándoles las cosas de sus oficios y el buen ejemplo del pueblo, y proveyéndolos de sus libros; además atendían al servicio de los templos y a enseñar su ciencia y a escribir libros de ella." En Honduras, entre Lepaera y Opoa, encontré una aldea que se llama Canmaya.

"Que las ciencias que enseñaban eran la cuenta de los años, meses y días, las fiestas y ceremonias, la administración de sus sacramentos, los días y tiempos fatales, sus maneras de adivinar, remedios para los males, las antigüedades, leer y escribir con sus letras y caracteres, en los cuales escribían con figuras que representaban las escrituras."

"Que escribían sus libros en una hoja larga doblada en pliegues que venía a cerrarse toda entre dos tablas que hacían muy adornadas, y que escribían de una parte y de otra, a columnas, según eran los pliegues; y que este papel lo hacían de las raíces de un árbol, y que le daban un lustre blanco en que se podía escribir bien, y que algunos señores principales sabían de estas ciencias por curiosidad, y que por esto eran más estimados, aunque no las usaban en público", capítulo VII.

5.- DE LAS LUCHAS

Landa afirma que vinieron a Yucatán muchas gentes con sus señores, de la parte del mediodía, o sea de Chiapas, y se emparentaron con los de Mayapán: eran los Tutu Xiú.

"Que el gobernador Cocom entró en codicia de riquezas y trató con la gente de guarnición que los reyes de México tenían en Tabasco y en Xicalango... y que así trajo gente mexicana a Mayapán... aquel Cocom fue el primero que hizo esclavos, pero que de este mal se siguió el uso de las armas... se juntaron los señores en el bando de Tutu Xiú... y se concertaron para matar a Cocom, y así lo hicieron, matando a todos sus hijos sin dejar más que a uno que estaba ausente", capítulo VIII...

Que el hijo de Cocom que escapó de la muerte "por estar ausente en sus contrataciones en tierra de Ulúa", que es adelante de la villa de Salamanca, al saber la muerte de su padre y la destrucción de la ciudad, vino muy pronto y se juntó con los parientes y vasallos... y edificaron otros muchos pueblos.

Que estos señores de Mayapán no tomaron venganza de los mexicanos que ayudaron a Cocom porque fueron persuadidos por el gobernador de la tierra y porque eran extranjeros; y que así los dejaron, dándoles facultad para que poblasen un pueblo apartado, para sí solos, o se fuesen de la tierra, no pudiéndose casar con las naturales de ella, sino entre ellos. Y que escogieron quedarse en Yucatán y no volver a las lagunas y mosquitos de Tabasco, y poblaron la provincia de Canul que les fue señalada y que allí duraron hasta las segundas guerras de los españoles", capítulo IX.

6.-DE LAS ARMAS

Landa dice "Que estas gentes vivieron tan quietamente que no había pleito ninguno ni usaban armas ni arcos aun para la caza, siendo ahora excelentes flecheros, y que sólo usaban lazos y trampas con los que tomaban mucha caza; y que los sacerdotes tenían cierto arte de tirar varas con un palo grueso" como de tres dedos agujereado hacia la tercera parte y de seis palmos de largo, y que con él y unos cordeles tiraban fuerte y certeramente", capítulo VIII. Eran estas las "tiraderas", llamadas también "estólicas". "Y que viéndose oprimidos los de Yucatán, aprendieron de los mexicanos el arte de las armas y así salieron maestros del arco y flecha y de la lanza y hachuela, y sus 'rodelas' y 'sacos fuertes' de sal", mal traducido por Landa: era la voz taab, que significa anudar, amarrar, apretar, y no tab, sal; eran los "corseletes" o "coseletes" que usaron también los españoles, "y algodón y de otros pertrechos de guerra, y que ya no se admiraban de los mexicanos ni los temían antes, bien hacían poca cuenta de ellos, y que en esto pasaron algunos años", capítulo VIII. En el capítulo 44 asegura que usaban cerbatanas; pero niega que tuviesen hondas, capítulo 52, porque tiraban muy bien las piedras con la mano derecha.

"Que tienen armas ofensivas y defensivas. Las ofensivas eran arcos y flechas que llevaban en sus carcajes con pedernales por casquillos y dientes de pescados, muy agudos, las cuales tiran con gran destreza y fuerza... Tenían hachuelas de cierto metal... las cuales encajaban en un mástil de palo y les servían de armas y para labrar la madera. Tenían lanzuelas cortas de un estado con los hierros de fuerte pedernal, y no tenían más armas que estas. Tenían para su defensa rodelas que hacían de cañas hendidas y muy tejidas, redondas y guarnecidas de cueros de venado. Hacían sacos de algodón acolchados... Algunos señores y capitanes tenían como morriones de palo, pero eran pocos, y con estas armas y plumajes y pellejos de tigres y leones puestos, iban a la guerra los que los tenían", capítulo XXIX. A lo que dice Landa se debe añadir lo que se encuentra en una relación, Documentos, 2a. serie, XI, páginas 41, 80, 130, 138, 256, que por armas tenían también "lanzas del tamaño de dardos arrojadizos que tenían las puntas tostadas y de pedernal; otros tiraban piedras con hondas, llevaban para defensa del cuerpo un lienzo de algodón angosto y muy largo con que daban muchas vueltas al cuerpo y le apretaban recio, otros llevaban unos sayetes sin mangas acolchados con algodón, y por mostrar ferocidad y parecer más fieros y valientes embijaban de negro y con almagre los ojos y narices y todo el rostro, cuerpo y brazos; las orejas horadadas y en ellas metidos unos canutos con unas faldetas hechas de un metal como hoja de lata que tenían color de oro y usaban cabellos largos como mujeres, y para pelear unos los soltaban y otros los ataban en diferentes maneras, cada uno como le parecía más bravosidad..."

"Dos capitanes tenían siempre: uno perpetuo... y otro elegido... para hacer la fiesta... y para la guerra. A este llamaban Nacón... había en cada pueblo gente escogida como soldados que... acudían con sus armas. A estos llamaban holcanes... recogían más gente... y guiados con una bandera alta salían con mucho silencio del pueblo y así iban a arremeter a sus enemigos con grandes gritos y crueldades donde topaban descuidos. En los caminos y pasos, los enemigos les ponían defensas de flechaderos de varazón y madera y comúnmente hechos de piedra. Después de la victoria quitaban a los muertos la quijada y limpia de la carne, poníansela en el brazo... la comida... la llevaban a cuestas... y así duraban poco las guerras", capítulo XXIX.

Los guerreros más valientes se rapaban la cabeza, dejando en la coronilla un fleco de cabellos más altos como borla, según Oviedo, 42, I, hablando de los de Nicaragua, con referencia principal a los Chorotegas; este dato es importante, por encontrarse en Honduras, especialmente en la bahía de Fonseca, pequeñas estatuas que llevan el cabello en esta forma.

Tegucigalpa, abril de 1946.

7.-DE LAS CUATRO DESTRUCCIONES

Todos los pueblos de América tienen la tradición de las cuatro destrucciones y nuevas creaciones. Cuando en 1542 Francisco de Montejo se posesionó de Yucatán, era precisamente el fin del BAKTUN o siglo maya; los indios esperaban la destrucción y la renovación de todas las cosas, hasta de los hombres y de los dioses; efectivamente todo se renovó: nuevos señores, nueva religión, un mundo nuevo. En México llamaban a estos períodos los cuatro soles. Aunque con diferente cronología y diferentes destrucciones, también Landa nos da las cuatro destrucciones de los mayas y las cuatro renovaciones: la primera por huracán de cuatro vientos, la segunda por epidemia, la tercera por guerras y la cuarta por epidemia.

Tuvieron también especies de profecía, por medio de los CHILANES. Chilán, dice Landa, "es el que tiene a su cargo dar las respuestas del demonio". Los primeros españoles creyeron que se trataba de verdaderas profecías, de la venida de hombres barbados, nuevos señores; y no era más que la renovación de todas las cosas, por causa de que ya era el fin del Baktun. Y se verificó con la conquista hecha por Montejo en 1542.

También en Honduras tuvimos el fin del siglo y la renovación de todas las cosas, unos años antes, cuando en 1536 vino la invasión de Alvarado y de Montejo, la fundación de San Pedro, de Gracias y de Comayagua y el fin de los señores Mayas, con la guerra decisiva de Cerquín y la muerte de Lempira, confróntese mi estudio en el capítulo "El Mundo Maya", en mi obra Lempira, Biblioteca de la Sociedad

Geográfica e Histórica de Honduras, 1941; Revista del Archivo, desde julio de 1941; El Cronista, Tegucigalpa, 17, 18, 19, 20 de noviembre de 1942.

8.-MANERA DE FABRICAR CASAS

"Que la manera que los indios tenían de hacer sus casas era cubrirlas de paja... o con hojas de palma... y que tenían muy grandes corrientes para que no se lluevan, y que después echan una pared de por medio y a lo largo, que divide toda la casa, y en esta pared dejan algunas puertas para la mitad que llaman las espaldas de la casa, donde tienen sus camas, y la otra mitad blanquean de muy gentil encalado, y los señores las tienen pintadas de muchas galanterías; y esta mitad es el recibimiento y aposento de los huéspedes y no tiene puerta sino toda es abierta conforme al largo de la casa y baja mucho la corriente delantera por temor de los soles y aguas... El pueblo menudo hacía a su costa las casas de los señores; y que con no tener puertas tenían por grave delito hacer mal a casas ajenas. Tenían una portecilla atrás para el servicio necesario y unas camas de varillas y encima una esterilla donde duermen cubiertos por sus mantas de algodón; en verano duermen comúnmente en los encalados con una de aquellas esterillas, especialmente los hombres. Allende de la casa, hacía todo el pueblo a los señores sus sementeras, y se las beneficiaban y cogían en cantidad que les bastaba a él y a su casa; y cuando había caza o pesca, o era tiempo de traer sal, siempre daban parte al señor porque estas cosas siempre las hacían en comunidad", capítulo XX.

Esta forma de casas perdura todavía, más o menos grandes o pequeñas. Las de los pobres son en general pequeñas. En todas, a excepción de algunas partes frías, perdura el corredor que corresponde al descrito por Landa, y, en todo, al que se ve representado en una de las pinturas de Chichén Itzá.

Para los hijos recién casados se hacían unas casas pequeñas cerca de las de los padres, o suegros, donde moraban los primeros años, capítulo X.

Para los mozos había una casa grande en que jugaban y dormían todos juntos.

9.-OFICIOS

"Que los oficios de los indios eran olleros y carpinteros, los cuales, por hacer ídolos de barro y madera, con muchos ayunos y observancias, ganaban mucho. Había también cirujanos, o, por mejor decir, hechiceros, los cuales curaban con yerbas y muchas supersticiones; y así de todos los demás oficios. El oficio a que más inclinados estaban es el de mercaderes, llevando sal, ropa y esclavos a tierra de Ulúa y Tabasco, trocándolo todo por cacao y cuentas de piedra que eran su moneda, y con esta solían comprar esclavos u otras cuentas más finas y buenas, las cuales traían sobre sí los señores como joyas en las fiestas; y tenían por moneda y joyas otras hechas de ciertas conchas coloradas, y las traían en sus bolsas de red que tenían, y en los mercados trataban todas cuantas cosas había en esa tierra."

"Sus mulas y bueyes son la gente. Suelen, de costumbre, sembrar para cada casado con su mujer medida de 400 pies, lo cual llaman hum unic, medida con vara de 20 pies, 20 en ancho y 20 en largo", es decir, cada lado 20 medidas de 20 pies cada una.

"Que los indios tienen la buena costumbre de ayudarse unos a otros en todos sus trabajos. En tiempo de sus sementeras, los que no tienen gente suya para hacerla, júntanse de 20 en 20 o más o menos", eran las cuadrillas. "Siembran en muchas partes, por si una faltase supla la otra. En labrar la tierra no hacen sino coger la basura y quemarla para después sembrar, y desde mediados de enero hasta abril labran y entonces con las lluvias siembran, lo que hacen trayendo un taleguillo a cuestas, y con un palo puntiagudo hacen un agujero en la tierra y ponen en él cinco o seis granos que cubren con el mismo palo. Y en lloviendo, espanto es cómo nace; júntanse también para la caza de cincuenta en cincuenta, más o menos, y asan en parrillas la carne del venado para que no se les gaste y, venidos al pueblo, hacen sus presentes al señor y distribuyen el resto como amigos y lo mismo hacen con la pesca. Que los indios, en sus visitas, siempre llevan consigo don que dar según su calidad; y el visitado con otro don satisface al otro", capítulo XXIII.

10.-CEREMONIAS VARIAS

En la ceremonia que los españoles llamaron bautismo de los indios, el sacerdote, "vestido, salido con un saco de plumas coloradas y labrado de otras plumas de colores y otras plumas largas colgando de los extremos del saco, y una como coraza, capirote de papel engrudado y de figura cónica, de las mismas plumas, en la cabeza, y debajo del saco muchos listones de algodón que llegaban hasta el suelo, como colas, y con un hisopo en la mano, hecho de un palo corto y muy labrado y por barbas o pelos del hisopo ciertas colas de una culebra, que son como cascabeles, y con no más ni menos gravedad que tendría un papa para coronar a un emperador... llamaban a esa fiesta emku, que quiere decir bajada de Dios", capítulo XXVI.

Posiblemente era derivado de EK, estrella, CHUAH, por Chucah, alcanzar a alguien siguiéndole. Era el dios de los caminantes y mercaderes. Se representaba con una cabeza de nariz roma y era uno de los principales del panteón maya. Su representante era el mono ATELES, o de brazos largos, que por su inquietud era llamado el bailarín y se encuentra representado sobre un gran número de vasos del Valle de Comayagua y del lago de Yojoa.

"Y que aun los caminantes llevaban en sus caminos incienso y un platillo en qué quemarlo, y así por la noche, doquiera que llegaban, erigían tres piedras pequeñas y ponían en ellas sendos pocos del incienso y poníanles delante otras tres piedras llanas, en las cuales echaban el incienso, rogando al dios que llamaban Ekchuah los volviese con bien a sus casas; y eso lo hacía cada noche hasta ser vueltos a sus casas, donde no faltaba quien por ellos hiciera otro tanto y aún más."

"Que tenían gran muchedumbre de ídolos y templos suntuosos a su manera, y aun sin los templos comunes, tenían los señores, sacerdotes y gente principal oratorios e ídolos en casa para sus oraciones y ofrendas particulares. Y que tenían a Cuzamil y el pozo de Chicheniza en tanta veneración como nosotros las romerías a Jerusalén y Roma... Tantos ídolos tenían que aún no les bastaban los de sus dioses; pero no había animales ni sabandijas a los que no les hiciesen estatua, y todas las hacían a la semejanza de sus dioses y diosas. Tenían algunos pocos ídolos de piedra y otros de madera y de bultos pequeños, pero no tantos como de barro. Los ídolos de madera eran tenidos en tanto, que se heredaban como lo principal de la herencia. Ídolos de metal no tenían porque no hay metal ahí... los tenían en reverencia por lo que representaban y porque los habían hecho con muchas ceremonias, especialmente los de palo."

"Los más idólatras eran los sacerdotes, chilanes, hechiceros y médicos, chaoes y nacones", capítulo XXVII.

11.-SACRIFICIOS

"Que hacían sacrificios con su propia sangre cortándose unas veces las orejas a la redonda, por pedazos, y así las dejaban por señal. Otras veces se agujereaban las mejillas, otras el labio de abajo; otras se sajaban partes de sus cuerpos; otras se agujereaban las lenguas al soslayo, por los lados, y pasaban por los agujeros unas pajas con grandísimo dolor; otras se harpaban lo superfluo... dejándolo como las orejas, con lo cual se engañó el historiador general de las Indias cuando dijo que se circuncidaban", alude a Oviedo; este fue reproducido por Herrera y otros escritores. "Otras veces hacían un sucio y penoso sacrificio... también untaban con la sangre de todas aquellas partes al demonio, y el que más hacía era tenido por más valiente y sus hijos, desde pequeños, comenzaban a ocuparse en ello y es cosa espantable cuán aficionados eran a ella", capítulo XXVIII.

"Las mujeres... siempre le embadurnaban el rostro al demonio con la sangre de las aves del cielo y animales de la tierra o pescados del agua y cosas que haber podían. Y ofrecían otras cosas que tenían. A algunos animales les sacaban el corazón y lo ofrecían; a otros, enteros, unos vivos, otros muertos, unos crudos, otros guisados, y hacían también grandes ofrendas de pan y vino y de toda suerte de comidas y bebidas que ellos usaban."

"Para hacer estos sacrificios, había en los patios de los templos unos altos maderos labrados y enhiestos y cerca de las escaleras del templo una peana redonda y en medio una piedra de cuatro o cinco palmos de alto, enhiesta, algo delgada; arriba de la escalera del templo había otra tal peana."

Es muy importante fijarse en estos detalles que ofrece Landa, para entender las partes de los templos que se encuentran también en Copán y en toda Honduras, especialmente porque todos, un día, se deberán descubrir, en futuras excavaciones.

"Que sin las fiestas, en las cuales se sacrificaban animales, también por alguna tribulación o necesidad les mandaba el sacerdote o chilanes sacrificar personas y para esto contribuían todos. Algunos daban para que se comprasen esclavos o por devoción entregaban a sus hijitos, los cuales eran muy regalados hasta el día y fiesta de sus personas, y muy guardados para que no se hubiesen o ensuciasen de algún pecado...; y mientras les llevaban de pueblo en pueblo con bailes, los sacerdotes ayunaban con los chilanes oficiales."

"Y llegado el día, juntábanse en el patio del templo y si había de ser sacrificado a azotazos, desnudábanle en cueros y untábanle el cuerpo de azul, poniéndole una coroza en la cabeza; y después de echado el demonio, hacía la gente un solemne baile con él, todos con flechas y arcos alrededor del palo y bailando subían en él y atábanle siempre bailando y mirándole todos. Subía el sucio sacerdote vestido y con una flecha le hería en la parte..., fuese mujer u hombre, y sacaba sangre y bajábase y untaba con ella los rostros del demonio; y haciendo cierta seña a los bailadores, ellos, como bailando, pasaban de prisa y por orden le comenzaban a flechar el corazón, el cual tenía señalado con una señal blanca; y de esta manera poníanle al punto los pechos como un erizo de flechas."

De esta manera se entiende por qué en nuestras ruinas de Honduras, en todas partes, hay grandes montículos colocados a manera de plaza, y distribuidos según cierta orientación, como se dirá en su lugar.

Sigue Landa: "Si le habían de sacar el corazón, le traían al patio con gran aparato y compañía de gente y embadurnado de azul y su coroza puesta, le llevaban a la grada redonda que era el sacrificadero y después que el sacerdote y sus oficiales untaban aquella piedra con color azul y echaban al demonio purificando el templo, tomaban los chaces al pobre que sacrificaban y con gran presteza le ponían de espaldas en aquella piedra y asíanle de las piernas y brazos que le partían por enmedio. En esto llegaba el sayón nacón con un navajón de piedra y dábale con mucha destreza y crueldad una cuchillada entre las costillas, del lado izquierdo, debajo de la tetilla y acudíale allí luego con la mano derecha y echaba la mano al corazón como rabioso tigre arrancándoselo vivo, y puesto en un plato lo daba al sacerdote, el cual iba muy de prisa y untaba a los ídolos los rostros con aquella sangre fresca."

"Algunas veces hacían este sacrificio en la piedra y grada alta del templo y entonces echaban el cuerpo ya muerto a rodar gradas abajo y tomábanlo abajo los oficiales y desollábanle el cuerpo entero, salvo los pies y las manos, y desnudo el sacerdote, en cueros vivos, se forraba con aquella piel y bailaban con él los demás, y esto era cosa de mucha solemnidad para ellos. A estos sacrificados comúnmente solían enterrar en el patio del templo o si no, comíanselo repartiendo entre los señores y los que alcanzaban; y las manos y los pies y cabeza eran del sacerdote y oficiales; y a estos sacrificados tenían por santos.

Si eran esclavos cautivos en guerra, su señor tomaba los huesos para sacarlos como divisa en los bailes, en señal de victoria. Algunas veces echaban personas vivas en el pozo de Chichenizá, creyendo que salían al tercer día, aunque nunca más parecían."

Son interesantes todas las indicaciones que da aquí Landa, para entender nuestras ruinas. El palo alrededor del cual bailaban era una señal de la divinidad y se encuentra usado hasta por los araucanos del sur de Chile. Allí, ofrecida la demostración solamente como una curiosidad y no como un sacrificio, vi al machi, con cuyo nombre designan al sacerdote vestido de mujer, bailar con otras mujeres alrededor de un palo que habían puesto de antemano. El baile consistía en caminar a saltitos uno detrás de otro, levantando un pie después de otro, y así dar vueltas en derredor. De esta manera más o menos bailaban los griegos, según ciertos bailes clásicos que conocemos, y así bailaban probablemente los Mayas y bailan así todavía los indios de las selvas del Amazonas en ciertos bailes que hacen todavía. Y así también bailan los Intibucanos, los Yamaranguila, y todos los naturales de Honduras, que son descendientes de Mayas. Aunque no todos los bailes eran y son iguales, sino que son diversos, según las circunstancias, como se dirá en otro capítulo.

Tegucigalpa, abril de 1946.

12.-INSTRUMENTOS MUSICALES MARIMBA-TONCONTIN

"Que los indios tienen recreaciones muy donosas y principalmente farsantes que representan con mucho donaire; tanto que de estos alquilan los españoles para que, viendo los chistes de los españoles... lo representan después con tanto artificio como curiosidad" (cap. XXII.)

"Tienen atabales pequeños que tañen con la mano, y otro atabal de palo hueco, de sonido pesado y triste, que tañen con un palo larguillo con leche de un árbol puesta al cabo; y tienen trompetas largas y delgadas, de palos huecos, y al cabo unas largas y fuertes calabazas; y tienen otro instrumento que hacen de la tortuga entera con sus conchas, y sacada la carne táñenle con la palma de la mano y es su sonido lúgubre y triste."

"Tienen silbatos hechos con las cañas de los huesos de venado y caracoles grandes, y flautas de cañas, y con estos instrumentos hacen son a los valientes" (cap. XXII.)

Es interesante conocer que en Honduras, y fuera de ella, en otras regiones mayas, los platos y fuentes tenían unas patas huecas que contenían una pelotilla; parece que después de las comidas, estos platos y fuentes servían de atabales, agitándolos y haciéndolos sonar al compás, como sonaja, pandereta o maraca.

Se alude también a la MARIMBA; y con este motivo, se puede recordar que existe en frente del templo 11, en las ruinas de Copán, una especie de cajón de piedra, de forma trapezoide inversa, que el señor Stromsvik, para sí, juzga sea una marimba; y dado lo expuesto por Landa, yo también creo lo mismo.

Tenían otro instrumento, que los mexicanos llamaban TEPONAXTLE, y correspondía al que los mayas llamaban TUNKUL. Con respecto a esto, recogí en Olanchito la noticia de que en esas regiones los indios antiguos tenían un instrumento de palo hueco, de sonido fuerte, que colocado a ciertas distancias, les servía para comunicarse con su sonido, sirviéndose de él como de lenguaje para entenderse y hablarse. Este instrumento, que han usado y usan todavía los indios del Amazonas y muchos otros, en varias partes del mundo, sirve también como instrumento bélico y principalmente de regocijo. Los indios de Olanchito lo llamaban TONCONTIN. Esta palabra recuerda el nombre TONCONTIN, con que se conoce un lugar ameno, a poca distancia al sur de Tegucigalpa, que según la tradición era lugar de baile, y este nombre sería derivado del TUNKUL que usaban los mayas para sus bailes. Compárense las Ordenanzas de Tomás López, 1552-1553, y Landa, edición México, 1938.

Entre los instrumentos arriba anotados, se hace alusión también a "unas trompetas largas y delgadas de palos huecos, y al cabo unas largas y fuertes calabazas". Este mismo instrumento usan todavía los indios de Bolivia de las regiones altas de Tarija, poniendo al cabo una cola hueca de buey. Usan este instrumento en las procesiones y en los bailes o fiestas de matrimonios. Lo llaman "Chuncho", y los indios que lo soplan se conocen también con el nombre de "Chunchos".

13.-BAILES

"Tienen especialmente dos bailes muy de hombre de ver. El uno es un juego de cañas, y así le llamaban ellos colomché (lolomché, danza de las cañas)... Para jugarlo se junta una gran rueda de bailadores con su música que les hace son, y por su compás salen dos de la rueda: el uno con un manojo de bohordos (junco, lanza corta arrojadiza, varita o caña de seis palmos o de cañutos muy pesados, arrojadiza) y baila enhiesto con ellos; el otro baila en cuclillas; ambos con compás de la rueda, y el de los bohordos, con toda su fuerza, los tira al otro, el cual, con gran destreza, con un palo pequeño arrebátalos. Acabados de tirar, vuelven con su compás a la rueda y salen otros a hacer lo mismo. Otro baile hay en que bailan ochocientos y más y menos indios, con banderas pequeñas, con son y paso largo de guerra, entre los cuales no hay uno que salga de compás; y en sus bailes son pesados porque todo el día entero no cesan de bailar y allí les llevan de comer y beber. Los hombres no solían bailar con las mujeres" (cap. XXII.)

Estas "bailaban por sí sus bailes y algunos con los hombres, en especial uno que llaman NUAL (palabra maya que significa 'andar cayéndose como el borracho', Pérez Martínez) no muy honesto" (cap. XXXII.)

En la fiesta del año nuevo, las viejas debían hacer cierto baile en el templo (cap. XL, Pop). En el año en que la letra dominical era Muluc,... "tenían por buen año... era hacer una fiesta y en ella bailar un baile en muy altos zancos y ofrecerle cabezas de pavos y pan y bebidas de maíz; habían de ofrecerle también perros hechos de barro con pan en las espaldas, y las viejas habían de bailar con ellos en las manos y sacrificarle un perrito que tuviese las espaldas negras y fuese virgen..." (cap. XXXVI.)

14.-DE LAS BORRACHERAS, BANQUETES Y COMIDAS

"Que los indios eran muy disolutos en beber y emborracharse, de lo cual les seguían muchos males, como matarse unos a otros... pegar fuego a sus casas... y cuando la borrachera era general y de sacrificios, contribuían todos para ello, porque cuando era particular hacía el gasto el que la hacía con ayuda de sus parientes. Y que hacen el vino de miel y agua y cierta raíz de un árbol que para esto criaban, con lo cual se hacía el vino fuerte y muy hediondo; y que con bailes y regocijos comían sentados de dos en dos o de cuatro en cuatro, y que después de comido, los escanciadores, que no se solían emborrachar, traían unos grandes artesones (cajones cuadrilongos por lo común de madera; en otras partes los llaman canoas) de beber hasta que se hacía un zipizape (riña ruidosa o con golpes); y las mujeres tenían mucha cuenta de volver borrachos a casa a sus maridos."

"Que muchas veces gastan en un banquete lo que en muchos días, mercadeando y trompeando, ganaban; y que tienen dos maneras de hacer estas fiestas. La primera, que es de los señores y gente principal, obliga a cada uno de los convidados a una ave asada, pan y bebida de cacao en abundancia y al fin del convite suelen dar a cada uno una manta para cubrirse y un banquillo y el vaso más galano que pueden, y si muere alguno de ellos es obligada la casa o sus parientes a pagar el convite. La otra manera es entre parentelas, cuando casan a sus hijos o hacen memoria de las cosas de sus antepasados; y esta no obliga a restitución... Y sienten mucho la amistad y la conservan... con estos convites; y que en estas fiestas les daban de beber mujeres hermosas, las cuales, después de dado el vaso, volvían las espaldas al que lo tomaba hasta vaciado el vaso" (cap. XXIII.)

El vino de que se habla arriba era el famoso BALCHÉ, que los españoles llamaron "Pitarrilla". Dice Landa en el capítulo XLIX: "...diré del vino como cosa que los indios mucho estimaban y por eso lo plantaban casi todos en sus corrales o espacios de sus casas. Es árbol feo y sin más fruto que hacer de sus raíces y miel y agua, el vino..." Se trata del Balché. El árbol tiene nombre científico Lonchocarpus longistylus o Robinia latifolia.

15.-COMIDAS Y BEBIDAS

"Que el mantenimiento principal es el maíz, del cual hacen diversos manjares y bebidas, y aun bebido como lo beben, les sirve de comida y bebida, y que las indias echan el maíz a remojar en cal y agua una noche antes, y que a la mañana siguiente está blando y medio cocido y de esta manera se le quita el hollejo y pezón; y que lo muelen en piedras y que de lo medio molido dan a los trabajadores, caminantes y navegantes grandes pelotas y cargas y que dura algunos meses con sólo acedarse; y que de aquello toman una pella y deslíanla en un vaso de la cáscara de una fruta que cría un árbol con el cual les proveyó Dios de vasos y que se beben aquella sustancia y se comen lo demás y que es sabroso y de gran mantenimiento; y que de lo más molido sacan leche y la cuajan al fuego y hacen como poleadas por las mañanas y que lo beben caliente; y que en lo que sobra de las mañanas echan agua para beber en el día porque no acostumbran beber agua sola. Que también tuestan el maíz, lo muelen y deslían en agua, que es muy fresca bebida, echándole un poco de pimienta de Indias y cacao" (cap. XXI).

"Que hacen del maíz y cacao molido una a manera de espuma muy sabrosa con que celebran sus fiestas, y que sacan del cacao una grasa que parece mantequilla y que de esto y del maíz hacen otra bebida sabrosa estimada; y que hacen otra bebida de la sustancia del maíz molido, así crudo, que es muy fresca y sabrosa" (cap. XXI).

"Que hacen pan de muchas maneras, bueno y sano, salvo que es malo de comer cuando está frío; y así pasan las indias trabajo en hacerlo dos veces al día. Que no se ha podido acertar a hacer harina que se amasa como la del trigo, y que si alguna vez se hace como pan de trigo no vale nada" (cap. XXI).

"Que hacen guisado de legumbres y carne de venado y aves monteses y domésticas, que hay muchas, y de pescados, que hay muchos, y que así tienen buenos mantenimientos, principalmente después de que crían puercos y aves de Castilla" (cap. XXI.) "Que por la mañana toman la bebida caliente con pimienta, como está dicho, y entre día, las otras frías, y a la noche los guisados, y que si no hay carne, hacen sus salsas de pimienta y legumbres. No acostumbraban comer los hombres con las mujeres; ellos comían por sí en el suelo o cuando mucho sobre una esterilla por mesa, y comen bien cuando tienen, y cuando no, sufren muy bien el hambre y pasan con muy poco. Se lavan las manos y la boca después de comer" (cap. XXI).

Muchas de estas costumbres están vivas todavía en Honduras.

En el mes de PAX, iban a casa del Nacón, "traíanle con gran pompa sahumándole como a ídolo del templo y le sentaban quemándole incienso... y bailaban un baile a manera de paso largo de guerra, y así le llamaban Holknakot, que quiere decir baile de guerreros... hacían el sacrificio del fuego... echaban al demonio... los chaces sacrificaban un perro y sacábanle el corazón, enviándolo entre dos platos al demonio, y los chaces quebraban sendas ollas grandes llenas de bebida... Acabada, comían y bebían los presentes... se emborrachaban los señores, los sacerdotes y los principales y la demás gente íbase a sus pueblos, salvo que el Nacón no se emborrachaba" (cap. XL, PAX).

"El primer día de Pop es el primero del primer mes de los indios; era su año nuevo y, entre ellos, fiesta muy celebrada porque era general y de todos; y así todo el pueblo junto hacía fiesta a todos los ídolos. Para celebrarla con más solemnidad, renovaban en este día todas las cosas de su servicio, como platos, vasos, banquillos, y la ropa vieja y las mantillas en que tenían envueltos a los ídolos. Barrían sus casas y la basura y los trastos viejos echábanlos fuera del pueblo, al muladar, y nadie, aunque hubiese menester, los tocaba... Echado el demonio, todos comenzaban sus devotas oraciones y los chaces sacaban lumbre nueva..." (cap. XL, POP.)

16.-VASOS VARIADOS

De la misma manera que aun actualmente también en Honduras, para vasos comunes usaban la cáscara de la calabaza de variadas formas y tamaño (Luch, en maya; se dicen también tecomate y tarro, los de cierta forma especial), y del morro, nombre genérico del fruto de varias plantas, como del jícaro (Crescentia cujete), llamado en las Antillas jigüera, hibuera, y en Colombia totuma, más grande y de forma esférica, llamado también guajal o huacal, cuyo nombre se da por extensión a cualquier vasija que se usaba principalmente para tomar chocolate. Se pintaban y se pintan todavía primorosamente; estas sirvieron de modelo a todos los vasos mayas hechos de barro.

Dice Landa (cap. XLIX): "Hay un árbol de cuya fruta, que es como una calabaza redonda, hacen los indios sus vasos, y son muy buenos y hácenlos ellos muy pintados y galanos. De esta misma casta hay otro que lleva la fruta más pequeña y muy dura y hacen de ella otros vasillos para ungüentos y otros servicios. Hay otro, el cual lleva una frutilla como avellanas de cuesco, hueso de la fruta, de la cual se hacen buenas cuentas, y con la cáscara se lava la ropa con un jabón, y así hace su espuma.

Otros árboles hay de cuyas cortezas hacen los indios cubillos para sacar agua para sí."

Para pintar los vasos, entre otras cosas, usaban de "un gusanito colorado del cual se hace ungüento muy bueno, amarillo, para hinchazones y llagas, con no más de batirlo o amasarlos juntos y sirve de óleo para pintar los vasos y hace fuerte la pintura" (cap. XLVII).

17.-CUENTA DEL AÑO

"Regíanse de noche para conocer la hora por el lucero y las cabrillas y los astilejos. De día, por el mediodía, y desde él al oriente y poniente, tenían puestos a pedazos nombres con los cuales se entendían y se regían para sus trabajos" (cap. XXX.)

"Tenían su año perfecto como el nuestro, de 365 días y 6 horas. Divídenlo en dos maneras de meses, los unos de a 30 días que se llaman U, que quiere decir luna, la cual contaban desde que salía nueva hasta que no aparecía."

"Otra manera de meses tenían de a 20 días, a los cuales llaman Uinal Hunekeh; de estos tenían el año entero 18, más los cinco días y seis horas. De estas seis horas se hacía cada cuatro años un día, y así tenían de cuatro en cuatro años el año de 366. Para estos 360 días tienen 20 letras o caracteres con que los nombran, dejando de poner nombre a los otros cinco, porque los tenían por aciagos y malos."

"Ya he dicho que el modo de contar de los indios es de cinco en cinco, y de cuatro en cincos hacen veinte; así en estos sus caracteres, que son 20, sacan los primeros de los cuatro cincos de los 20 y estos sirven, cada uno de ellos, dc lo que nos sirven a nosotros nuestras letras dominicales para comenzar todos los primeros días de los meses de a 20 días."

Entre la muchedumbre de dioses que esta gente adoraba, adoraban cuatro llamados Bacab, nombre de las cuatro divinidades terrestres que en la mitología maya corresponden a los cuatro puntos cardinales al nivel del horizonte; Bak, ceñir, rodear; Cab, la tierra: los que rodean la tierra, Mediz Bolio; cada uno de ellos. Estos decían eran cuatro hermanos a los cuales puso Dios, cuando crió el mundo, a las cuatro partes de él sustentando el cielo para que no se cayese. Decían también de estos Bacabes que escaparon cuando el mundo fue destruido por el diluvio. Ponen a cada uno de estos otros nombres y señálanle con ellos a la parte del mundo que Dios le tenía puesto deteniendo el cielo y apropiánle una de las cuatro letras dominicales a él y a la parte en que está; y tienen señaladas las miserias o felices sucesos que decían habían de suceder en el año de cada uno de estos y de las letras con ellos."

"Y el demonio, que en esto como en las demás cosas los engañaba, les señaló los servicios y ofrendas que para evadirse de las miserias le habían de hacer..."

Según el anotador de Landa, Héctor Martínez Pérez, "Los diferentes nombres que Landa asigna en este párrafo a los Bacab, a excepción de los de Hobnil, Cantzicnal, Zaczini (?) y Hakzaanek, para escribirlos correctamente, se refieren, en realidad, a deidades distintas según su posición en cada una de las tres regiones que según los antiguos mayas formaban la tierra. El Pauahtún moraba en el mundo subterráneo; el Bacab, a raíz de tierra, y el Chac en las nubes. A cada serie de deidades correspondía un color; es decir, un signo distintivo, v. g., Kanalbacab, Kanal pauahtún o Kanxibchac: el Bacab amarillo, el Pahuatún amarillo, el Xibchac amarillo. Los otros colores eran Zac, blanco; Chac, rojo, y EK, negro" (cap. XXXIV).

"En cualquier fiesta de solemnidad que esta gente hacía a sus dioses, comenzaba siempre por echar de sí al demonio... unas veces era con oraciones y bendiciones... y otros con servicios y ofrendas y sacrificios... Para celebrar la solemnidad del año nuevo, esta gente... tomaba los cinco días aciagos que ellos tenían por tales, antes del día primero de su nuevo año y en ellos hacían muy grandes servicios a los Bacabes citados arriba y al demonio... y acabados estos servicios y fiestas y lanzando de sí el demonio, comenzaban su año nuevo." Los mismos Bacabes, como anunciadores del año nuevo, recibían el nombre de u-Uayeyab (uuayeb-haab), al cual agregaban el nombre del color correspondiente: Kan, amarillo; Chac, rojo; Zac, blanco, y Ek, negro.

"Uso era de todos los pueblos de Yucatán tener hechos dos montones de piedras, uno frente a otro, a la entrada del pueblo y por las cuatro partes del mismo, a saber, oriente, poniente, septentrión y mediodía, para la celebración de las dos fiestas de los días aciagos" (cap. XXXV).

En los vasos de hechura no perfecta o de imitación, la mano del artista que no tenía la noción exacta del valor de los signos los ejecutaba desfigurándolos, con lo que perdían su verdadero significado.

18.-DE LA COMPLEXIÓN Y BUENA FIGURA DE LA GENTE

"Que los indios de Yucatán son gente bien dispuesta, altos, recios y de muchas fuerzas y comúnmente todos estevados, con las piernas torcidas en arco, porque en su niñez, cuando las madres los llevan de una parte a otra, van a horcajadas en los cuadriles. Tenían por gala ser bizcos, lo cual hacían por arte las madres colgándoles del pelo, cuando niños, un pegotillo que les llegaba al medio de las cejas; y como les andaba allí jugando, ellos alzaban los ojos y venían a quedar bizcos. Y que tenían las cabezas y frentes llanas, hecho también por sus madres, por industria, desde niños, que traían las orejas horadadas para zarcillos y muy harpadas de los sacrificios. No criaban barbas y decían que les quemaban los rostros sus madres con paños calientes, siendo niños, para que no les naciesen. Y que ahora crían barbas, aunque muy ásperas como cerdas de rocinos" (cap. XX.)

"Embadurnábanse de color negro hasta que se casaban y no se solían labrar hasta casados, sino poco... Que las indias criaban a sus hijitos en toda la aspereza y desnudez del mundo, porque a los cuatro o cinco días de nacida la criatura poníanla tendidita en un lecho pequeño hecho de varillas, y así, boca abajo, le ponían entre dos tablillas la cabeza: la una en el colodrillo y la otra en la frente, entre las cuales se la apretaban tan reciamente y la tenían allí padeciendo hasta que, acabados algunos días, les quedaba la cabeza llana y enmoldada como la usaban todos ellos. Era tanta la molestia y el peligro de los pobres niños, que algunos peligraban, y el autor vio agujerearle a uno la cabeza por detrás de las orejas, y así debían hacer a muchos. Criábanlos en cueros, salvo que de cuatro a cinco años les daban una mantilla para dormir y unos listoncillos para honestarse, como sus padres, y a las muchachas las comenzaban a cubrir de la cintura para abajo... Criábanse los dos primeros años a maravilla, lindos y gordos. Después, con el continuo bañarlos las madres y los soles, se hacían morenos; pero eran todo el tiempo de la niñez bonicos y traviesos, que nunca paraban de andar con arcos y flechas y jugando unos con otros..." (cap. XXX.)

"Que criaban cabellos como las mujeres: por lo alto quemaban como una buena corona y así crecían muchos los de debajo y los de la corona quedaban cortos y que lo trenzaban y hacían una guirnalda de ellos en torno de la cabeza dejando la colilla atrás como borlas."

"Que todos los hombres usaban espejos y no las mujeres... Que se bañaban mucho... Que eran amigos de buenos olores y que por eso usan ramilletes de flores y yerbas olorosas, muy curiosos y labrados."

"Que usaban pintarse de colorado el rostro y cuerpo y les parecía muy mal, pero teníanlo por gran gala." "Que su vestido era un listón de una mano de ancho que les servía de bragas y calzas y que se daban con él algunas vueltas por la cintura de manera que uno de los cabos colgaba adelante y el otro detrás, y que estos cabos los hacían sus mujeres con curiosidad y labores de pluma; y que traían mantas largas y cuadradas y las ataban en los hombros; y que traían sandalias de cáñamo o cuero de venado por curtir, seco, y no usaban otro vestido" (cap. XX.)

En el capítulo XLII, sin embargo, le parece que en su tiempo habían disminuido de estatura, diciendo así: "Bien sea, que si lo fueron, era gente de más ser que los de ahora y muy de mayores cuerpos y fuerzas; y aún se ve esto más en Itzamal que en otra parte, en los bultos de media talla que digo están hoy día de argamasa en los bastiones, que son de hombres crecidos; y los extremos de los brazos y piernas, cuyas eran las cenizas del cántaro que hallamos en el edificio, que estaban a maravilla por quemar, eran muy gruesos."

19.-DE LAS MUJERES

"Que las indias de Yucatán son en general de mejor disposición que las españolas y más grandes y bien hechas... Précianse de hermosas... no son blancas sino de color moreno, causado más por el sol y del continuo bañarse, que de su natural. No se adoban los rostros como nuestra nación, que eso lo tienen por liviandad. Tenían por costumbre aserrarse los dientes, dejándolos como dientes de sierra, y estos tenían por galantería y hacían este oficio unas viejas limándolos con ciertas piedras y agua."

"Agujerábanse las narices por la ternilla que divide las ventanas por enmedio para ponerse en el agujero una piedra de ámbar y teníanlo por gala. Horadábanse las orejas para ponerse zarcillos al modo de sus maridos; labrándose el cuerpo de la cintura para arriba... de labores más delicadas y hermosas que los hombres. Bañábanse muy a menudo con agua fría como los hombres..."

"Acostumbraban untarse como sus maridos con cierto ungüento colorado, y las que tenían posibilidad, echábanse cierta confección de una goma olorosa y muy pegajosa que creo que es liquidámbar, que en su lengua llaman iztah te, iztah té, resina o goma, y con esta confección untaban cierto ladrillo como de jabón que tenían labrado de galanas labores y con aquel se untaban... y quedaban galanas y olorosas..."

"Traían cabellos muy largos y hacían y hacen de ellos muy galán tocado, partido en dos partes, y trenzábanselo para otro modo de tocado. A las mozas por casar, suelen las madres curiosas curárselo con tanto cuidado que he visto muchas indias de tan curiosos cabellos como curiosas españolas. A las muchachas, hasta que son grandecitas, se los trenzan en cuatro cuernos y en dos que les parecen muy bien.”

“Acostumbraban volver las espaldas a los hombres cuando los topaban en alguna parte, y hacerles lugar para que pasasen, y lo mismo cuando les daban a beber hasta que acababan de beber. Enseñan lo que saben a sus hijas y críanlas bien a su modo...”

“Son celosas... y tan coléricas y enojadas, aunque harto mansas, que algunas solían dar vueltas de pelo a sus maridos... Son grandes trabajadoras... Son a maravilla granjeras... crían aves... para vender y comer... crían pájaros para su recreación y para las plumas, con las que hacen ropas galanas... dan el pecho a los corzos, con lo que los crían tan mansos que no saben írseles al monte jamás... Tienen costumbres de ayudarse unas a otras al hilar las telas... Tienen por gran fealdad mirar a los hombres y reírseles... Bailaban por sí sus bailes y algunos con los hombres, en especial uno que llamaban Nahual.” Pérez Martínez asegura que esta es palabra maya legítima que quiere decir “andar cayéndose como el borracho”.

“Emborrachábanse también ellas en los convites, aunque por sí, ya que comían solas... Son avisadas y corteses y conversables... Tienen pocos secretos... se lavan como los armiños.”

“Eran muy devotas y santeras, y así tenían muchas devociones con sus ídolos, quemándoles de sus inciensos, ofreciéndoles dones de ropa de algodón, comidas, bebidas y teniendo ellas por oficio hacer las ofrendas de comidas y bebidas que en las fiestas de los indios ofrecían; pero con todo eso no tenían por costumbre derramar su sangre a los demonios ni lo hacían jamás. Ni tampoco las dejaban llegar a los templos cuando hacían sacrificios, salvo en ciertas fiestas a las que admitían a ciertas viejas para la celebración. Para sus partos acudían a las hechiceras, las cuales... les ponían debajo de la cama un ídolo de un demonio llamado Ixchel, arco iris, que decían era la diosa de hacer las criaturas...”

20.-COSTUMBRES DE LOS MAYAS DE YUCATÁN

“Que acostumbraban buscar en los pueblos a los mancos y ciegos y les daban lo necesario” (cap. VII.)

“Que enseñaban a los hijos de los otros sacerdotes y a los hijos segundos de los señores que les llevaban para esto desde niños, si veían que se inclinaban a este oficio” (cap. VII.)

"Que los indios recibían pesadamente el yugo de la servidumbre, mas los españoles tenían bien repartidos los pueblos que abrazaban la tierra, aunque no faltaba entre los indios quien los alterase, sobre lo cual se hicieron castigos muy crueles que fueron causa de que apocase la gente" (cap. XV.)

"Las penas de la mala vida que decía habrían de tener los malos, eran ir a un lugar más bajo que el otro que llaman Mitnal, mundo subterráneo, en el cual impera el señor Kisin, el que hace temblar la tierra, que quiere decir infierno, y en él ser atormentado por los demonios y de grandes necesidades de hambre y frío y cansancio y tristeza. También había en este lugar un demonio, príncipe de todos los demonios, al cual obedecían todos y llámanle en su lengua Hunhau, Hun-ahau, el primero, el gran señor, y decían que esta mala y buena vida no tenían fin, por no tenerlo el alma. Decían también, y lo tenían por muy cierto, que iban a esta su gloria los que se ahorcaban; y así había muchos que con pequeñas ocasiones de tristeza, trabajo o enfermedades se ahorcaban para salir de ellas e ir a descansar a su gloria, donde decían los venía a llevar la diosa de la horca que llamaban Ixtab, Ix, partícula femenina, tab, horca."

Tegucigalpa, marzo de 1946.

23.-VICIOS DE LOS INDIOS

"Que los vicios de los indios eran idolatrías y repudios y borracheras públicas y vender y comprar esclavos; y que por apartarlos de estas cosas vinieron a aborrecer a los frailes... Que la manera que se tuvo para adoctrinar a los indios fue recoger a los hijos pequeños de los señores y gente más principal, poniéndolos en torno de los monasterios en casas que cada pueblo hacía para los suyos, donde estaban juntos todos los de cada lugar, cuyos padres y parientes les traían de comer; y con estos niños se recogían los que venían a la doctrina, y con tal frecuentación muchos, con devoción, pidieron el bautismo; y estos niños, después de enseñados, tenían el cuidado de avisar a los frailes de las idolatrías y borracheras y rompían los ídolos..." (cap. XVIII.)

24.-TEMPLOS-ESTATUAS-ÍDOLOS

Al describir Landa lo que era Chichén-Itzá, manifiesta que, según dicen los antiguos indios, "reinaron tres hermanos... los cuales vinieron de la parte del poniente y juntaron en estos asientos gran población de pueblos y gentes, la cual rigieron por algunos años en mucha paz y justicia. Eran muy honradores de su dios y así edificaron muchos edificios y muy galanos, en especial uno, el mayor... Estos señores, dicen, vinieron sin mujeres, y en muy grande honestidad, y todo el tiempo que vivieron así, fueron muy estimados y obedecidos de todos. Después, andando el tiempo, faltó uno de ellos, el cual se debió morir, aunque los indios dicen que salió de la tierra por la parte de Bac halal... comenzaron luego a ser parciales en la república y en sus costumbres tan deshonestos y desenfrenados que el pueblo los vino a aborrecer en tal manera que los mataron y desbarataron y despoblaron el asiento dejando los edificios y el lugar harto hermoso..." (cap. XLII.)

Se encuentra aquí una de las tantas versiones míticas con aspecto histórico de KUKULCÁN. Sigue Landa:

"Este edificio tiene cuatro escaleras que miran a las cuatro partes del mundo. Tienen en los escalones la misma anchura y altura que nosotros damos a los nuestros. Cada escalera tiene dos pasamanos bajos, al igual de los escalones, de dos pies de ancho, de buena cantería como lo es todo el edificio... Había... al pie de cada pasamano, una fiera, con boca de sierpe. Queda en lo alto una placeta llana en la cual está un edificio hecho de cuatro cuartos. Los tres se andan a la redonda sin impedimento, y tiene cada uno puertas en medio, y están cerradas por lo alto con bóvedas. El cuarto del norte se anda por sí con un corredor de pilares gruesos. El de en medio... tiene una puerta que sale al corredor del norte y está por arriba cerrado de madera y en él se quemaban los sahumerios."

"Tenía este edificio otros muchos, y tiene hoy día a la redonda de sí, bien hechos y grandes, y todo el suelo que va de él a ellos estaba bien encalado... tan fuerte es la argamasa de que los hacen" (cap. XLII.)

"Otros árboles hay... de cuyas cortezas majadas hacen un caldo para bruñir con él los encalados, y los hace muy fuertes" (cap. XLIX.)

"Va desde el patio, enfrente de estos teatros, una hermosa y ancha calzada hasta un pozo que está como a dos tiros de piedra. En este pozo han tenido y tenían entonces costumbre de echar hombres vivos en sacrificio a los dioses, en tiempo de seca, y pensaban que no morían, aunque no los veían más. Echaban también otras muchas cosas de piedras de valor y que tenían preciadas... Tienen encima de él, junto a la boca, un edificio pequeño donde hallé ídolos hechos a honra de todos los ídolos principales de la tierra, casi como el Panteón de Roma. Hallé leones labrados de bulto, y jarras y otras cosas que no sé cómo nadie dirá que no tuvieron herramienta estas gentes. También hallé dos hombres de grandes estaturas, labrados de piedra, cada uno de una pieza, carnes, cubiertos su honestidad como se cubrían los indios. Tenían las cabezas por sí y con zarcillos en las orejas como los usaban los indios, y hecha una espiga por detrás en el pescuezo que encajaba en un agujero hondo hecho para ello en el mismo pescuezo, y encajado, quedaba el bulto cumplido" (cap. XLII.)

"Las mujeres eran muy devotas y santeras, y así tenían muchas devociones con sus ídolos, quemándoles de sus inciensos, ofreciéndoles dones de ropa de algodón, comidas, bebidas y teniendo ellas por oficio hacer las ofrendas de comidas y bebidas que en las fiestas de los indios ofrecían..." (cap. XXXII.)

En la fiesta de Cuculcán, "a 16 de Xul se juntaban todos los señores sacerdotes en Maní, y con ellos gran gentío de los pueblos, el cual venía ya preparado de ayunos y abstinencias. Aquel día salían con gran procesión de gente, y con muchos de sus farsantes, de casa del señor donde se habían juntado, e iban con gran sosiego al templo de Cuculcán, el cual tenían muy aderezado; y llegados, hacían sus oraciones, ponían las banderas en lo alto del templo y abajo en el patio, tendían todos, cada uno de sus ídolos, sobre hojas de árboles que para ello había, y sacada la lumbre nueva comenzaban a quemar en muchas partes incienso y a hacer ofrendas de comidas guisadas sin sal ni pimienta, y bebidas de sus habas y pepitas de calabaza; y quemando siempre copal, sin volver los señores a sus casas... pasaban cinco días y cinco noches en oraciones y en algunos bailes devotos. Hasta el primer día de Yaxkín andaban los farsantes estos cinco días por las casas principales haciendo farsas, y recogían los presentes que les daban... decían y tenían muy creído que el postrer día bajaba Cuculcán del cielo y recibía los servicios, vigilias y ofrendas. Llamaban a esta fiesta Chickabán, Chic-Kabán, "nombre señalado" (cap. XL, noviembre).

25.-ABUNDANCIA DE ÍDOLOS

"Cuando por enfermedad u otra cosa estaban en peligro de muerte, confesaban sus pecados, y si se descuidaban traíanselo sus parientes más cercanos o amigos a la memoria, y así decían públicamente sus pecados al sacerdote si estaba allí, y si no, a los padres y madres, las mujeres a los maridos y los maridos a las mujeres."

"Que eran tan dados a sus idolátricas oraciones, que en tiempos de necesidad hasta las mujeres, muchachos y mozas entendían en esto de quemar incienso y suplicar a Dios les librase del mal y reprimiese al demonio que ello les causaba."

"Y que aun los caminantes llevaban en sus caminos incienso y un platillo en que quemarlo, y así por la noche, doquiera que llegaban, erigían tres piedras pequeñas y ponían en ellas sendos pocos del incienso y poníanles delante otras tres piedras llanas en las cuales echaban el incienso, rogando al Dios que llaman Ekchuah los volviese con bien a sus casas; y esto lo hacían cada noche hasta ser vueltos a sus casas, donde no faltaba quien por ellos hiciese otro tanto y aún más."

"Que tenían gran muchedumbre de ídolos y templos suntuosos a su manera y aun sin los templos comunes, tenían los señores, sacerdotes y gente principal oratorios e ídolos en casa para sus oraciones y ofrendas particulares."

"Tantos ídolos tenían que aun no les bastaban los de sus dioses; pero no había animales ni sabandijas a los que no les hiciesen estatuas, y todas las hacían a semejanza de sus dioses y diosas. Tenían algunos pocos ídolos de piedra y otros de madera y de bultos pequeños, pero no tantos como de barro. Los ídolos de madera eran tenidos en tanto, que se heredaban como lo principal de la herencia. Ídolos de metal no tenían, porque no hay metal ahí. Bien sabían ellos que los ídolos eran obra suya y muerta y sin deidad, mas los tenían en reverencia por lo que representaban y porque los habían hecho con muchas ceremonias, especialmente los de palo" (cap. XXVII.)

26.-CÓMO HACÍAN LOS ÍDOLOS

"Una de las cosas que estos pobres tenían por más ardua y dificultosa era hacer ídolos de palo, a lo cual llamaban hacer dioses; y así tenían señalado tiempo particular para hacerlos, y este era el mes de Mol u otro, si el sacerdote le decía que bastaba. Los que querían hacerlos consultaban primero al sacerdote y tomando su consejo iban al oficial de ellos, y dicen que siempre se excusaban los oficiales porque temían que ellos o alguno de sus casas se habían de morir o venirles enfermedades de muerte. Si aceptaban, los chaces, que para esto también elegían, comenzaban sus ayunos. En tanto que ellos ayunaban, aquel cuyos eran los ídolos iba o enviaba al monte por la madera, que siempre era de cedro. Venida la madera, hacían una casilla de paja cercada, donde la metían, y una tinaja para echar a los ídolos y allí tenerlos tapados según los fuesen haciendo; metían incienso para quemarle a cuatro demonios llamados Acantunes, piedra asentada, como de piedra, montañal, que ponían a las cuatro partes del mundo. Metían con qué cortarse o sacarse sangre de las orejas y la herramienta para labrar los negros dioses, y con estos aderezos se encerraban en la casilla los chaces, el sacerdote y el oficial y comenzaban su labor de dioses, cortándose a menudo las orejas y untando con la sangre aquellos demonios y quemándoles su incienso, y así perseveraban hasta acabar, dándoles entonces de comer. Y no habían de conocer... ni aun llegar nadie a aquel lugar donde ellos estaban" (cap. XL, Mol.)

27.-INSTRUMENTOS Y COSAS DE PEDERNAL-METALES

"Yucatán es una tierra la de menos tierra que yo he visto, porque toda ella es una viva laja, y tiene a maravilla poca tierra... La piedra no es muy buena para labores delicadas porque es dura y tosca; empero, tal cual es, ha sido para que de ella hayan hecho la muchedumbre de edificios que en aquella tierra hay; es muy buena para cal."

"En esta tierra no se ha hallado hasta ahora ningún género de metal que ella de suyo tenga, y espanta que, no habiendo con qué, se hayan labrado tantos edificios, porque no dan los indios razón de las herramientas con que se labraron; pero ya que les faltaron metales, proveyólos Dios de una sierra de puro pedernal contigua a la sierra que según dije en el primer capítulo atraviesa la tierra, y de la cual sacaron piedras de que hacían los hierros de las lanzas para la guerra y los navajones para los sacrificios, de los cuales tenían buen recaudo los sacerdotes; hacían los hierros para las saetas y aun los hacen, y así les servía el pedernal de metal. Tenían cierto azófar, latón, blanco con alguna poca mezcla de oro, de que hacían las hachuelas de fundición y unos cascabelazos con que bailaban, y una cierta manera de escoplillos con que hacían los ídolos y agujereaban las cerbatanas, que mucho usan la cerbatana y bien la tiran. Este azófar y otras planchas o láminas más duras las traían a rescatar los de Tabasco por las cosas de Yucatán, que eran para los ídolos, y no había entre ellos algún otro género de metal" (cap. XLIV.)

"Tenían hachuelas de cierto metal... las cuales encajaban en un mástil de palo y les servían de armas y para labrar la madera. Dábanles filo con una piedra, a porrazos, pues el metal es blando" (cap. XXIX.)

Cuando Colón llegó a las Guanajas encontró una gran canoa en la que habían estas hachuelas y crisoles para fundir metal. Colón no encontró el oro deseado.

Este metal lo traían a Yucatán y al río Ulúa desde Tabasco, con cuya región se tenía gran comercio.

Se han encontrado en algunas partes campanillas de cobre, especialmente en el Valle de Sula.

En verdad, todos los conquistadores están de acuerdo en que no se encontraba oro en posesión de los indios de Honduras ni de Nicaragua, y solamente pasado el Cabo de Gracias a Dios, Colón encontró patenas de oro muy bajo.

Al contrario, se han encontrado grandes cantidades de hachas, además de instrumentos varios, todos de pedernal, de obsidiana y de piedra dura del río, como se dirá en la tercera parte que se dedicará a la arqueología de Honduras.

Tegucigalpa, mayo de 1946.

III: FUNDAMENTOS DE LA ARQUEOLOGÍA MAYA EN HONDURAS

1.-LA FUENTE PRINCIPAL DE LAS NOTICIAS

Aunque el cronista mayor de Su Majestad Antonio Herrera, Historia General de los hechos de los castellanos, debe tomarse con mucho cuidado en lo que respecta a las noticias de Honduras, lo vamos a aprovechar en los siguientes capítulos, porque sus noticias son sacadas de relaciones importantes del tiempo de la Conquista, las cuales, si no reflejan exactamente la vida maya del tiempo, sin embargo, ofrecen una base para conocerla.

Estas noticias pertenecen a la Década IV, libro octavo, capítulos tercero, cuarto, quinto y sexto. Herrera ha sido copiado por todos los escritores, comenzando por los de su tiempo, con Torquemada, Vásquez Espinosa y muchos otros, sin criticarlo ni saber distinguir las contradicciones y los muchos errores que contiene.

2.-TOPOGRAFÍA DE HONDURAS EN CONTACTO CON LA ARQUEOLOGÍA

Dice Herrera: "Tiene tanta parte, en esta Historia, la Provincia de las Hibueras, i Cabo de Honduras, que conviene hacer particular mención de ella, para mayor conocimiento de lo que se ha tratado, i se ha de decir adelante. Esta Provincia parte Términos con Guatemala, por las Ciudades de San Salvador, i San Miguel, i Villa de la Nueva Xeréz: i por la otra parte, con Nicaragua, ásia la Nueva Segovia: i por otro lado, con la Provincia de Taguzgalpa, que llamaron la Nueva Estremadura: por la Mar tiene el Puerto de la Ciudad de Truxillo, i la Villa de San Juan del Puerto: llamóse Golfo de las Hibueras, porque pasando por allí Navíos de los primeros Castellanos, que costeaban la Tierra, hallaban por la Mar gran suma de Calabazas, que se crían en aquella Tierra, que en Santo Domingo llaman Hibueras, i se crían en unos Árboles, que dicen Hibueros; porque tocando en una Población, que llaman Guaymura, que según se entendió, procuraron de tomar Puerto en ella, i porque para entrar havían de doblar una Punta, que sale a la Mar, i la iban sondando, i aunque llegaron a zabordar en Tierra, en mucho trecho no hallaban fondo, a lo menos estaban en grandísima hondura; quando tocaron fondo, dixeron: Bendito Dios, que hemos salido de estas Honduras; i de aquí tomó nombre de Cabo de Honduras, i asimismo toda la Costa: la más principal Población de esta Provincia fue Truxillo; i así la llamaron, porque como ha visto, la pobló Gente de Estremadura: era Tierra rica, con lindos Valles, muy fructíferos, i poblados, en que han hecho gran daño las Guerras Civiles, i la saca de la Gente.

Los llanos de esta tierra son pocos, las montañas i Sierras grandísimas: tiene el Río Haguaro, a la parte de Truxillo, grande, i hermoso, en cuyas Riveras había grandes poblaciones, i se regaban grandes Heredamientos. Hai otros ríos, aunque ninguno de las calidades i grandeza de este: pasa otro por cerca de la ciudad de San

Pedro, que dicen Chamalucón, que pasa para ir de San Pedro a Comayagua. El Río Ulúa tiene veinte leguas de hermosa Rivera, poblada de ambas partes, hasta que entra en la mar, sale por orden maravillosa; i en esta Provincia, cada río tiene su ordinario curso, i estiende sus aguas, i riega todas las Arboledas, i Huertas, i las reverdece, con que dan su fruto: i esto acontece por San Miguel, i San Francisco, i no tiene otras Fuentes, ni Acequias de aprovecharse: da con mucha fertilidad el Maíz, Frutas, Hortalizas, Cazabi, i todo lo demás de la Tierra, i de Castilla: está asimismo en esta Provincia la Nueva Valladolid, con un Valle, con gentil disposición, i vista, i de Aires sano: en la Campaña hai multitud de Ganados, i buenas Minas de Plata. La ciudad de San Pedro Sula es malsana, i calurosa; solía ser mejor por el comercio de las mercaderías, i paso a las Provincias comarcanas; i por haberse descubierto el Golfo Dulce, se lleva en Barcos, i se ha perdido aquel trato. La ciudad de Gracias a Dios está asentada en un Cerro de Tierra áspera, i de ningún trato; viven en ella de sementeras de Trigo, aunque por la aspereza de los Montes se cultiva con trabajo: crían mucha abundancia de mulas, en que llevan el Trigo a San Salvador, i su comarca, i tiene buenos caballos, por ser de tierra pedregosa. La Villa de San Jorge está en el Valle de Ulancho: es caluroso, aunque muy grande: es enfermo, i muy poblado, aunque con las discordias de los Castellanos perdió mucha Gente. Hase sacado del río Guayape, que está en su comarca, gran suma de oro: hai de esta Villa a Valladolid, poco más o menos de 30 leguas, otras tantas a Gracias a Dios, i de San Pedro, que están en triángulo: lo mismo de estas dos ciudades; y de la ciudad de Truxillo, a San Jorge, otras tantas: de suerte que el camino difiere en muy pocas leguas, i está toda la Provincia en comarca, i redonda."

3.-ETNOLOGÍA DE HONDURAS-DE LA COMIDA Y DEL VESTIDO

"Las grangerías, con que se sustentaban los Naturales, i pagan sus tributos, son Mantas blancas, de cuatro hilos, mucha Miel, que cogen en grandes Árboles, i debajo de la tierra, adonde la toman, porque no tienen otras Colmenas: tiene Chile, Axí y Batatas; siembran Maíz y Frijoles tres veces al Año: rozaban grandes Montañas, con unas Azuelas de Pedernal, que no todos alcanzaban, hasta que les llegó el uso del Hierro. Bolvían la Tierra con unos palos, con dos ganchos; uno arriba i otro abajo, para hacer fuerza con el pie, i con el brazo: i también unas palas agudas, a modo de las Bingas, que usan en Navarra, i a fuerza de brazos i pies: sembraban poco, porque son muy haraganes i viciosos, i así tenían hambre los más de los Años: i también comían diferentes Raíces: vestían las Mugeres unos pañetes cuadrados, con una punta, que les cubría el pecho, i otra las espaldas, aunque la traen unas como camisetas sueltas, como vestido Mexicano: traen también una Manta pintada, hasta media pierna: nunca se tocaron: traían el cabello tendido: ahora lo entrenzan; llevan unos Pañuelos sobre las cabezas, quando van a la Iglesia, que así se lo han mandado los sacerdotes; pero en bolbiendo a casa lo dejan.

Los Hombres andan desnudos: los Señores, o Gente de Guerra, traían una Manta de poco valor, i unos Pañetes largos con que cubrían sus partes secretas: su grangería era criar Aves: comían Bollos de Maíz, cocidos con ceniza, i con alguna Sal, quando la alcanzaban antes, con gran trabajo, porque mataban por los caminos a los Mercaderes que la llevaban a vender: comían Cigarrones, Hormigas, Ratones, Lagartos, Arañas grandes... Bebían en las Fiestas cierta forma de Aguamiel, que los emborrachaba cruelmente: el Cacao sólo los Señores lo usaban: ahora todos lo beben: quando se emborrachaban, vían malas i terribles Visiones del Demonio, i se acordaban de sus antigüedades: i borrachos, cometían mil maldades i torpedades,... era tanto el furor de la borrachera que morían muchos: i aunque se ha procurado vedárselo, quando pueden todavía lo hacen, vestidos con Cueros de Leones i Tigres i muy empenachados: referían sus Hazañas, sus Desgracias i otras cosas; i así antes que fuesen los Castellanos, vivían vida ancha: tenían quantas Mujeres querían: la borrachera era en las Fiestas más solemne, de noche, adonde revueltos... cometían infinitas maldades contra Dios, que se van remediando."

Seguimos entonces este mismo criterio en el próximo fragmento.

4.-DE LAS CAZAS Y PESCAS

"Hacen grandes cazas, cercando un gran circuito de tierra en el campo y quemándolo; y como el fuego va apretando la caza, ellos la iban flechando, que era mucho de ver, y gran regocijo, el correr de los venados y animales, y matarlos a palos y flechazos; y otras veces los mataban en pozos, que hacen en el campo, llenos de agua, y los cecinan al humo. Para hacer una gran pesquería con tierra y rama, atajan un río y dejan una pequeña salida, con una red o zarzo de caña, y allí andaban nadando, flechando el pescado y matándole a palos, hombres y mujeres."

5.-DE LAS LENGUAS Y TRATOS

"Tenían diferencias de lenguas, y la más general es la de los Chontales, que participan de la gobernación de Nicaragua, que así los llaman los castellanos, queriendo decir bozal o rústico, por su poca razón; contratan otras naciones en esta provincia, en especial los de Yucatán, que iban por la mar en canoas, y llevan mantas, plumas y otras cosas, y volvían con cacao. En naciendo las criaturas, las lavaban con agua fría, y luego les hacen un bollo de yuca, que es raíz pegajosa, como batata; chupan del bollo, y váseles deshaciendo en la boca, y con esto se crían, y así salen gente pequeña y desmedrada. Por uso antiguo, sin otra causa, se hacían guerra y se arrebataban de sus heredades, y no estaban seguros sino cuando había sus paces acordadas, en ciertos tiempos del año, que duraban, y las contrataciones de aves, mantas, plumas, sal, cacao, achiote, que es como bermellón, para pintarse, y otras cosas; pero los que no tenían paz jamás eran los diferentes en la lengua."

6.-DE LAS GUERRAS, ESCLAVOS Y SACRIFICIOS

"Hacían sus saltos, emboscadas y estratagemas; y para las batallas campales, enviaban embajadores, sin más causa que imitar a sus pasados, y que tenían necesidad de esclavos; si no aceptaban, entraban en sus tierras, destruyéndolos: cortaban las narices a los esclavos, y si habían hecho resistencia, los despeñaban, diciendo que ya no harían aquellos más daño. Los esclavos sembraban y cultivaban, molían el maíz y hacían otros servicios; para ir a las guerras, sacrificaban gallos de papada y perros, que no ladraban, que otros no tenían, y aun también sacrificaban hombres; sacábanse sangre de las lenguas y orejas, y miraban en los sueños, y por ellos adivinaban el suceso. Generalmente no comían los de esta provincia carne humana, aunque por las continuas guerras que traían, algunos creen que sí, porque aun después de llegados los castellanos no se querían abstener, entre sí, de ofenderse."

7.-EL VIEJO ENTEPICA

"En la provincia de Cerquín, el cacique Tapica, que era guerrero, sabiendo que gente nueva, blanca y con barbas conquistaba la tierra, estaba muy confuso; y enviándole otros a desafiar, los envió a decir que se conformasen todos, para contra los extranjeros. Respondiéronle que no querían, que ellos bastaban para todos; y así hallaron los castellanos aquella tierra muy dividida. Para una batalla se juntaron cuarenta mil hombres; parte peleaban con arcos y flechas, con agudísimas puntas de pedernal; y llevaban rodelas de cañas, tejidas artificiosamente, cubiertas de pieles de tigres, leones y venados; iban algunos vestidos con pellejos de águilas y otras aves, y de tigres y leones, por gala y bravura; y también llevaban espadas de durísima madera venenosa, que llamaban macanas, en la Isla Española; y si acierta a quedarse una astilla o punta en la herida, nunca sana."

Tegucigalpa, D. C., 1946.

8.-LOS MAYAS INSOSPECHADOS EN HONDURAS

Hay quien se ha aferrado de tal manera a la idea de que en Honduras los mayas terminaban en Copán, que no pueden soñar otra cosa; y el haberse descubierto los mayas en las piezas indiscutibles del Valle de Comayagua, llevadas recientemente al nuevo Museo de aquella ciudad, le hace dudar y decir que esos no, no eran mayas.

Porque es una verdad: cuando se publicó en 1938 el trabajo de JENS YDE, An Archaeological Reconnaissance of Northwestern Honduras, Copenhagen, este señor, resumiendo la responsabilidad de la expedición científica, tratando de Tenampúa, en una manera como lo puede hacer un ciego que describe un lugar desconocido, encuentra evidente que el juego de pelota que allí está es "de influencia maya", pero no sabe si pertenece o no al período de invasión mexicana. Este período de invasión mexicana ha vuelto locos a todos los historiadores y arqueólogos y se presenta a todos como una fantasmagoría; de la misma manera que los Lencas y los Chorotegas, en la mente de quienes los sueñan en todas partes, sin saber a ciencia cierta cómo están hechos, sin pensar que el nombre Lenca es un puro nombre aplicado sin sentido cultural, mientras Chorotega es otro nombre aplicado con sentido cultural.

El autor se muestra tan lleno de dudas con respecto a los mayas en el Valle de Comayagua, y en general en Honduras, y es tan general la creencia de que todos los vasos más bellos y perfectos, del tipo maya, que se encuentran en Honduras han venido de otras regiones por medio de comercio, que no se puede a menos que sacudir la cabeza y esperar que comiencen por todas partes excavaciones metódicas, que saquen finalmente a los mayas de Honduras del olvido a que han sido relegados.

Repito aquí, para evitar interpretaciones incorrectas e inoportunas, que con el nombre MAYA no entiendo referirme, por ahora, sino a toda la gran familia que tiene este nombre. Vendrá el momento en que estudiaremos más de cerca las varias modalidades que se presentan en la familia maya, y entonces daremos a cada uno lo suyo.

Entretanto, es necesario reconocer que de los mayas de Honduras no se conoce nada; y los que hablan de Honduras arqueológicamente, en efecto, conocen muy poca cosa de Honduras, porque, por dicha, Honduras maya está todavía durmiendo bajo la gran capa piadosa de la tierra que la protege del pillaje y de la devastación.

9.-DESARROLLO DE LA CULTURA MAYA

Ha sido para mí una gran satisfacción el poder leer en obra todavía inédita, dc Sylvanus Griswold Morley, "HISTORIA GENERAL DE LOS ANTIGUOS MAYAS", que este autor, después de muchos años de estudios, ha abierto la mano a las denominaciones ya anticuadas de viejo y nuevo imperio maya, dándole a cada uno tres épocas; y asimismo introduciendo un período de PRE-VIEJO IMPERIO, dividido en tres períodos en la ÉPOCA PROTO-MAYA.

Porque los mayas no nacieron o no vinieron del todo perfectos: evolucionaron su cultura, desde la primitiva hasta la más perfecta.

Por lo tanto, repito, que al encontrar en una capa inferior artefactos de diferente hechura, no quiere decir que pertenecen a gente de familia diversa, y hay que estudiar el porqué de tal diversidad.

Entretanto, no he comenzado todavía a hablar de arqueología maya. Lo haré en la 3a. parte.

En cuanto a los mexicanos, sabemos que vinieron con los españoles en gran número. El padre Ponce, en su viaje a Yucatán, los encontró en Mérida y en varias otras partes de la Península; asegura que habían venido con los españoles, y añade que hablaban la lengua mexicana y la enseñaban a sus hijos; pero sabían muy bien y mucho mejor la lengua maya, y en ella se les predicaba.

10.-LOS MAYAS DE CERQUÍN

El cronista Herrera, de cuya obra entresacamos lo que se dice en estos tres o cuatro capítulos, debe haber tenido a la mano una preciosa relación escrita poco después de la conquista. En estos capítulos reduce sus noticias casi exclusivamente a los mayas de la provincia de Cerquín, en donde el cacique Entepice, o Etempica, o Tapica señoreaba. Se dividió la provincia en señoríos, uno de los cuales era del señor Lempira. Este señor fue hasta Talgua para una junta con los señores de allí. Talgua se encuentra en nudo de comunicaciones, en posición favorable, y los españoles de Montejo, en aquel entonces, habían asentado la segunda ciudad de Gracias a Dios, precisamente abajo de los altos barrancos, en una de las cabeceras del río Ulúa, donde está situada, desde donde los señores mayas observaban todos sus movimientos, en la orilla, frente a Chululán (Flores). Lempira estaba entonces tratando de reunir, como los reunió, a 2.000 señores y 30.000 guerreros, para hacerse fuerte en los difíciles peñones de la cuenca de Cerquín.

Fortificado en la cima de esos despeñaderos, Lempira dio mucho que hacer, antes de entregar sus fuerzas a la nueva civilización, en el Nuevo Amanecer que esperaba a los mayas de Honduras, al terminar su BAKTUN (siglo maya).

11.-COMITZAHUA

"No se ha podido hallar mayor antigüedad en esta provincia de Cerquín, sino que decían los viejos, que había docientos años, que había llegado a ella una señora, que llamaban Coamizagual, que significa tigre que vuela, porque era muy sabia; y estos indios estimaban mucho el tigre, así la aplicaron este nombre; decían que era blanca, como castellana, y sabia en el arte mágica; y que hizo su asiento en Cesalcoquín, la tierra más fértil de la provincia, adonde estaban las piedras y caras de leones, adonde idolatraban; y la piedra grande, de tres puntas, que en cada una tiene tres rostros disformes; y dicen algunos que aquella señora les llevó allí con el aire, y que en virtud de la piedra vencía las batallas, y extendió su imperio."

12.-LOS TRES HIJOS DE COMITZAHUA

"Y que hubo tres hijos, sin ser casada; aunque otros dicen que eran sus hermanos y que no conoció varón; y que viéndose vieja, les repartió las tierras y dio buenos consejos para el buen tratamiento de sus vasallos; y que mandó sacar su cama de casa, y vino un relámpago, con truenos, y vieron un lindísimo pájaro volando, que porque nunca más pareció la señora, creían que era ella el pájaro y se iba al cielo; y desde entonces, hasta que llegaron los castellanos, solemnizaron aquel día con gran fiesta. Luego repartieron estos tres hermanos la provincia de Cerquín, y la gobernaron en policía y buenas costumbres, y fue la gente valiente y guerrera; y como la Comizahual era mágica, hacía muchos encantos, y así dio a entender a la gente lo que quería de religión y supersticiones,"

13.-LOS VARIOS GUARDIANES CELESTIALES

Entre los muchos ídolos que adoraban, había uno que llamaban el Gran Padre, y otro a quien decían la Gran Madre; y a estos pedían salud; otros dioses había; a unos pedían hacienda, remedio en sus pobrezas, y que los sacase de necesidades, diesen de comer, y criasen sus hijos, guardasen sus sementeras, y cuidasen en sus granjerías.

14.-LAS SUPERSTICIONES

Y muchos años, en los viejos, duraron estas supersticiones; y el demonio los engañaba, y aparecía como león, tigre o coyote, que es un animal como lobo, y en forma de lagarto, culebra o de pájaro; porque de estos animales y aves de rapiña hay muchos en esta provincia; y estos llaman naguales, que era tanto como decir guardadores o compañeros; y cuando moría el pájaro, también moría el indio que estaba con él prendado; y esto se vio muchas veces, y tenían por cosa verdadera; y la manera como hacían esta alianza era así: íbase el indio al río, monte, cerro o lugar más escondido, convocaba los demonios, por los nombres que le parecía, hablaba con los ríos, piedras y montes; decía que iba a llorar, para tener lo que sus pasados tuvieron, y llevaba algún perro o gallo, que sacrificaba, y con aquella tristeza se dormía y en sueños, o despierto, vía algunos de los sobredichos animales o pájaros, y entonces le pedía que le diese ganancia en la sal, cacao o en otra cualquiera cosa; y derramaba su sangre de la lengua, de las orejas y de otras partes del cuerpo, y luego hacían su pacto con el tal animal, el cual les decía, en sueños o estando despiertos: Tal día irás a caza, y el primer pájaro o animal que vieres, seré yo, que seré tu nagual y compañero en todo tiempo; y de tal manera se fixaba entre ellos la amistad, que cuando moría el uno, moría el otro; y era de manera, que les parecía, que el que no tenía nagual, no podía ser rico.

15.-EL CACIQUE DE PIRAERA

"Había en el pueblo de Piraera un cacique, llamado D. Diego, que se había hallado en las guerras de los castellanos, e yendo a aquel pueblo un soldado, llamado Francisco Hernández, anochecióle en un arroyo, algo lexos del lugar, y por ser verano, quedóse a dormir allí, con el arcabuz a la cabecera; a media noche comenzó a ladrar un perro, que llevaba, y tanto le importunó, que se levantó a ver lo que era, y sintió ruido entre los árboles, como de cosa que huía, sopló la cuerda y volvióse a su lugar; el perro tornó a ladrar, y mirando entre los árboles, vio un león, subido y agachado en un árbol, que se relumbraban los ojos, como fuego, encaró el arcabuz, y dióle en una espalda; y otro día le hallaron unos indios, que aun no era muerto. Esto aun no se sabía, y el cacique D. Diego se había levantado la mañana muy triste, y volvióse a echar en una hamaca, sin frío, ni calentura, ni mal alguno; y dixo, que le llamasen los vasallos, que les quería hablar: llamó sus mayordomos, dixo en secreto que había de morir, porque le mataron la cosa que más quería, que era el león; esforzábanle, diciendo que no moriría, pues no tenía mal; en fin, mandó a sus vasallos que obedeciesen a sus hijos, y a ellos que obedeciesen, y tratasen bien a los castellanos; que le enterrasen en un monte, con cuernos, flautas y caracoles, y alegrías, y que volviesen, y comiesen, y no llorasen; a la noche murió, y las campanas se tocaron de suyo, porque había orden de no tocarlas; fueron a ver quién lo hacía, y vieron a un negro: cosa que maravilló a todos, porque no había negro en el lugar, ni nadie las osara tocar, y por esto juzgaron que fue el demonio. Estas cosas, y otras muchas, a este propósito, contó Doña Catalina, mujer de este cacique, a la mujer del encomendero, que si no es por vía de mujeres, no se saben; y porque si alguna se entiende, los castigan los sacerdotes; las hacen muy secretas; y en fin, ellos eran grandes encantadores, y aun no se ha podido del todo desarraigar de ellos la creencia de que los que tenían naguales, eran ricos."

16.-TEMPLETES, SACERDOTES Y GOBIERNO

"Tenían en los campos unas casillas largas y angostas, altas del suelo, adonde estaban sus dioses de piedra, barro y madera, con cara de tigres y de otros animales; asistían con ellos hombres viejos, desnudos, que hacían áspera vida, con el cabello muy largo y trenzado al rededor de la cabeza; a éstos iban a pedir consejo en los casos de guerra, justicia, casamiento y otras necesidades; dejábanles ofrendas de cosas de comer, y volvían por la respuesta que sus dioses habían dado, y la tenían por cosa verdadera; no podían hablar con estos sacerdotes sino los más principales señores, porque los tenían en gran veneración. En cada pueblo era el señor justicia mayor, y tenía cuatro tenientes, que tenían cuidado de proveer su casa y las cosas de la república, como de guerra, de gobierno, de agravios, de sementeras y casamientos, y otras de consultar a los sacerdotes, y venir a referir todos juntos al señor, y dar su parecer en todo."

17.-FAMILIA Y CASAMIENTOS

"Los caciques emparentaban unos con otros; cuando querían casar algún hijo, enviaban, con presentes, un anciano, a pedir la hija del otro; éste haría una larga relación de los hechos de los pasados del esposo y sus cualidades; recibíanse los presentes, hacíase gran borrachcra; otro día envolvían la novia en una manta pintada; tomábala uno en los hombros, iban delante bailando y cantando; paraban a emborracharse en cada arroyo; hacían recibimientos y fiestas en los lugares por donde pasaba; y cuando se cansaba el que la llevaba, la tomaba otro, y así iban, aunque fuesen veinte leguas; nunca descubría el rostro; llegada a casa del marido, la descubrían las mujeres y la lavaban con cocimiento de flores; teníanla encerrada tres días, que duraban las fiestas, e entregábanla luego al desposado, y dormía tres noches con ella, y la llevaba a dormir otras tres a casa de los suegros; y luego los volvían a llevar, y se celebraban las mismas fiestas; y esta era la legítima y principal mujer; porque ni a las otras se hacían estas fiestas, ni eran hijos de señores; la gente común enviaba a pedir la desposada con una vieja; el dote era cuatro tusas de cacao, y cada tusa son cuarenta almendras; y estas bebían los parientes de la desposada; y el día siguiente la entregaban a la vieja, y otro tanto cacao, como habían bebido; y con esto se hacían dos fiestas, una en la casa de ella, y otra en la del novio."

18.-COSTUMBRES Y PENAS

"Usaban que, en muriendo un hermano, las mujeres que quedaban viudas habían de ir a casa del otro hermano, y las había de recibir por sus mujeres. Había pocos ladrones y pocos adúlteros, como tenían tantas mujeres; no castigaban sino al que se tomaba en fraganti. La pena del ladrón era tomarle lo que tenía; y si el hurto era grande, le cortaban las orejas y las manos; al adúltero le rompían las orejas, tirando de los zarcillos que traía, y le azotaba el ofendido... y le tomaba su hacienda; a la adúltera no castigaban porque decían que era solicitada del hombre."

19.- LA HACIENDA

Su hacienda consiste en unas sementeras para el maíz y sus legumbres; unos molinillos de mano; las cazuelas en que hacían el pan; calabacillos en que beben, que son las higüeras referidas. Las camas son unas esterillas de hierba que ponen sobre una barbacoa, que es un cañizo de palos rollizos, fijos en tierra sobre cuatro estacas y paja, y encima una estera; la almohada, un palo o una piedra; los cofres son cestillos forrados en cueros de venado.

20.- SIEMBRAS

"Una azuela o cuchillo para rozar; siembran, desde hace poco, algodón, para pagar el tributo y vestirse, pues antes andaban desnudos; tienen alpargatas, con suelas de corteza de árboles, para andar en los pedregales; y aun esto se lo han enseñado los castellanos. Las mujeres hilan, tejen, muelen y cuecen el pan, y todos se emborrachan y son dados infinitamente a la lujuria."

Tegucigalpa, mayo de 1946.

21.- LA SUCESIÓN, ENFERMOS Y DIFUNTOS

"El hijo mayor sucedía siempre en el señorío; y como los bienes eran pocos, no se partían. Eran gente de poca caridad y cruel; cuidaban poco de los enfermos: ponían al enfermo pan y bebida a la cabecera; si lo comía, bien, y si no, que se muriese; y no le hacían más regalo. Decir a una india que matase una gallina para su marido enfermo, respondía que mataría la gallina y se moriría su marido, y se quedaría sin lo uno y sin lo otro: en tanto es gente de poca fe. Lloran por los difuntos, olvidándolos luego; visitan poco a los enfermos, y por maravilla escapa el que se imagina que ha de morir de aquella enfermedad; y en posándose una lechuza sobre la casa del enfermo, tienen su muerte por cierta, o la de alguno de aquella casa, aunque todos estén sanos: tantas son sus supersticiones, hechicerías, agüeros y maldades, diciendo que viene por alguno de ellos, que de sola imaginación y cuidado enferma y muere."

22.- SUEÑOS

"Y dan tanta importancia a los sueños, que tienen sus maneras de explicarlos para cada cosa, y les ponen particularísima atención, junto con otras mil supersticiones; de tal manera, que, en soñando una cosa, tanto se les fija en la imaginación, que de todos modos hacen que suceda. La india que sueña que se le quiebra la calabaza en que hace la bebida, dicen que ha de enviudar; la que sueña que se le quiebra el plato en que come, que se le ha de morir la madre; y de esta manera es todo lo demás de su vida. Pero ya, por la misericordia de Dios, se corrige y enmienda con los sermones y castigos de los sacerdotes."

23.- HECHICEROS

"Fueron siempre, entre esta gente, muy castigados los hechiceros; pero no tenían por tales sino a los que hacían daño, matando o hinchando dc gusanos a otros; y andaban por los montes matando gente, hasta que los prendían y ahorcaban; pero a los otros adivinos y encantadores, que llamaban sabios, antes los honraban. Andando un alguacil recogiendo el tributo, salió a él una india y le arrojó unas hierbas, diciendo ciertas palabras, y luego se cubrió de lepra, que era lástima de verle; el sacerdote la azotaba y mandaba que le curase, y dijo que lo haría, y se fue al monte y se ahorcó. Hay otras que se pellizcan las piernas y les salta la carne hacia arriba, y preguntan a las piernas, o por mejor decir, al demonio que está en ellas, cuánto les van a demandar. De estas cosas pasan muchas entre ellos, que no se pueden descubrir sino por medio de algunos muchachos o mujeres, porque las obran en secreto."

24.- CUENTA DEL AÑO

"Contaban su año repartido en dieciocho meses; llámanle Ioalar, que es cosa que va pasando; y ponían veinte días al mes, aunque no contaban sino por noches; y así ponían primero la noche que el día, y contaban veinte noches o veinte alboradas; y su gobierno, entre día, era por el sol, teniendo cuenta con la altura que llevaba o cuando iba bajando; y así se entendían. Comenzaban su año cuarenta días antes que el nuestro, porque tomaban dos meses de los suyos atrás. En cada principio de mes se regocijaban; la primera vez que cogían el maíz nuevo hacían gran fiesta; se convidaban por barrios o parentelas."

25.- ELECCIONES Y FIESTAS

"En el primer día de su tercer mes cae nuestro Año Nuevo, primero de enero; y como van tomando nuestras costumbres, hacen su elección de oficiales para aquel año, y se dan de beber los unos a los otros, hasta que se emborrachan e hinchan los rostros y el cuerpo, y andan adormecidos y fuera de seso; y llegando el mediodía, se juntan a comer; para lo cual, ocho días antes, han hecho una gran caza y las mujeres tienen cuidado de guisarlo, prepararlo y llevárselo a la Casa de la Villa, y darles de beber; y, so color de celebrar la Fiesta de la Circuncisión de Nuestro Señor, remueven sus ritos y antigüedades gentílicas."

26.- AYUNOS, FIESTAS DEL AÑO, GUANCASCO

"Tenían una cuaresma, que duraba ochenta días, y jamás se podía averiguar de qué servía, aunque todo el año comían carne. Tenían tres fiestas principales en el año, que celebraban como pascuas; y la principal era, al acabar la cuaresma, festejándola con borracheras de noche, en que entraban hombres y mujeres, y no encendían luces, y cometían graves pecados y delitos; y todas las veces que pueden hacerlo sin que los cristianos los vean, lo hacen: tan dados son a maldades; y, so color de celebrar nuestras pascuas y carnestolendas, renuevan sus abominaciones... y para estas fiestas se convidan unos pueblos a otros. En todo, mediante el cuidado de los prelados y la diligencia de los sacerdotes, se pone el remedio posible, y en poco tiempo se ha hecho mucho fruto."

27.- NACIMIENTOS

"Ibanse las mujeres a parir al campo, a algunas partes secretas, a solas; cortaban ellas mismas el ombligo a la criatura, porque entendían que si otra lo cortaba no podría vivir; la lavaban luego en un arroyo, y ellas se lavaban también. Todas las criaturas nacidas en aquel año llevaban padre y madre y abuelos a los templos; las envolvían en una red y en un paño pintado, y dormía la criatura debajo de un bollo hecho de miel y de el lagarto que llaman yuana, que se come; velábanla toda la noche; tenían cuenta de quien se dormía, para ver lo que soñaba, y a la mañana se declaraba. Si soñando veían a la criatura echada, vestida y alegre, decían que había de ser rica y vivir mucho; y si no soñaban de ella, decían que no se había de lograr; si soñaban que la veían triste y desnuda, decían que había de ser pobre, y así se lo daban a entender cuando grandes; y por esto no se inclinaban a trabajar, porque decían que no les había de aprovechar."

28.- DEFUNCIONES Y SUPERSTICIONES

"En muriendo alguno, le quemaban la casa; y ahora, como no lo osan hacer, la despueblan. Cuando tronaba, quemaban pepitas de algodón; guardaban los cascarones de huevos que se empollaban, y de los pavos, porque decían que si los arrojaban se morían los pollos. La ropa del niño no la había de lavar sino su madre, y no en el río, porque decían que les llevaba la vida. Tenían las casas llenas de huesos de venados, y no se dejaban cazar. Son tantas las mezquindades, torpezas y porquerías de estos bárbaros, que muchas, por honestidad, se dejan de decir; y las que se han referido, es para que se considere el grado de civilización a que los castellanos los van reduciendo, bajo nuestra Santa Fe Católica, aunque con mucho trabajo, por su incapacidad y obstinación."

29.- EL RÍO GRANDE DE LAS HIGÜERAS

Herrera, al tratar de los primeros tiempos de Trujillo y de sus pobladores, dice lo siguiente:

"Trescientas y sesenta leguas, que ponen del Río Grande de Higüeras a Nombre de Dios, descubrió el Almirante don Cristóbal Colón el año de 1502, como queda dicho, y entonces andaban con el pensamiento de hallar estrecho para pasar a la Mar del Sur, y llamó Puerto de Casinas a lo que ahora dicen Honduras, adonde Francisco de las Casas pobló a Trujillo, en medio de dos ríos de buen agua y mucho pescado, en tierra que en invierno y verano es templada; y esta provincia es fértil en mantenimientos, de mucha cera y miel, y han multiplicado bien todo género de ganados, y el vacuno es mayor que el de Castilla; y las parras dan dos veces al año, y lo mismo el trigo, aunque la segunda vez no tan bien como la primera; y de ocho días después que se vendimia la uva, se podan las viñas y vuelven a echar, de manera que a Navidad se comen uvas maduras; los limones, naranjas y otras frutas han producido tanto, que los castellanos no echan menos ningún regalo de Castilla ni de otra provincia del mundo, pues hasta el azúcar y la cañafístola, con otras cosas semejantes, han dado muy bien. Los naturales no tenían plata ni oro, teniendo riquísimas minas, porque no lo necesitaban. Comían como en México; vestían como en Castilla del Oro, y participaban de las costumbres y religión de Nicaragua; y la gente es mentirosa, novelera y haragana, aunque muy obediente a sus amos, no dada al vicio de la carne excesivamente; no casaban, de ordinario, sino con una sola mujer, y los señores con cuantas querían; era fácil entre ellos el divorcio; eran grandes idólatras, y ahora son todos cristianos; y adelante se dirá muy particularmente todo lo que se ofrece de esta provincia." (Déc. III, l. 8, c. 7.)

30.- EL MAYOR SACERDOTE DE TRUJILLO

Diego López de Salcedo "halló que el mayor sacerdote de los indios, que ellos llamaban Papa, declaró a Hernando de Saavedra que lo había entendido de su ídolo, al cual mandó quemar luego Hernando de Saavedra, porque como platicó de las supersticiones de los indios, sabía la parte que entre ellos tenía el Demonio." (Déc. III, l. 20, c. 1.)

31.- LOS TRES ÍDOLOS DE LOS INDIOS DE TRUJILLO

López de Salcedo "procuró saber la religión, costumbres y capacidad de los indios de esta provincia, para ver qué forma se había de tener en su conversión, y lo que de ellos se podía esperar, y halló que en toda aquella tierra había tres ídolos principales, que en sus templos eran adorados: el uno, a cuatro leguas de Trujillo; el otro, en un pueblo, a treinta leguas; y el tercero, en una isla, a quince leguas de la villa. Tenían forma de mujer y eran de piedra verde marmoleña, en los cuales tenían toda su devoción, y encomendaban sus negocios y haciendas, para que los guardasen de los malos tiempos y adversidades; y sin éstos, tenían otros ídolos y adoratorios, adonde hacían sus sacrificios. Con cada uno de los tres principales templos estaba una persona, que llamaban Papa, que no se podía casar, y traía el cabello tan largo que le llegaba a la cintura, o consigo tenía a los hijos de los caballeros para adoctrinarlos; y él lo era, para que cuando de parte de los ídolos dijese algo al pueblo, se recibiese con mejor estimación; y el ídolo que quemó Hernando de Saavedra era el que estaba más cerca; y el Papa que lo llevaba no quiso ir de día, porque refería que había dicho el ídolo que morirían todos los que lo viesen; y como vio que Saavedra lo había echado en el fuego y se quemaba sin hablar, el Papa, quedando maravillado, estuvo gran rato suspenso;

y volviendo en sí, dijo que pues se había quemado y no había muerto a los presentes, como les ofreció, conocía que era burla; que le cortasen el cabello y le hiciesen cristiano; y el cacique, señor del pueblo, pidió que también lo bautizasen." (Déc. IV, l. I, c. 6.)

Tegucigalpa, D. C., mayo de 1946.

32.- LO QUE SUPO ALVARADO DE HONDURAS-TAPALAN

Mientras don Pedro de Alvarado estaba en la conquista de Guatemala, en la segunda carta que escribió a Cortés desde Santiago el 28 de julio de 1524, le dio noticias de grandes tierras y riquezas que se encontraban "tierra adentro". Esta tierra adentro era Honduras, especialmente la región de Copán, y todo lo demás que quedaba al noroeste. Tuvo también noticia de la Mar del Norte, probablemente por los mercaderes mayas de Naco y de Quimistán. Naco era una ciudad de mercaderes en estrecha relación con Nito, Acalán y Tabasco, en cadena con las ciudades del interior de Honduras, y con Guatemala, San Salvador y Nicaragua.

He aquí lo que dice Alvarado (Ed. Vedia, p. 463):

"Aquí supe de muy grandes tierras, la tierra adentro, ciudades de cal y canto, y supe de los naturales como esta tierra no tiene cabo, y para conquistarse, según es grande y de muy grandísimas poblaciones, es menester mucho espacio de tiempo, y por el recio invierno que entra no paso más adelante a conquistar.

"Pasados estos dos meses de invierno que quedan, que son los más recios de todos, saldré de esta ciudad en demanda de la provincia Tapalan, que está quince jornadas de aquí, tierra adentro, que, según soy informado, es una ciudad tan grande como esa de Méjico, y de grandes edificios, y de cal y canto, y azoteas; y sin esta, hay otras muchas, y cuatro o cinco de ellas han venido aquí a mí a dar la obediencia a su majestad, y dicen que una de ellas tiene treinta mil vecinos; no me maravillo, porque, según son grandes los pueblos de esta costa, que la tierra adentro haya lo que dicen; este verano que viene, placiendo a nuestro Señor, pienso pasar doscientas leguas adelante, donde pienso que su majestad será muy servido y su estado aumentado, y vuestra merced tendrá noticias de otras cosas nuevas.

"De las cosas de estas partes no hay más que hacer saber a vuestra merced sino que me dicen los indios que de esta mar del Sur a la del Norte hay un invierno y un verano de andadura."

33.- CORTÉS Y LOS SEÑORES DE TRUJILLO

Cuando Cortés entró a Honduras encontró grandes señoríos, como se desprende de su misma narración contenida en su V Carta de Relación (Ed. Vedia, p. 142 y sig.):

"Pasados dos días después que llegué a este puerto y villa de Trujillo, envié un español que entiende la lengua" (era el diácono Gerónimo Aguilar, a quien Cortés había encontrado esclavo en Yucatán y, sabiendo la lengua maya, lo había enviado con Olid), "y con él tres indios de los naturales de Culúa, a aquellos pueblos que los vecinos me habían dicho, e informé bien al español e indios de lo que había de decir a los señores y naturales de los dichos pueblos, en especial hacerles saber cómo era yo el que había venido a estas partes, porque a causa de mucho trato, en muchas de ellas tienen de mí noticia y de las cosas de Méjico por vías de mercaderes; y a los primeros pueblos que fueron fue uno que se dice Chapagua y a otro que se dice Papayeca, que están siete leguas de aquella villa, y dos leguas el uno del otro. Son pueblos muy principales, según después ha parecido; porque el de Papayeca tiene dieciocho pueblos sujetos, y el de Chapagua diez... que en pocos días vinieron de quince o dieciséis pueblos, digo señoríos, por sí, y todos con muestra de buena voluntad se ofrecieron por súbditos y vasallos de vuestra alteza, y trajeron gente para ayudar a talar el pueblo y bastimentos, con que nos mantuvimos hasta que vino socorro de los navíos que yo envié a las islas."

34.- LOS GRANDES SEÑORÍOS DE HONDURAS. HUEITAPALAN

"...por otra parte, dolíame el alma dejar aquella tierra en el estado y coyuntura que la dejaba, porque era perderse totalmente, y tengo por muy cierto que en ella vuestra majestad ha de ser muy servido y ha de ser otra Culúa; porque tengo noticia de muy grandes y ricas provincias, y de grandes señores en ellas, de mucha manera y servicio, en especial de una que llaman Hueitapalan, y en otra lengua Xucutaco, que ha seis años que tengo noticia de ella, y por todo este camino he venido en su rastro, y tuve por nueva muy cierta que está ocho o diez jornadas de aquella villa de Trujillo, que puede ser cincuenta o sesenta leguas, y de ésta hay grandes nuevas, que es cosa de admiración lo que de ella se dice, que aunque falten los dos tercios, hace mucha ventaja a esta de Méjico en riqueza, e iguálale en grandeza de pueblos y multitud de gente y policía de ella; y estando en esta perplejidad, consideré que ninguna cosa puede ser bien hecha ni guiada si no es por mano del Hacedor y Movedor de todas, e hice decir misas y hacer procesiones y otros sacrificios, suplicando a Dios encaminase aquello en que más se sirviese."

35.- LOS VALLES DE OLANCHO

"Después de haber despachado este navío para esta Nueva España, porque yo quedé muy malo de la mar, y hasta ahora lo estoy, no pude entrar la tierra adentro; también por esperar a los navíos que habían de venir de las islas, proveer otras cosas que convenía, envié al teniente que allí dejaba, con treinta de caballo y otros tantos peones, que entrasen en la tierra adentro, y fueron hasta treinta y cinco leguas de aquella villa por un muy hermoso valle poblado de muchos y muy grandes pueblos, abundoso dc todas las cosas que en la tierra hay; muy aparejado para criar en toda ella todo género de ganado y plantar todas y cualesquier plantas de nuestra nación, y sin haber encuentro con los naturales de la tierra, sino hablándoles con la lengua y con los naturales de la tierra que ya teníamos por amigos, los trajeron todos de paz, y vinieron ante mí más de veinte señores de pueblos principales, y con muestra de buena voluntad se ofrecieron por súbditos de vuestra alteza, prometiendo ser obedientes a sus reales mandamientos, y así lo han hecho y hacen hasta ahora..."

Estos soldados llegaron hasta las sierras de Chindona, o sea, en las altísimas sierras de Gualaco y fuentes del Río Tinto, por el clásico camino de Manto y San Francisco, La Paz (V. Gómara, ed. Vedia, p. 419). Hasta allí Cortés hizo abrir el camino para los caballos, para ir a Nicaragua, siguiendo el mismo camino real de los indios.

36.- PAPAYECA Y CHAPAGUA (CHATOS)

"La provincia de Papayeca y la de Chapagua, que dije que fueron las primeras que se ofrecieron al servicio de vuestra majestad y por nuestros amigos, fueron las que cuando yo me embarqué hallé alborotadas, y como ya me volví, tuvieron algún temor, y enviéles mensajeros asegurándoles; y algunos de los de Chapagua vinieron, aunque no los señores, y siempre tuvieron despoblados sus pueblos de mujeres e hijos y hacienda; aunque en ellos había algunos hombres que venían allí a servir, híceles muchos requerimientos para que se viniesen a sus pueblos, y jamás quisieron, diciendo hoy, más mañana; tuve manera como hube a las manos los señores, que son tres, que el uno se llama Thicahuytl (Tacayo?), el otro Poto, y el otro Mendereto; y habidos, prendílos y diles cierto término, dentro del cual les mandé que poblasen sus pueblos y no estuviesen en las tierras, con apercibimiento que no lo haciendo serían castigados como rebeldes; y así los poblaron y los solté, y están muy pacíficos y seguros, y sirven muy bien. Los de Papayeca jamás quisieron parecer, en especial los señores, y toda la gente tenían en los montes consigo, despoblados sus pueblos; y puesto que muchas veces fueron requeridos, jamás quisieron ser obedientes..."

37.- PIZACURA Y MAZATL

"Envié allá una capitanía de gente de caballo y de pie, y muchos de los indios consigo, naturales de aquella tierra, y saltearon en una noche a uno de aquellos señores, que son dos, que se llama Pizacura, y prendiéronle; y preguntado por qué había sido malo y no quería ser obediente, dijo que se hubiera venido, sino que el otro compañero, que se llama Mazatl, era más parte con la comunidad, y que éste no consentía; pero que le soltaran a él, y que él trabajaría de espiarle para que le prendiesen; y que si le ahorcasen, luego la gente estaría pacífica y se vendrían todos a sus pueblos, porque él los recogería, no teniendo contradicción; y así lo soltaron, y fue causa de mayor daño, según ha parecido después.

Ciertos indios nuestros amigos, de aquella tierra, espiaron al dicho Mazatl y guiaron a ciertos españoles donde estaba, y fue preso; notificáronle lo que su compañero Pizacura había dicho de él, y mandósele que dentro de término trajese la gente a poblar en sus pueblos y no estuviesen por las sierras; jamás se pudo acabar con él. Hízose contra él proceso, y sentencióse a muerte, la cual se ejecutó en su persona. Ha sido gran ejemplo para los demás; porque luego algunos pueblos que estaban así algo levantados, se vinieron a sus casas, y no hay pueblo que no esté muy seguro con sus hijos y mujeres y haciendas, excepto este de Papayeca, que jamás ha querido asegurar.

Después que se soltó aquel Pizacura se hizo proceso contra ellos, e hízoseles guerra, y prendiéronse hasta cien personas, que se dieron por esclavos, y entre ellos se prendió al Pizacura, el cual no quise sentenciar a muerte, puesto que por el proceso que contra él estaba hecho se pudiera hacer; antes le traje conmigo a esta ciudad con otros dos señores de otros pueblos que también habían andado algo levantados, con intención de que viesen las casas de esta Nueva España, y tornarlos a enviar para que allá notificasen la manera que se tenía con los naturales de acá, y cómo servían, para que ellos lo hiciesen así; y este Pizacura murió de enfermedad, y los dos están buenos, y los enviaré habiendo oportunidad. Con la prisión de éste y de otro mancebo que pareció ser el señor natural, y con el castigo de haber hecho esclavos aquellas ciento y tantas personas que se prendieron, se aseguró toda aquella provincia, y cuando yo de allá partí quedaban todos los pueblos de ella poblados y muy seguros y repartidos entre los españoles, y servían de muy buena voluntad, al parecer."

38.- CÓMO PEDRAZA HABLA DE LA PRIMERA IGLESIA DE HONDURAS

El obispo Pedraza, en su segunda Relación de Honduras e Higueras, escrita en España en 1544, dando noticia de la ciudad de Trujillo y de sus indios, se expresa de una manera muy halagadora.

De la primera iglesia de Honduras, fundada en Trujillo cuando él estuvo allí de obispo, dice lo siguiente:

"Tiene la ciudad una hermosa iglesia de tres naves, puesta en lo más alto de toda ella, de la cual se domina toda la mar y se ve todo lo que viene por ella, hasta una canoa por pequeña que sea, la cual se llama Santa María de Honduras; las paredes son de adobes y la cobertura toda de madera y junco, y los pilares de todas las tres naves sobre que está la cobertura son de cedro, casi tan altos como mástiles de naos, de grosor casi de una braza y braza y media de hombre."

39.- DE CORTÉS ANTE LOS GRANDES SEÑORES DE HONDURAS

De cómo a Cortés le fue necesario ponerse las más ricas ropas, dice Pedraza así:

"...al tiempo que en ella llegó (Cortés) halló la provincia donde la dicha ciudad está, que se dice la provincia de Guaymura, muy poblada de mucha cantidad de pueblos de indios, y la gente de ella de mucha policía, ni más ni menos que la gente mexicana, y los caciques y otros príncipes de mucha autoridad y manera, y muy servidos, temidos y acatados, de manera que, según el dicho marqués me contó, le fue necesario ponerse las más ricas ropas que tenía de sedas y oro y cadenas de oro que tenía, y otras joyas al cuello y por la cabeza y por la ropa, y puesto en un cierto asiento alto y puesto su aparador muy grande de plata, se hizo servir para que viesen los dichos caciques y principales la gran potencia que tenía, para atraerlos a toda paz con él y para que se pacificasen y sirviesen a su Majestad; y al tiempo que volvió para México, de donde había salido, dejó casi trescientos hombres en la dicha ciudad de Trujillo, de los cuales había entre ellos ciento de caballo; y después que hubo fundado la dicha ciudad y pacificado parte de la dicha provincia y repartidos los pueblos de ella a los vecinos que quedaban en la dicha ciudad, se partió como dicho es, y dejó por su teniente de gobernador y capitán general a un caballero que se decía Zayavedra, hermano de un Alonzo de Avalos, vecinos que eran naturales de Medellín."

Tegucigalpa, junio de 1946.

40.- DE CÓMO TRUJILLO, DE TAN POBLADO, QUEDÓ SIN INDIOS

Sigue Pedraza dándonos cuenta de Trujillo:

"...y en toda esta provincia donde está la dicha ciudad de Trujillo no hay casi indios ningunos, excepto unos pocos que hay cerca de la ciudad, de que sirven a ciertos vecinos de ella, que no serán por todos cuatrocientos indios, porque los gobernadores pasados que vinieron después del marqués y del teniente que dejó en la ciudad los destruyeron todos, sacándolos a barcadas de sus pueblos y vendiéndolos a los que a este puerto venían con navíos, y enviándolos a vender por las islas de Santo Domingo, Cuba, San Juan de Puerto Rico y Jamaica; y algunos que quedaron en los dichos pueblos de la dicha provincia, de ver llevar a sus parientes, hijos y mujeres, padres y madres, encadenados y atados con cordeles a meter en los dichos navíos, se huyeron de sus propios pueblos por los montes y se subieron a las sierras, donde murió mucha cantidad de ellos, y algunos hay por las dichas sierras que nunca más han querido bajar a poblar sus lugares, a catorce y a quince leguas; de manera que en pueblo que había mil casas y en el que mil quinientas no quedó indio ninguno, siendo tan poblada la tierra y de tantos indios, y más que la tierra de México, según el marqués y otros muchos indios me han dicho de los huidos; y esto es cuanto a la ciudad de Trujillo y su jurisdicción y términos."

41.- LA PROVINCIA DE LOS CARES Y DE CERQUÍN, QUE DESPUÉS LLAMARON CHONTALES Y LENCAS

"...Hay asimismo cerca de allí (de Gracias a Dios) dos provincias de indios que llamamos serranos: la una de los Cares y la otra de Cerquín. La de los Cares está pacificada y sirven los pueblos de ella a los cristianos, y la mayor parte de la Cerquina está de guerra; y todo lo de la ciudad de Gracias a Dios con estas provincias es lo más poblado de toda la tierra de pueblos de indios, porque todo aquello que estaba más lejano de los puertos quedó más íntegro de pueblos, por razón de ser la gente menos fácil para dejarse traer y meter en los navíos para llevarlos, como hicieron a los de Trujillo y de la provincia de Cazumbra, que es entre la provincia de San Pedro y Puerto de Caballos; habrá de Puerto de Caballos a la ciudad de Gracias a Dios casi cuarenta leguas, poco más o menos..."

42.- LOS INDIOS DIJERON QUE DE HONDURAS HABÍA SALIDO LA GENTE MEXICANA

Pedraza sigue contando así:

"Primeramente, el marqués del Valle don Hernando Cortés, después que hubo ganado a México y pacificado las provincias de toda la tierra, tuvo noticia de que había una provincia muy rica hacia estas partes, que fue esta provincia de Honduras, en la cual había gente política como al principio dije, y quisieron decir algunos indios de esta tierra..."

La causa por que Cortés envió allá.

"...un capitán suyo llamado Cristóbal de Olid, persona muy esforzada y valerosa, con mucha gente, para que fuese a ver qué tierra era ésta y la conquistase y ganase y poblase en ella los pueblos de cristianos que le pareciese, con grandes instrucciones para ello..."

43.- DE LA VENGANZA

"...y fueron tan grandes los malos tratamientos que les hicieron a los indios que determinaron los indios matar a los cristianos, y así lo pusieron por obra, y viniendo con haces de yerbas...

Para cuando mataron a Benito Hurtado

...cuchillos, y asimismo los arcos con las flechas, y estando durmiendo los cristianos casi a media noche dan en ellos y matan muchos cristianos, de ellos sus propios encomenderos, indios de los propios pueblos; de manera que el dicho capitán, con los que le quedaron vivos, huyeron y desampararon la ciudad, porque los indios, huidos los cristianos, tornáronse a apoderar de toda la tierra y nunca desde entonces hasta el año 40 se han podido sojuzgar, que fue un capitán Alonso de Cáceres, capitán vecino de la Villa de Comayagua, que es de la dicha provincia, con ciertos vecinos de la dicha villa y otros que se allegaron a ellos de otras partes, y ganaron el dicho valle de Olancho y lo han pacificado; el dicho Alonso de Cáceres pobló en ella la dicha ciudad que dijimos llamarse San Jorge; de manera que desde el tiempo que mataron los indios a los dichos cristianos pasaron más de veinte años que no los han podido sojuzgar hasta ahora..."

44.- QUE LOS INDIOS MAYAS SE VOLVIERON SALVAJES (HICAQUES Y PAYAS)

El gobernador Diego López de Salcedo, para pagar sus deudas, sacó a barcadas a los indios y destruyó la tierra.

"...fue tal el saqueo que dio a la tierra, que totalmente la destruyó hasta hoy; porque no solamente con los indios que sacaba se menoscabó, sino que, al ver los que quedaban, aunque pocos, llevar a sus padres y maridos e hijos y hermanos y parientes atados con cordeles y encadenados con cadenas, y meterlos en los navíos y venderlos asimismo a los otros que venían a comprarlos, huyeron por las sierras y desamparaban los pueblos; y como no tenían en las sierras mantenimiento, pues no sembraban y andaban fuera de sus propios lugares, moríanse de hambre; de manera que, de pueblo de mil y dos mil casas, no quedó... indio ni india ninguno, grande ni chico. Asimismo este tirano, para restaurar sus deudas, tomó otra manera de tormento que dio a los indios, que fue sacar muchos de ellos de sus pueblos y llevarlos encadenados y atados con cordeles, con cargas muy excesivas así de hierro como de otras cosas, queriendo ir por toda la tierra a la provincia de Nicaragua, por relación que tenía de que había en ella mucho oro, en la cual jornada se murió gran multitud de indios por las excesivas cargas y malos tratamientos...

CRUELDAD DE DIEGO LÓPEZ

...y si alguno caía, si estaba en medio de la recua, porque los otros indios no se le fuesen, le cortaba la cabeza y pasaba de largo; y a esta causa muchos de los indios que así llevaban trabajaron por romper las cadenas con las manos y con ciertas mañas que hacían, y los cordeles con los dientes, y se huyeron casi todos y dejaron las cargas; y visto por el gobernador, volvió él y los más cristianos que pudieron tras ellos, y los alancearon a todos, de pasar de más de dos mil, que a ninguno dejaron vivo; y así se acabó de vendimiar y menoscabar toda la tierra, lo cual yo hallé por información bastante ante escribano auténtico, como protector y defensor de los indios; y de vuelta que volvió el dicho Diego, López de Salcedo, desde a pocos días murió en la ciudad de Trujillo y dejó en su testamento nombrados que gobernasen el contador Cereceda y el tesorero..."

45.- CÓMO LOS MAYAS SE VIERON OBLIGADOS TAMBIÉN A RETIRARSE DE LA COSTA A LAS MONTAÑAS

"CROPUNTA.- Significa Punta de Camarón: toma este nombre de los muchos camarones que hay en una punta de tierra que forma el desembarcadero de este pueblo en la margen derecha del río Butuco (Patuca), muy al interior.

Este pueblo, que todos dicen es muy antiguo, fue formado por indios payas que vinieron de Caratasca y se situaron donde hoy se encuentra el pueblo de Ulán, habiendo desaparecido a causa de un convenio que el general Tempys, zambo que residía en Caratasca con el carácter de gobernador de esta parte, nombrado por el rey mosco y sostenido por el Gobierno inglés, celebró con el mismo rey, para mandarle indios payas y que el rey le devolviese toakas. Con este motivo, los payas se retiraron a las montañas, donde aún se encuentran en las cabeceras de los ríos Sicre, Truscua, Urra, Plátanos, y en el mismo Butuco, mezclados con los toakas que vinieron de Nicaragua.

El jefe de los payas se llamaba Butuco, y fue a establecerse cerca de la boca del río; es de creerse, pues, que de aquí haya tomado su nombre, y que los ingleses, en su manera de inglesarlo todo, hayan corrompido el nombre en el de Patook, que hoy le dan los mapas.

Algún tiempo después, vinieron también de Caratasca los zambos, mezcla de indio y negro; acabaron por expulsar a los payas que quedaban, y se hicieron dueños de todo.

En Laca, pueblo inmediato de Caratasca, aseguran estos mismos indios que existieron unas campanas de gran peso, que no pudieron conducir a Cropunta ni a lomo ni en caballos, y las depositaron en una sabana de este pueblo, llamada Tilbalaca, donde después fueron unos caribes y se las llevaron a Iriona y las vendieron para una iglesia en Río Tinto". (Alegato de límites, Honduras-Nicaragua, 1938.)

46.- DE LOS PAYAS MODERNOS

"Los indios payas, que vivían en las montañas que cruzan el Paón y el río Plátano, y que también se encuentran a las márgenes del río Sico, que cruza el valle de Agalta, son de la misma índole de los toakas; las mismas costumbres, aunque más aventajados en el trabajo e instrucción; aprenden fácilmente todo lo que se les enseña; y como viven en contacto con las sociedades de Olancho, han tomado las mismas costumbres; todos andan vestidos, un tanto lujosos; han abandonado sus bailes ridículos; saben tocar acordeón y guitarra, y entre los viejos conquistados hubo buenos músicos; actualmente se encuentran jóvenes que curten suelas, aunque malas; zapateros, sastres, sombrereros de junco y tejidos. Construyen buenas casas de zacate, muy sólidas; tejen buenas mantas y hamacas, con colores bien distribuidos, con mucha simetría y firmeza; son excelentes e infatigables cazadores, así como en la pesca. Todas las tribus que he descrito poseen el defecto de ser muy dadas a las bebidas embriagantes, muy particularmente a cierta clase de chichas, que cada tribu prepara de manera diferente, y la toman con tanta frecuencia que después de comer toman la chicha como entre nosotros una dosis de café.

Todos los payas son cristianos: bautizan a sus hijos y todos se casan, y ya la poligamia les es odiosa; tienen ideas de Dios; en sus pueblos hacen ermitas y tienen imágenes, rezan todos los días el rosario, a falta de misa; tienen escuelas de niños, que escriben buena letra, leen bien y sacan cuentas". (Aleg. id.)

47.- FÁCIL COMUNICACIÓN DESDE EL MAR A OLANCHO POR EL RÍO TINTO

"Los indios moscos son aguerridos, y a fines del siglo pasado, instigados por los ingleses que estaban en guerra con España, lanzaron hordas de salvajes contra un establecimiento de españoles que habitaban en la barra del Black River, en terrenos agrícolas, grandemente auríferos y bastante ricos, que, llevados de la codicia de estos tesoros, fueron víctimas de aquellos bárbaros, hasta destruirlos y arrasar la ciudad en sus cimientos.

Hoy quedan solamente los vestigios de una rica y populosa ciudad y grandes depósitos de teja y ladrillos; en el cementerio, soberbias losas e inscripciones en diversas lenguas; mármoles negros, etc.; murallas derruidas, de las que no quedan sino los cañones del fuerte que defendía a aquella heroica ciudad; muchas de estas familias huyeron a Olancho, otras al departamento de Yoro, a donde no llevaron nada de sus fortunas, pues salieron por lugares que hoy, ya conocidos, hacen dudar de su salvación.

Después de esa época, los moscos, envalentonados, hicieron varias irrupciones al departamento dc Olancho, unas veces por el Guayape y otras por el camino que hoy conduce a Iriona. En esas épocas llevaban los moscos grandes cantidades de ganado y bestias a las costas, a cuya rapiña nunca se oponían los indios de los pueblos fronterizos, como son los de Catacamas y El Real, porque eran sumamente cobardes y se dejaban robar sus intereses e hijas. En presencia de situación tan grave, el jefe de la provincia mandó destacar una fuerza considerable en Black River para impedir los actos antedichos, y así concluyó el malestar de aquella época.

Está bien justificado que el establecimiento de Black River era importante, pues el camino que lo ponía en comunicación con Olancho, y que hoy transitamos nosotros, es el mejor y más trabajado de Honduras; hay más de doce leguas empedradas, y se encuentra a uno y otro lado del camino, en algunas partes, grandes promontorios de piedra destinados a seguir las calzadas. Este río, llamado el Paón y en su barra el Tinto, posee abundantes maderas de caoba, cedro, rosa y Santa María, en tanta cantidad que es inmensa..." (Aleg. id.)

48.- FÁCIL COMUNICACIÓN ENTRE LOS RÍOS GUAYAPE Y COCO O SEGOVIA

"Los ríos Coco y Guayape forman una garganta tan angosta entre Saulala y La Pimienta, en el Guayape, que se pasa en un día de uno a otro río, por un terreno magnífico y plano para una carretera. Yo he hecho este tránsito de esta manera. De Catacamas a Culmí (pueblo de payas), un día montado; de aquí a Guampú, tres días a pie por un terreno que solo las fieras habitan, yendo la vereda por las cumbres de las montañas más elevadas. De la boca de Guampú a La Pimienta, embarcado por el Guayape, dos horas; de allí al Coco, un día de camino.

Ningún lugar de Olancho es más a propósito para establecer una colonia agrícola que la boca de Guampú: terrenos inagotables y fértiles, el río navegable para poder dar fácil salida a los productos, pudiendo ocuparse ambas márgenes; abundancia de maderas. Allí donde el cacao silvestre crece espontáneamente, con mayor razón para que se le cultive; se obtienen al año cuatro cosechas de maíz y cuantas se quieran, pues los toakas, que gustan mucho de una chicha que forman con maíz tierno, en todo tiempo lo usan, y sé de ellos que tienen siempre maíz nuevo."

(Aleg. id.)

Tegucigalpa, junio de 1946.

49.- DE ANTIGUAS POBLACIONES ESPAÑOLAS EN LA COSTA

Los españoles solían fundar sus poblaciones al lado de las de los indios, a fin de obtener su ayuda para el trabajo.

He aquí la descripción de algunos de estos lugares, sacada de la Descripción Geográfica del Departamento de la Mosquitia, practicada el año de 1875, publicada en un periódico de aquel año (La Paz, Tegucigalpa, números 68, 69, 70 y 71; año de 1897; v. Aleg. Hond., límites con Nic., 1938, p. 205):

"El Río Tinto o Black River, en su barra, se aparta una legua de oriente a occidente; los vestigios de una antigua ciudad muestran que era rica y populosa; existen grandes depósitos de ladrillo y teja, y en el cementerio se encuentran losas de mármol con inscripciones en idioma español. Murallas derruidas, de las que no quedan sino los cañones y cimientos del fuerte que defendía la ciudad."

"Siguiendo el curso del Tinto, a 15 millas de su barra, se encuentran vestigios de antiguos establecimientos de caña; se ha hallado una buena campana, que está en el pueblo de Río Tinto, departamento de Olancho. Siguiendo el curso del río, ascendiendo a 40 millas de este establecimiento, se encuentra el pueblo nuevo de El Dorado, situado sobre los antiguos vestigios auríferos que en el siglo pasado explotaron los españoles. Nada tenemos que aumentar: este lugar fue otra California."

50.- DE ANTIGUAS POBLACIONES MAYAS EN EL RÍO TINTO

En los ríos Tinto y Patuca existieron muchas grandes poblaciones mayas. Ruinas de piedras labradas se encuentran todavía, en las márgenes de estos ríos, escondidas en la selva.

Los payas conocen los antiguos montículos de donde sacan artísticas piedras de moler y vasos grandes de piedra.

"Siguiendo el curso de El Dorado, el camino que los españoles llevaban al interior era importante, pues se miran aún dilatadas calzadas y muchos acopios de piedras, en otras partes, para hacer otras. Grandes cimientos cuadrados, terraplenes costosos, corrales de piedra, etc. En todas las montañas inmediatas a este río se encuentran grandes montones de 25 a 40 varas de largo, ancho regular y de 6 a 8 varas de alto, hechos con piedras de moler, todas con patas y caricaturas de tigre, culebra u otros animales, habiendo unas tan grandes que pueden servir de mesa, con una vara de alto cada pata, por dos de largo y una de ancho, cortadas con mucho primor y regularidad; la escuadra nunca faltó y apenas puede creerse que se hayan valido de pico u otros instrumentos para trabajarlas. El pedernal es muy fino y el golpe de martillo y de pico quebraría la obra.

Por las noticias que he adquirido de payas muy ancianos, sé de cierto que a fines del siglo pasado aún no conocían ellos ninguna clase de instrumentos de agricultura, y hacían sus milpas valiéndose únicamente del fuego para limpiar el terreno. En seguida que los piratas ingleses frecuentaron la costa y se relacionaron primero con los zambos, éstos compraron machetes y hachas que vendieron a los payas, y les enseñaron a valerse de ellos para la agricultura."

51.- DE CÓMO EL PADRE GOICOCHEA SACÓ DE LA SELVA A LOS PAYAS DE AGALTA

El padre franciscano Fray José Antonio de Liendo y Goicochea, sabio costarricense, cuando fue elegido provincial, visitó el valle de Agalta, fundó allí dos poblaciones de indios payas, que existen todavía y se llaman Jesús Pacura y San Esteban Tonjagua. Escribió poco después una relación al Rey, fechada el 12 de diciembre de 1811, en donde clama por obtener los misioneros que fueron después, y describe las costumbres de los mismos payas. Son interesantísimas sus observaciones, después de haber sacado de la selva a esos terribles indios para reducirlos a seres pacíficos, con inmenso beneficio para los hacendados.

Él mismo dice:

"La Providencia Divina me condujo a los páramos desiertos de Agalta, para que extrajera y domesticara a los gentiles regados en las selvas y para que conociese sus genios, inclinaciones y costumbres, dejando a los siguientes operarios evangélicos el cuidado de instruirlos y desimpresionarlos de los misterios de maldad en que fundan su religión. El descubrimiento de ésta es difícil y, atendiendo al orden regular, me parecía moralmente imposible. La prueba palmaria de este aserto la puedo dar en que hasta el presente todo el celo y eficacia de los padres misioneros de Cristo crucificado no ha llegado a tener la más pequeña noticia de las prácticas absurdas de religión de muchos de sus indios, siendo así que en ellas andan de acuerdo con mis agaltecas. En efecto, la reserva, la desconfianza, el silencio, el disimulo y la hipocresía forman el carácter de estos indios."

52.- CÓMO VIVEN LOS PAYAS

"Estos indios habitan unas treinta leguas de las montañas de Agalta; viven separados unos de otros, distribuidos en familias de ocho, de a veinte y de aun mayor número de individuos cada una. Cada parcialidad procura de intento colocarse en los parajes más ocultos, fragosos e inaccesibles. El empeño de encubrirse los hace ingeniosos para encontrar guaridas seguras. Unos de otros se recelan y se temen en tal extremo, que cuando alguna de las poblacioncillas se hace conocida, la trasladan a otra parte. Jamás salen de sus chozas por un solo rumbo, temiendo abrir huellas por donde pueda algún curioso rastrear sus habitaciones; para que sus gallos no los descubran con su canto en el silencio de la noche, los encierran de suerte que no puedan pararse ni batir alas, porque saben que no cantan sin estos dos requisitos.

Para ningún paraje abren camino, porque el sol, la luna y las estrellas, con especialidad la del Norte, son los infalibles conductores de mis Magos."

53.- ENGAÑOS DE LOS PAYAS

"De cada parcialidad señalan dos o tres para que traten con los ladinos de toda Honduras, compren hierro, armas, y con particularidad para que aprendan el castellano y les lleven noticias de lo que piensen contra los indios: 'Andad —les dicen a sus emisarios—, presentaos delante de todos los ladinos, bajad la cabeza y decidles: Bautismo, bautismo, que ellos os echarán un poco de agua en la cabeza; juja, juja, que quedarán contentos, os darán calzones y camisa. Pasáis con otros y hacéis lo mismo, juntando muchos vestidos'. Así se han burlado estos bellacos del celo y piedad de los cristianos. Mudan nombres y apellidos con mucha facilidad, con la mira de que cuando les averigüen algún delito y pregunten por su nombre, ninguno pueda dar razón porque ya tiene otro."

54.- LENGUA SIMPLE DE LOS PAYAS

"Su lengua es tan escasa como los objetos que los cercan. Carecen de voces comunes y abstractas, y porque con mucha facilidad se pueda hacer acopio de las que usan, tienen la malicia de cambiar las voces, significando con varias un solo objeto, para imposibilitar a los preguntones la comprensión de los que hablan. En suma, aparentan en todos sus tratos noble sencillez, candor y buena fe; parecen más almas angelicales; pero tratándoles despacio, con intimidad y reflexión, se descubren bribones, taimados y embusteros. En toda su política siguen vías oblicuas y senderos tenebrosos, haciendo consistir la finura de su crianza en ser por extremo disimulados sin parecerlo, y en confundir la jerigonza con el lenguaje sincero del corazón. No me avergüenzo de haber sido engañado por ellos más de un año; puesto que al más advertido le sucedería lo propio."

55.- LA FIESTA DEL SOL

Los payas engañaron al Padre Goicochea, y el sacristán paya que tenía título de gobernador le pidió permiso para ausentarse. El Padre se lo dio, pero le mandó detrás a su compañero lego, de nombre Norberto.

La fiesta era en un lugar inaccesible del río Tayaco. La presencia del fraile compañero del Padre puso en sobresalto a los indios y los perturbó; éste les habló con cariño y se serenaron, pero se consultaron entre ellos y dijeron al hermano lego: "Que iban convidados por Manuel Díaz a celebrar la gran fiesta de Dios; que, supuesto estaba resuelto a ir, ellos también determinaban llevarlo con dos preciosas condiciones: la primera, que despidiese al momento al estudiante; segunda, que les diese una palabra seria de no contar a tata Vicoche ni a persona alguna las cosas que iba a presenciar, ni aun cuando se confesara; con advertencia —añadieron todos—, que si faltaba a lo que prometía le quitarían la vida los dioses, y que Zikin (así llamaban al diablo principal que adoran) no permite vivir al mortal que descubra sus misterios." Para afianzarlo en el secreto le ponderaban mucho el amor que todos le tenían y la gran satisfacción con que trataban su persona, concluyendo a una voz que lo llevaban y lo regalarían y no le faltaría cosa alguna.

El hermano, aunque sorprendido por la inesperada noticia de Zekin y de la chusma de dioses con que lo amenazaban, ocultó su sorpresa y siguió disimulando por el interés de llevarme puntual noticia de las religiosas prácticas de mis agaltecas."

56.- RECUERDOS DE FIESTAS MAYAS

"Pasaron esa noche en la misma orilla del río Tayaco y, madrugando, llegaron felizmente a la casa grande en que habían de celebrar la fiesta. La casa es de 34 varas de largo y 14 de ancho; su techo de palmas y manaca, sin paredes ni resguardo en los costados. La comitiva era numerosa, porque, además de los viajeros y de los que allí estaban juntos, se fueron sucesivamente agregando otros. El plano de la casa está como a 20 varas de elevado sobre el nivel de otro río llamado Naranjal, y éste corre allí tan crecido, que siempre se pasa con el agua arriba de los pechos. El plano de la casa compondrá más de 600 varas cuadradas, caminando por el Norte, Oriente y Sur de un monte muy encumbrado y escabroso; al Occidente está el río, y el paraje todo distará de Trujillo unas 15 leguas, medidas por elevación; paraje ciertamente singular y extraordinario. El hermano dice, que a un hombre curioso, empeñado en registrarlo, le sería imposible encontrarlo, porque lo juzgaría inaccesible o inhabitable.

Creo que alguna contingencia les descubrió a los payas este lugar y lo acotaron como el más seguro para refugiarse en todo evento.

Cercano a la gran casa tienen un rancho, donde se bañan todos, depositan las flechas, sus armas y sus muebles. Aquí se pintan de varios colores, singularizando ciertas partes del cuerpo, como son la cara, cuello, corvas, muñecas y garganta de los pies y músculos de los brazos; llevan sartas de vidrio, corales, muchos rosarios, y cuantas baratijas han podido acopiar de todas partes sus emisarios. Preparados así van con fardones en las manos, y algunos tocando flautas y pitos, que hacen precisamente de canillas de león, en cuya caza se empeñan sin descubrir el fin ni los motivos de semejante costumbre. Las indias van detrás en pelotón y sin orden, como regularmente andan en semejantes actos las mujeres. Al llegar la procesión salen del rancho principal los músicos con pitos de a tercia y tambores de palo hueco y conchas de tortuga. Al hermano lo encerraron en este punto y no pudo saber lo que hicieron por media hora larga. Lo que pudo ver al cabo de ella fue una grande canoa de chicha compuesta de maíz fermentado, y alrededor de ella todos los indios bebiendo largamente."

57.- EL SIKI (TZIKIN), TOCAYO DEL SOL

"Como a media noche llegaron Sebastián Ramos y Manuel Díaz a preguntarle si tenía miedo o si podría presenciar sin asustarse todo lo que iban a ejecutar. Respondió que no estuviera allí en caso de ser cobarde. Entonces quitaron las hojas y palos que le embarazaban y vio primero como 20 ollas de chicha; ítem, alrededor de ellas los músicos y bebedores; más allá, 8 tablas en que aparecían pintados el Sol, la Luna, culebras, tortugas y otros animales, y entre todos parecía la Cruz de Jesucristo. Las tablas de dos varas de largo y una tercia de ancho; en la parte superior una espiga o agarradera, y en la inferior muchas espinas de ceiba puestas en leche de hule. En medio de las tablas aparecía un bulto como de armado, con cubierta de masa de yuca, y en el interior, diversas carnes de monte. Preguntó cómo se llamaban aquel bulto y respondieron que su nombre era Siki, que quiere decir Tocayo del Sol."

58.- APUSURA Y LA JUNTA DE LOS DIOSES

"Asimismo preguntó el significado de las imágenes puestas en las tablas, y dijeron que aquella era Apusurá, que quiere decir congregación de los dioses. Aparecieron repentinamente Manuel Díaz y otro indio tiznado de negro, con una faja en la barriga, otra en la frente arrollada que terminaba en dos cuernos, y la última pendiente de los cuernos hasta las rodillas. Sentáronse estos dos sacerdotes enfrente de las tablas y el ídolo armado, y en postura de quien ruega, hablaron dirigiéndose a sus ídolos. En esto se levantaron indios e indias ofreciéndoles porciones de carnes ahumadas, y los dos ministros pidieron buenas cosechas y larga vida. Manuel Díaz siguió predicando a los circunstantes con gritos descompasados y además furiosos. Con esto acabó a las tres de la madrugada la función; pero la de beber duró hasta que amaneció."

59.- ORACIÓN Y SALUDO AL TZIKIN

"A las siete de la mañana descubrieron una porción de ollas de chicha y se pararon todos los varones, cruzando los brazos con devoción, rezando ciertas oraciones, cuyo tenor y contenido ignoramos; pero la conclusión fue comenzar a beber... hasta las tres de la tarde, en que la chicha los puso bien fervorosos para el acto siguiente.

Cogieron las tablas por las asas y poniéndolas sobre los hombros ordenaron otra procesión; enseguida los músicos, y finalmente Siki cargado a las espaldas de un indio principal. En dicha forma dieron tres vueltas por el circulito del patio, y otras tres revueltas rezando devotamente. Concluidas, quitó un ministro a Siki de las espaldas del cargador, señalando con una estaca el lugar donde lo ponen, para que siempre ocupe el mismo sitio. A poco repiten otras dos veces las vueltas y revueltas, hasta que concluida la última, se sientan todos enfrente de Siki y de sus tablas diabólicas, fuera de la cruz. Levántanse entonces las indias envueltas en sus mantas que tejen, cubiertas desde los pechos hasta los pies, y de dos en dos van saludando a sus dioses, sin más ceremonia que subir y bajar hombro y cabeza por tres ocasiones."

60.- SE COMEN AL TZIKIN

"Entrada la noche se pintan todos de negro completamente. Como a las nueve de la noche venció el sueño al hermano, y cuando recordó a las dos de la mañana, fue al ruido de los golpes que los dos sacerdotes se daban mutuamente con las tablas, dando gritos desaforados. A su imitación otros dos indios se aporreaban con otras dos tablas, y otros cuatro con las restantes. Estaban tan enfurecidos que se daban golpes cruelísimos, hasta dejarlas hechas astillas y dar al diablo con sus dioses. Concluida esta tragedia se dirigieron los sacerdotes a Siki y lo arrimaron a una hoguera hasta dejarlo perfectamente asado; lo hicieron tantos pedazos como eran individuos y finalmente lo comieron con apresuramiento y devoción. Todo se acabó con este acto, menos la chicha, que no dejaron hasta tener apuradas las ollas."

Tegucigalpa, junio de 1946.

IV: LOS CHOROTEGAS

1.- CHOROTEGAS Y NAHOAS EN NICARAGUA

Se debe advertir que los indios llamados Nicaragua —nombre no nahoa— eran de la gente nahoa, que no hacía mucho tiempo había llegado y que no eran muchos, al tiempo de la conquista, contrario de lo que se cree. El mismo Oviedo (42, 2) hace notar: "todos los indios destas lagunas son de la lengua de Chorotega, si no es aquella provincia de Nicaragua.....". Esto quiere decir que los indios y la provincia de Nicaragua, de origen nahoa, que llamaban nahuales, eran limitados y la provincia pequeña, en la orilla suroeste de la laguna de Granada y toda rodeada de chorotegas, con los cuales tenían guerras.

En manos de los Nicaragua estaba el comercio de cacao, que se usaba también como moneda. En manos de los chorotegas estaban todas las plantas de zapotes.

Los chorotegas, que se identificaban con los antiguos mames de Soconusco y Chiapas, posteriormente a la Conquista, fueron desalojados por los nahoas que tenían ocupada la provincia de Nicaragua, a tal punto que Managua, que en 1529, cuando la vio Oviedo, era una población hermosa y extensa, toda tendida por dos o tres leguas por la orilla de la laguna, toda de indios chorotegas, al contrario, en 1586, cuando la visitó el Padre Ponce, era reducida y ocupada solamente por indios nahuales.

Esto significa que, con la llegada de los españoles, los indios de la familia nahoa, accesibles y serviciales, se multiplicaron rápidamente y suplantaron casi a los chorotegas, muchísimos de los cuales fueron destruidos o llevados a vender al Perú y a la isla Española; y los demás, que no pudieron quedarse en sus poblaciones, se refugiaron en las selvas, en donde aparecieron dando guerra a los españoles, quienes también en Nicaragua les aplicaron, impropiamente, el nombre de jicaques.

A fines del siglo XVI, los indios chorotegas o mames, por los españoles fueron apellidados MANGUE, con un nombre medio maya o mame, y medio nahoa, es decir MAME-HUE, o sea viejos (hue) mame, que también significa viejo o abuelo o antepasado.

Chorotega significa valle de las milpas o sembradíos de maíz.

Oviedo, al dar noticias de las cosas y ritos de Nicaragua, los confunde casi en uno, pero deja entender bastante que la mayor parte o casi todo su discurso se refiere a los chorotegas, entre los cuales estuvo cuando fue a León de Nicaragua y a Granada y a Nindirí y al volcán de Masaya, en 1529.

2.- CHOROTEGA MALALACO

"Desde la dicha bahía de Fonseca hasta el golfete de Chorotega hay algo más de veinte leguas. Ha de decirse Chorotega Malalaco."

3.- GOLFO DE CHOROTEGA (BAHÍA DE FONSECA)

"Estos indios chorotegas son de otra lengua por sí, y más varones y hombres de guerra que los de la lengua de Nicaragua; y la lengua de Nicaragua y la de México o Temistitán en la Nueva España es toda una. Los chorotegas todos comen carne humana, y también hay gente de ellos entre los de Nicaragua; y antes que cristianos allá pasasen tenían guerra los unos con los otros, porque así como difieren en la lengua, así en ceremonias y ritos de amistad, y en todo lo demás son diferentes. Está en el golfo de Chorotega y dentro de aquel ancón, que se puede decir más propiamente golfo, una isla redonda y poblada y otras pequeñas yermas, que son escollos; y pónela en esta carta en once grados y algunos minutos, y córrese del Este al Oeste; pero el promontorio que tiene la bahía de Fonseca hacia Poniente o hacia Chorotega, llámase Cabo Hermoso.

Desde aquella boca o isla de Chorotega hasta el río del campo (río de San Miguel) pone la carta siete u ocho leguas, y en la misma altura de Chorotega, y de allí se va la costa, y trae ocho leguas hacia el Norte, y de allí va otras doce o trece hasta el río Grande (río Lempa), la boca del cual pone esta carta en doce grados."

4.- NICARAGUA, CHOROTEGA Y CHONDAL

"Nicaragua es un gran reino, de muchas y buenas provincias, y las más de ellas anexas a cuatro o cinco lenguas distintas, apartadas y diversas las unas de las otras. La principal es la que llaman de Nicaragua y es la misma que hablan en México o en Nueva España. La otra es la lengua que llaman de Chorotega, y la tercera es la Chondal. Estos chondales son gente más avillanada, y moran en las sierras o en las faldas de ellas. Otra hay que es del golfo de Orotiñaruba hacia la parte del Nordeste, y otras lenguas hay adelante, tierra adentro."

5.- NAGRANDO CHOROTEGA

"Hay mucha multitud de gente, así en aquella provincia de Nagrando, donde está la ciudad de León, como en otras de aquel reino, y muchas de ellas no se gobernaban por caciques ni único señor, sino a manera de comunidades por cierto número de viejos escogidos por votos; y aquéllos creaban un capitán general para las cosas de la guerra, y después que aquel con lo demás regía su estado, cuando moría o lo mataban en alguna batalla o recuentro, elegían otro, y a veces ellos mismos lo mataban, si lo hallaban inconveniente para su república."

6.- LIBROS DE LOS CHOROTEGAS

"Tenían libros de pergaminos que hacían de los cueros de venados, tan anchos como una mano o más, y tan largos como diez o doce pasos, y más o menos, que se encogían y doblaban y resumían en el tamaño de una mano por sus dobleces uno contra otro, a manera de reclamo; y en estos tenían pintados sus caracteres o figuras de tinta roja o negra, de tal manera que, aunque no era lectura ni escritura, significaba y se entendían por ellas todos los que querían muy claramente; y en estos tales libros tenían pintados sus términos y heredamientos, y lo que más les parecía que debía estar figurado, así como los caminos, los ríos, los montes y boscajes y lo demás, para en tiempos de contienda o pleito determinarlo por allí, con parecer de los viejos, guegues, que tanto quiere decir guegue como viejo."

7.- TEMPLOS IGUALES

"Tenían sus casas de oración, a quien llaman orchilobos, como en la Nueva España, y sus sacerdotes para aquellos nefandos diabólicos sacrificios; y delante de cada templo de aquellos, un torrontero o montón de tierra puesto a mano, tan alto como una lanza de armas, delgado en lo alto y abajo ancho, de la hechura que en las eras está un montón de trigo o cebada, y unos escaloncillos cavados en él, por donde sube aquel sacerdote del diablo y la víctima, que es el hombre o mujer o muchacho que ha de ser allí encima sacrificado o muerto en presencia del pueblo."

8.- RITOS DIVERSOS DE CHOROTEGAS, NICARAGUA Y CHONTALES

"Y muchos ritos tienen estos de Nicaragua, como los de la Nueva España, que son de la misma lengua, como he dicho. Los de la lengua de Chorotega, que son sus enemigos, tienen los mismos templos; pero la lengua, ritos, ceremonias y costumbres, diferentes de otra forma, tanto que no se entienden. Los chondales asimismo son diferentes de los unos y los otros en la lengua, y no se comunica la de los unos con los otros, ni se parece más que la del vizcaíno con el tudesco."

9.- MERCADOS SOLAMENTE DE LOS DE UNA MISMA LENGUA

"En una cosa o en lo que diré se imitan o son conformes; y es que cada generación de estas tienen sus plazas y mercados para sus tratos y mercaderías en cada pueblo principal; pero no se admite en esas ferias o plazas sino a los de la misma lengua, y si estos otros van, es llevándolos a vender para comerlos o servirse de ellos por esclavos; y asimismo son conformes en que todos los que dicho comen carne humana, y todos ellos son idólatras y siervos del demonio en diversas maneras de idolatría."

10.- DIOSES

"Tienen diversos dioses, así en el tiempo de su cosecha del maíz, o del cacao o del algodón o frijoles, con día señalado, y en diferentes días, les hacen señales y particulares y diferentes fiestas, y sus areítos y cantares al propósito de aquel ídolo y recogimiento del pan o fruto que han alcanzado. Son todos flecheros, pero no tienen hierba."

11.- SEÑORES

"En algunas partes hay señores o príncipes de mucho estado o gente, asimismo el cacique de Teocatega y el de Mistega, y el de Nicaragua, y el de Nicoya y otros tienen vasallos principales y caballeros, digo varones, que son cabeceras de provincias o pueblos con señorío por sí con vasallos, a los cuales llaman galpones; y aquéllos acompañan y guardan la persona del príncipe ordinariamente, y son sus cortesanos y capitanes; y son muy acatados los señores y sus principales; y son muy crueles por naturaleza, y sin misericordia, y muy mentirosos, y de ninguna piedad usan."

12.- GOBIERNO DE MANERA DIFERENTE

"En la manera de su gobernación son muy diferentes, y los mensajeros y caudillos son creídos por su palabra en todo lo que de parte del señor dicen o mandan a la otra gente, si llevan un moscador de plumas en la mano, que es como entre los cristianos la vara de justicia; y este moscador dalo el señor de su mano al que ve que mejor le servirá, y por el tiempo que le place que sea oficial suyo. En las islas del golfo de Orotiña y otras partes usan unos báculos largos de muy linda madera, y en lo alto de ellos una oquedad o hueco con unos palillos allí dentro, que meneando el palo, teniéndolo fijo de punta en tierra, moviendo o temblando el brazo, suena de la manera que aquellos juguetes que llenos de piedrecillas acallan los niños; y va un mensajero de éstos con aquel bordón a una plaza de un pueblo, y al instante corre la gente a ver lo que quiere; y él, puesto el palo de la manera que dicha es, dice a altas voces: 'Venid, venid, venid'. Y dicho tres veces en su lengua, dice lo que aquel señor manda a manera de pregón, y vase al instante; y de paz o de guerra, o de la forma que les es mandado, sin faltar en cosa alguna, se cumple enteramente lo que les fue denunciado. Estos bordones son en lugar de los moscadores que los que se dijo arriba traen de los otros, y son como insignias del señorío; y al volver con la respuesta, ponen el bordón allí donde están otra docena, o más o menos de ellos, cerca del príncipe, para este y otros efectos; y él los da de su mano según y cuando le conviene."

13.- PORTE DE LA GENTE Y ADEREZO DEL CUERPO

"Son gentes de buena estatura y más blancos que loros; traen rapadas las cabezas de la mitad adelante y los aladares por debajo, y déjanse una coleta por detrás desde la coronilla. Y entre ellos el que ha vencido alguna batalla personal de cuerpo a cuerpo a vista de los ejércitos, llaman a éste tapaligui; y éste, para señal de estas armas opimas, trae rapada la cabeza con una corona encima tresquilada, y el cabello de la corona tan alto como el trecho que hay desde la coyuntura alta del dedo índice a la cabeza del mismo dedo, para denotar el caso por esta medida del cabello; y en medio de aquella corona dejan un fleco de cabellos más altos, que parecen como borla; éstos son como caballeros muy estimados y honrados entre los señores de estas tres lenguas, nicaraguas, chorotegas, chondales. Traen sajadas las lenguas por debajo, y las orejas, y no las mujeres ninguna cosa de éstas, y ellos y ellas horadaban las orejas de grandes agujeros; y acostumbrábanse pintar con sajaduras o navajas de pedernal, y en lo cortado echan unos polvos de cierto carbón negro, que llaman tiel, y queda tan perpetua la pintura cuanto lo es la vida del pintado. Y cada cacique o señor tiene su marca o manera de esta pintura, con que su gente anda señalada; y hay maestros para ello, y muy diestros, que viven de eso."

14.- ARMADURAS, VESTIDURAS Y ADORNOS

"Traen los hombres unos coseletes sin mangas de algodón, gentiles y de muchos colores tejidos, y unos ceñideros delgados y blancos de algodón tan anchos como una mano, y tuércenlos hasta que quedan tan gruesos o más que el dedo pulgar, y dándole muchas vueltas alrededor del cuerpo, de los pechos abajo hasta la punta de la cadera; y con el un cabo que les sobra métalo entre nalga y nalga y sácanle adelante y cubren aquello, y préndanlo en una de aquellas vueltas del ceñidero. Las mujeres traen naguas de la parte de abajo hasta cerca de las rodillas; y las que son principales hasta cerca de los tobillos y más delgadas, y unas gorgueras de algodón, que les cubren los pechos. Ellos traen zapatos, que llaman gutaras (cotaras), que son de dos suelas de venado y sin capelladas, sino que se prenden con unas cuerdas de algodón o correas desde los dedos al cuello del pie o tobillos, a manera de alpargatas. Ellas traen muchos sartales de cuentas y otras cosas al cuello, y ellos son gente belicosa y astutos y falsos en la guerra y de buenos ánimos."

"Hay buenas minas de oro, y no tienen hierro, y las saetas traen con pedernales y huesos de pescados en las puntas; y son de carrizos, que hay muchos por las costas de las lagunas, y los arcos que usan son de lindas y buenas maderas."

Tegucigalpa, junio de 1946.

15.- LA INFORMACIÓN QUE HIZO EL PADRE MERCEDARIO FRANCISCO BOBADILLA EN 1528

Por cuenta del gobernador Pedrarias Dávila, y acompañado de un público y real escribano y de dos españoles intérpretes, el 28 de septiembre de 1528 el padre mercedario Francisco Bobadilla "partió de León y fue a la provincia de Nicaragua... en una plaza que se dice Teoca en el pueblo y provincia de la dicha Nicaragua". La provincia de Nicaragua, cuyo nombre no es nahoa, estaba poblada de gente nahoa en la parte central suroeste del "Mar Dulce" o lago de Nicaragua, y toda rodeada de chorotegas.

El padre Bobadilla interrogó algunos caciques, entre los cuales, en la segunda parte de la información, debieron estar mezclados algunos señores chorotegas que seguramente le acompañaron, según costumbre, desde León.

Efectivamente, aparte de estar mezclados algunos ritos, palabras y cosas, se notan en la segunda parte palabras mayas que no pueden ser pasadas por alto; como por ejemplo, al nombrar al dios aire lo llaman en dos maneras: Chiquinaut y Hecat. Ahora bien, con la palabra Chiquinaut, estropeada, porque debe ser Chiquin-Ahau, querían decir, con palabra maya, el Señor del oeste, o sea el Sol al ocaso.

Debemos, pues, tener presente que en dicha información hay mucho que no es nahoa, sino también chorotega.

Se debe también tener presente que en la información del licenciado Castañeda, éste le dice al Rey que en las informaciones era ya común que a los indios se les hiciera decir lo que se quería.

Así sucedió también a Colón, que en las costas de Honduras entendió cosas que solamente estaban en su pensamiento. Al tener esto presente, se entienden muchas cosas que de otra manera permanecerían siempre en enigma.

16.- LOS DIOSES

"F. ¿Sabes quién creó el cielo y la tierra?

Y. Siendo muchacho me dijeron mis padres que Tamagostat y Cipattonal los criaron.

F. ¿Quiénes eran esos? ¿Eran hombres o venados o pescados? ¿Quién creó al hombre y a la mujer y a todas las otras cosas? ¿Dónde están esos?

Y. No lo sé, sino que son nuestros dioses mayores, a quienes llamamos teotes.

F. ¿Esos tienen padre o madre o hermanos?

Y. No; son teotes y dioses.

F. ¿Y los teotes comen?

Y. No lo sé; sino que cuando tenemos guerra es para darles de comer de la sangre de los indios que se matan o toman en ella; échase la sangre para arriba y abajo y a los lados y por todas partes, porque no sabemos en cuál de las partes están, ni tampoco sé si comen o no la sangre."

17.- DESTRUCCIÓN POR AGUA Y NUEVA EDAD DEL MUNDO

"Y. A mis padres oí decir que mucho tiempo había que se había perdido por agua, y que ya aquello era pasado.

F. ¿Se ahogaron, si sabes, todos los hombres?

Y. No lo sé, sino que los teotes reedificaron el mundo con más gente y aves y de todas las cosas.

Y. Los que ahora hay, los teotes los volvieron a hacer de nuevo, así a los hombres como a todas las otras cosas.

F. ¿Esto que has dicho lo saben todos los indios?

Y. Lo saben los padres de las casas de oración o templos, que tenemos, y todos los caciques."

18.- SERVICIO EN LA OTRA VIDA

"F. ¿Quién sirve a esos teotes?

Y. A los viejos he oído decir que tienen gente que los sirve, y que los indios que se mueren en sus casas, éstos se van abajo de la tierra; y que los que se mueren en la guerra, esos van a servir a los teotes.

Y. Mejor es ir a servir a los teotes, porque ven allá a sus padres.

F. Si sus padres mueren en casa, ¿cómo los padres pueden ver allá?

Y. Nuestros padres son aquellos teotes."

19.- NO TENÍAN LIBROS

"F. ¿Tenéis donde eso está por memoria, como este que le muestro?" (que era una Biblia).

Y. No.

F. Pues que no tenéis libros, ¿cómo os acordáis de lo que has dicho?

Y. Nuestros antepasados lo dijeron, y de unos en otros, discurriendo, se platica, como he dicho; y así nos acordamos de ello.

F. ¿Lo has dicho tú a tus hijos así?

Y. Sí, dicho se lo he, y mandádoles tengo que así lo tengan ellos en la memoria para que lo digan a sus hijos, cuando los tengan, y aquéllos lo digan después a mis nietos, por manera que no se pierda la memoria. Y así lo supe yo y los que son vivos de nosotros los indios."

20.- VIDA DE LOS TEOTES

"F. ¿Esos dioses que dices son de carne o de palo o de cuál materia son?

Y. De carne son, y hombre y mujer y mozos, y siempre están de una manera, y son morenos del color que nosotros los indios, y andaban por la tierra vestidos y comían de lo que los indios comían.

F. ¿Qué comen ahora?

F. ¿Dónde están esos vuestros dioses?

Y. Mis antepasados me dijeron que están donde sale el sol.

F. ¿Están en el cielo, o en el mar, o en dónde están?

Y. No sé dónde están; mas cuando los habíamos menester para la guerra, y antes que vosotros los cristianos vinieseis a ella, llamábamoslos nosotros a que nos ayudasen, dándoles voces hasta el cielo.

F. ¿Aquellos teotes comían?

Y. Oí decir a mis antepasados que comían sangre y corazones de hombres y de algunos pájaros; y les daban sahumerios de tea y resinas, y que eso es lo que comen.

F. ¿Esos vuestros dioses comen?

Y. Comen sangre y corazones de muchachos y sahumerios de tea y resina, y estos nuestros dioses son hombres, como los indios, y son mancebos."

21.- VIDA DE LOS MUERTOS

"F. ¿Dónde van los muertos?

Y. Los que son buenos van al cielo con los teotes, y los que son malos van abajo a una tierra que se llama Miqtanteot, que es abajo de la tierra y es mala.

F. ¿Van como acá están, con aquel cuerpo y cara y pies y manos, juntamente como acá viven en la tierra?

Y. No; sino en muriendo, sale por la boca una como persona que se dice yulio, y va allá donde está aquel hombre y mujer, y allá está como una persona y no muere allá, y el cuerpo se queda acá."

22.- BUENOS Y MALOS

"F. ¿A cuál tienes por bueno para ir arriba, y a cuál por malo para ir abajo?

Y. Tengo por buenos a los que se acuerdan de sus dioses y van a los templos y casas de oración; y éstos van arriba, y los que esto no hacen, van abajo de la tierra.

F. ¿Quién los mata cuando se mueren los indios?

Y. Los teotes matan a aquellos que no los quieren servir, y los otros van arriba, que no mueren, porque arriba están vivos, aunque acá mueran.

F. Cuando los indios mueren, ¿dónde van?

Y. Van debajo de la tierra, y los que mueren en la guerra, de los que han vivido bien, van arriba, donde están Tamagastad y Cipattoval.

F. Primero dijiste que no sabías dónde éstos estaban: ¿cómo dices ahora que los que mueren en la guerra, de los que viven bien, van arriba con ellos?

Y. Donde el sol sale llamamos nosotros arriba.

F. ¿Los indios que van abajo, qué vida tienen allá?

Y. Entiérranlos y no hay más.

F. ¿Los que van arriba, están allá como acá, con el mismo cuerpo y cara y lo demás?

Y. No van más que el corazón.

F. Pues si les sacan el corazón, ¿cómo lo llevan?

Y. No va el corazón, mas va aquello que les hace a ellos estar vivos, e ido aquello se queda el cuerpo muerto."

23.- DIOS DE LA LLUVIA

"F. ¿En quién creéis, a quién adoráis?

Y. Creemos y adoramos a Tamagastad y Cipattoval, que son nuestros dioses.

F. ¿Quién llueve y os envía todas las cosas?

Y. El agua nos la envía Quisteot, que es un hombre, y tiene padre y madre, y el padre se llama Omeyateite, y la madre Omeyateciguat; y éstos están en cabo del mundo, donde sale el sol en el cielo.

F. ¿Adónde y cómo le pedís el agua a ése que decís que os la envía?

Y. Para pedir el agua vamos a un templo que tenemos suyo, y allí matan y sacrifican muchachos y muchachas; y, cortadas las cabezas, echamos la sangre para los ídolos e imágenes de piedra que tenemos en aquella casa de oración de estos dioses, la cual en nuestra lengua se llama teoba.

F. ¿Las ánimas y corazones de aquellos que se sacrifican allí adónde van?

Y. No van a parte alguna, que allí se quedan con el cuerpo.

F. Cuando esto hacéis, ¿envíaos el agua ese vuestro Dios?

Y. A las veces sí, y a las veces no."

24.- ORACIONES EN EL TEMPLO

"F. ¿A qué vais a esos templos u oratorios, en qué decís y hacéis allá?

Y. Estos nuestros templos tenemos como vosotros los cristianos las iglesias, porque son templos de nuestros dioses, y allí les damos sahumerios, y pedimos a nuestros dioses que nos den salud cuando estamos enfermos, y que nos den agua cuando no llueve, porque somos pobres y se nos secan las tierras y no dan fruto. Y vamos allí a rogar y pedir estas cosas y otras, y el mayor cacique de todos hace la oración y plegaria por todos dentro del templo, y los otros indios o indias no entran allá; y este cacique más principal está en esta rogativa continua, que no sale de la casa de oración o templo, y en cumpliendo el año sale y le hacen gran fiesta de comer y de cantar. Y luego buscan otro cacique grande que entra y está en el templo de la misma manera otro año, y de esta forma siempre está uno en aquella casa de oración.

Y después que sale cada uno, le horadan las narices por señal de que ha sido padre de mezquita, por grande honra; y esto se hace en los templos principales; y en los otros comunes que tenemos, como oratorios, cada uno puede poner su hijo allí y pueden estar dentro todos los que quisieren, con tal que no sean casados."

25.- DÍAS DE FIESTA

"F. ¿Tenéis tiempo señalado para venir todos al templo?

Y. En un año tenemos veintiún días de fiestas, y no juntos estos días, y privilegiados para no hacer cosa alguna, sino holgar y emborracharse y cantar y bailar alrededor de la plaza, y no ha de entrar dentro de ella persona alguna.

F. Pues decís que algunas veces sacrificáis mujeres, ¿cómo corrompéis esa ley de no entrar allí mujeres en los templos?

Y. En los templos y casas de oración principales, cuando algunas mujeres son sacrificadas, no se hace más de sacrificarlas y matarlas fuera de la plaza, y en los otros templos comunes se pueden hacer sacrificios de mujeres dentro de ellos.

F. ¿Por qué os sajáis y sacrificáis las lenguas?

Y. Así lo acostumbramos hacer cuando hemos de ir a comprar o vender o contratar, porque tenemos opinión de que por eso se consigue buena dicha, y el Dios que para ese efecto se invoca y llamamos, se dice Mixcoa.

F. ¿Dónde está ese vuestro dios Mixcoa?

Y. Eso es unas piedras que tenemos por figuras en reverencia suya."

26.- ENTIERROS

"F. ¿Por qué quebráis unas figuras, que rompéis sobre los sepulcros?

Y. Porque hay memoria de nosotros hasta veinte o treinta días; y después se pierde por ahí aquello.

F. ¿Para qué os embijáis con esa tinta colorada y os ponéis plumajes, cantáis y tañéis y bailáis y hacéis fiesta, cuando os morís?

Y. Nosotros no hacemos cosa alguna de ésas; mas si tenemos hijos, los enterramos a las puertas de nuestras casas, revuelto cada uno en una manta, cuando se muere; y todo lo que tenemos se queda para nuestros hijos, y ellos lo heredan si son legítimos del padre y de su mujer y nacen dentro de casa; y si no tenemos hijos, todo lo que tenemos se entierra con nosotros.

F. ¿Qué manera tenéis en enterraros?

Y. Cuando algún señor o cacique muere, búscanse muchas mantas y camisas y capirotes y ropas de la tierra y plumajes y moscadores y de cada cosa que hay un poco; y todo ello y al cacique o señor lo queman juntamente con ello, y asimismo el oro que tiene. Y después de quemado, cogen la ceniza de todo ello y échase en un librillo o urce, esto es olla o vaso, y entiérranlo en la ceniza delante de su casa del tal cacique o señor."

27.- COMIDA A LOS MUERTOS

"F.- ¿Poneisle algo de comer?

Y. Cuando lo quieren quemar pónenles allí pocol, que es de maíz, cocido en una higuera, que es una taza de calabaza, o como calabaza es la higuera, y átanselo al cuerpo y lo queman con el cuerpo, según está dicho."

28.- VISIONES CUANDO SE MUEREN

"F. ¿Al tiempo de la muerte ven visiones estos vuestros indios y otras cosas?

Y. Cuando se quieren morir ven visiones y personas y culebras y lagartos y otras cosas temerosas, de que se espantan y han mucho miedo, y en aquello ven que se quieren morir; y aquello que ven no hablan ni les dicen nada más de espantarlos, y algunos de los que mueren tornan acá, y ésos ven la visión de muchas maneras y espantan a los que los ven."

29.- ÍDOLOS

"F. ¿Quién os mostró hacer aquellas figuras de los ídolos que tenéis?

Y. Nuestros antepasados nos lo dejaron hecho de piedra, y por aquéllos hacemos otros que tenemos en nuestros bohíos.

F. ¿Para qué los tenéis?

Y. Tenémoslos en nuestras casas para cuando queremos tratar algunas cosas, rogarles que nos den buena dicha en ello, y para pedirles que nos den salud.

F. ¿Sacrificáis en las casas a aquellos ídolos, para que os ayuden y den salud?

Y. No."

Tegucigalpa, julio de 1946.

30.- DEL COMER CARNE HUMANA

"F. ¿Esta carne humana que coméis cómo lo hacéis, si a falta de manjares, o por qué?

Y. Cómo se hace es que se corta la cabeza al que ha de morir, e hácesele el cuerpo pequeños pedazos, y aquéllos échase a cocer en ollas grandes, y allí échase sal y ají y lo que es menester para guisarlo. Después de guisado, traen cebollos de maíz, y con mucha alegría golosa siéntanse los caciques en sus duhos, y comen de aquella carne, y beben mazamorra y cacao. Y la cabeza no la cuecen ni asan ni comen; pero pónese en unos palos que están fronteros de los oratorios y templos. Y ésta es la ceremonia que tenemos en comer de aquesta carne, la cual nos sabe como de pavos o puerco o de xulo, id est, de aquellos sus perros, que es precioso manjar entre nosotros; y este manjar de la carne humana es muy preciado.

F. Vosotros llamáis a vuestros concejos o ayuntamientos secretos monexicos: ¿tenéis casas de cabildo, donde os juntéis?

Y. Sí tenemos; y allí nos juntamos, cuando el cacique tiene necesidad de proveer algunas cosas tocantes a la guerra o a otras necesidades, y el cacique, al cual en aquella lengua se llama teyte, habla y propone el caso y necesidad presente, y exhorta y pide su auxilio, puesto que lo que pide es bien universal de la república. Y después que le han oído los otros, dan sus pareceres, y de allí sale acordado lo que se ha de hacer.

(Esta casa de cabildo llaman galpón, pero según yo vi muchos soportales en las plazas de aquella tierra, y aquéllos, aunque juntos, es para tener sus diversiones, y son apartados cada uno para sí, en los cuales en cada uno hay un principal con cierto número de gente, que siempre están allí en guarda del señor principal, y cada portal de aquellos llaman galpón.)"

31.- PIEDRAS SANTAS DE LOS CAMINOS

"F. Aquellas piedras que tenéis puestas en los caminos, y cuando pasáis a par de ellas les echáis hierba, ¿a qué propósito es aquello?

Y. Porque tenemos opinión de que haciéndolo así, no nos cansamos ni tenemos hambre, y que a lo menos haciendo esto no nos cansamos tanto y nos aqueja menos el hambre en el camino por donde vamos; y el nombre propio del dios del hambre llamámosle Bisteot.

F. ¿Tenéis otros dioses?

Y. Al dios del aire llamamos Chiquinaut y Hecat."

(Confróntese esto con las apachetas de Bolivia y del Perú. Mihi.)

32.- MONTÍCULOS O TEMPLOS

"F. Estos montones de tierra que en cada plaza están —un montículo alto delante de la puerta de vuestros templos principales, redondo y puntiagudo arriba, como un montón de trigo—, y que tienen unos escaloncillos cavados en la misma tierra para subir hasta la punta, ¿con qué propósito los tenéis y cómo se llama ese montículo?

Y. Llámase tescuit, y a él sube el padre o sacerdote de ese templo donde está, el cual se llama tamagast; y allí corta la cabeza al hombre que sacrifica con una cuchilla de pedernal, y con la sangre aquel padre unge los ídolos de piedra que tenemos en el templo."

33.- LOS GALPONES

"F. Aquellas hacinas grandes de leña apiladas que están en las plazas de los templos, ¿para qué son?

Y. Para que se alumbren los padres de los templos; la leña la traen allí los muchachos y mancebos, y no la tocan mujeres. De noche queman de esa leña en los oratorios, para que los que sirven a los sacerdotes vean lo que hay dentro. Y en aquellos portales que están a trechos alrededor de la plaza, que se llaman galpones, allí duermen los mancebos que no tienen mujeres, para estar juntos y preparados para la guerra; hacen guardia cada noche para que los enemigos no los sorprendan."

(Esta costumbre perdura todavía en Honduras: varias veces, no habiendo luz, en ciertos pueblos se han alumbrado con fuego hecho delante de la iglesia. Nota del autor.)

34.- ARMAS Y GUERRAS

"F. ¿Sobre qué tenéis esas guerras?

Y. Sobre los límites de nuestras tierras y por echar los unos a los otros de ellas."

(Las armas de esta gente son lanzas, macanas, arcos y flechas, espadas de madera con filos de pedernal, y rodelas de madera o corteza cubiertas de algodón y plumas. No usan veneno en las armas.)

35.- LOS CAPITANES

"F. ¿Quién manda cuando vais a la guerra?

Y. Escogemos a uno valiente, probado en la experiencia, y éste ordena la gente y la anima a pelear sin huir.

F. ¿Por qué huyen si muere el capitán?

Y. Porque él sabe lo que se ha de hacer; si muere, muchos se desordenan. Si el cacique es valiente, también pelea y puede mandar; si no, recibe a los suyos al volver."

36.- POBRES, OFICIALES Y MERCADOS

"F. ¿Cómo piden limosna los pobres?

Y. No piden por amor de Dios, sino que dicen: 'dadme esto, que lo necesito'; y se les da por compasión o para que hablen bien del que da.

F. ¿Cómo pagan a los oficiales?

Y. Con maíz, cacao, mantas o trueque de cosas.

F. ¿Hay precios fijos?

Y. No, cada uno vende como puede."

El mercado (tiangüez) es exclusivo de mujeres del pueblo; los hombres locales no pueden entrar. Los forasteros sí pueden comerciar.

37.- CABEZAS DEFORMADAS

"F. ¿Por qué no tenéis la cabeza como los cristianos?

Y. Porque desde niñ os se les da forma; así nos dijeron los dioses que éramos más hermosos y más fuertes."

38.- ANIMALES Y CAZA

"F. ¿Por qué llamáis a ciertos animales como a dioses?

Y. Porque invocamos a esos dioses para cazarlos, pero no comemos a los dioses."

Guardan la sangre de los animales como objeto sagrado.

39.- MAL DE OJO

"F. ¿Es verdad que algunos matan con la mirada?

Y. Sí, a los niños los aojan y a veces mueren."

40.- CONFESIÓN DE PECADOS

"F. ¿Confesáis vuestros pecados?
Y. Sí, a los viejos, en secreto. Ellos aconsejan no volver a hacerlo y mandan penitencias como traer leña o limpiar el templo."

41.- LOS VIEJOS CONFESORES

El confesor es un anciano señalado que lleva una calabaza como insignia. Es un cargo honorable y no puede revelar lo que escucha.

42.- SACRIFICIOS

"F. ¿Qué dicen los sacerdotes en los sacrificios?
Y. Dicen: 'Tomad y recibid esto que os dan los caciques', y luego hacen el sacrificio."

Tegucigalpa, julio de 1946.

V: COMAYAGUA Y TENAMPÚA

1.- EL VALLE DE COMAYAGUA

El Valle de Comayagua, según su nombre, era un valle maya de la abundancia. En él se producía toda clase de frutos, especialmente el nance, muy apreciado por los mayas. También abundaba el maíz, considerado alimento divino, del cual, según su cosmovisión, fue creado el hombre.

En la cerámica del valle y del lago de Yojoa aparece el tapir representado dentro del sol, símbolo de estas creencias.

El valle, sin duda, fue de origen maya. Aún no se han realizado excavaciones completas, lo cual ha permitido que la tierra conserve intactos numerosos montículos arqueológicos, especialmente a lo largo del río Humuya, cuyo nombre significa "río único", por la unión de varios afluentes.

2.- EL CANQUIGÜE

El río Canquigüe, aunque pequeño, tiene gran importancia histórica. Nace en las montañas orientales, que hasta 1682 eran vírgenes, según documentos del Archivo Nacional.

Los mayas establecieron sus asentamientos al pie de estas montañas, llenando las orillas del río con poblaciones cuyos restos aún pueden observarse a lo largo de su curso.

Río importante. Cuando visité por primera vez Yarumela, población cercana que se formó como hacienda de un señor José Rivera, quien reunió allí gente de toda clase y de todo origen a fines del siglo XVIII, supe que se mantenían entonces todas las lenguas del Valle de Comayagua: lenguas que se habían formado precisamente mezcladas unas con otras, como una babel, a partir de los restos de los mayas desparramados después de la derrota que recibieron de Montejo; de los pocos mexicanos que trajeron consigo los españoles, y que a principios del siglo XVII formaron el barrio de Mejicapa (siempre los mexicanos, donde se asentaban, le ponían nombre de Mejicapa; y hay un Mejicapa aquí, como también en un barrio de la ciudad de Gracias: mexicanos situados precisamente cerca de las minas, como mineros); de los negros y mulatos que abundaron por causa de las minas; y, finalmente, de la población española, que se mezcló formando el conocido y benéfico mestizaje.

El río Canquigüe desemboca allí; y sobre la cabeza del omega, como para bautizarlo, descarga su agua cristalina frente al montículo más grande del Valle de Comayagua: frente a aquel que he bautizado como Gran Templo Central, que, junto con otros montículos alrededor y los restos de una laguna, forman el gran santuario de toda la provincia y de todo el valle.

Un anciano de Yarumela me reveló que ese río lleva el nombre de Canquigüe porque "Canquigüe fue el último cacique de ese lugar". Parece que el nombre maya Canquigüe significa el cue, o el templo de la gran serpiente, es decir, el templo del gran sacerdote (cu o cue: templo; qui o kii: mucho; can: serpiente). El nombre daría también el significado de "templo de muchos sacerdotes".

3.- LOS BARRIOS DEL VALLE DE COMAYAGUA

El Valle de Comayagua formaba un todo único.

Desde el sur, por donde comienzan a formarse los ríos, hasta su estrecho pasaje al norte, por donde entra en las montañas el Humuya

—que después se despliega nuevamente en el Valle del Espino o de Manianí y se interna otra vez entre montañas hasta Santa Rita, donde se reúne con el río Ulúa y sigue hasta el mar—, todo este valle y este río Humuya, y todos sus afluentes, estaban habitados hasta en sus fuentes más insignificantes.

Bastaba que sus orillas ofrecieran una pequeña explanada para ser habitadas, formando como una larga cadena de caseríos, de plazas y de centros sociales, civiles y religiosos, desde su formación por Lamaní, o mejor, desde que descienden las aguas por Cala-Muya (Río del Señor) (cf. Cares, o sea los Calel, los señores; cf. Calel, Copán Calel), y después por todo el valle en largo y ancho, de manera uniforme hasta el mar.

4.- LOS BARRIOS DEL RÍO CELGUAPA

Antes de internarse en las montañas, recibía al Celguapa, o Río Frío, nombre que los españoles tradujeron directamente del maya Ceel-guara (ya algo transformado), cuyo significado he comprobado en documentos de tierras del siglo XVI (cf. mi estudio "El Tenguax"), y que anuncia una modificación maya-arhuaca o maya-caribe, sin saberse si deba atribuirse a los acompañantes de Gil González Dávila, que venían de La Española con indios y lengua de las Antillas (ha: agua en maya; modificaciones en Honduras: as, guas, guá, guara, etc.).

El río Ceel-guara tiene las orillas derechas llenas de caseríos y de grandes montículos que representan centros civiles, sociales y religiosos importantísimos, situados en los antiguos terrenos de San Isidro y de Jesús, actualmente, después de llamarse el sitio de El Banco, convertidos en hacienda agrícola del Gobierno de Honduras.

Allí se encuentran barrios antiguos de varios nombres, que pertenecieron a diversas cofradías de Comayagua hasta 1829, y haciendas antiguas de españoles desde la fundación de Comayagua en 1537, especialmente el sitio denominado "El Horno", que sirvió para la fabricación del preciado añil.

5.- EL GRAN TEMPLO CENTRAL (EL CERRITO)

El Gran Templo Central, situado frente a la desembocadura del Canquigüe, que seguía una línea directa desde el oriente, formaba el grupo más importante. Allí estaba la flor y nata de los mayas del centro de Honduras, y en este punto central del valle, propicio para la mística religiosa, el gran templo —alto como los de Copán, más de treinta metros— se levantaba majestuoso y solemne en medio del valle, entonces limpio, habitado y cultivado. Este templo se veía desde todas partes, y hacia él dirigían los mayas su mirada.

Está formado por tres grandes terrazas alargadas en la parte donde nace el sol, frente al río Canquigüe. Su largo mide unos 250 pasos de caballo, mientras su ancho es de cerca de 150 pasos; contando 150 pasos por 100 metros, el largo sería de aproximadamente 165 metros. Sería más grande que los templos de Copán, y también más alto, porque los de Copán parten desde la acrópolis, mientras este arranca desde el suelo.

Se conserva la tradición de que en la cima había una altura mucho mayor, que destruyeron para construir la casa que existe actualmente.

Frente a este gran templo se encuentran otros más pequeños, cubiertos de tierra: uno grande al frente, junto a la orilla del río Humuya, cuyos pies son bañados por el mismo río; y otros dos laterales, también elevados. Cuatro montículos más encierran la inmensa plaza, mientras otros dos, bastante grandes, se ubican a los lados, algo alejados, sobre la explanada que rodeaba la laguna en la parte occidental.

6.- GRAN PLAZA EN LA ORILLA DEL RÍO Y ESTELA

Una explanada sobre el río, debajo del montículo extremo del sudeste, parece haber servido para ceremonias o juegos. En este punto fue encontrado un trozo de estela, cuyos signos parecen representar una boca de animal aún no bien estudiado, junto a otras figuras cuya descripción omito.

Estaba en posesión de un señor de La Paz; he oído recientemente que se ha perdido o extraviado. La última vez la fotografié hace tres años. Si se ha encontrado este fragmento, deben existir al menos los otros trozos de la columna, y quién sabe cuántas estelas esconderá esa tierra, que, según indicios, parecen más antiguas que las de Copán. Otras piezas han sido descubiertas por vecinos, pero no han sido aprovechadas.

7.- LA GRAN METRÓPOLI

Todo el Valle de Comayagua comprendía la gran metrópoli, llena de barrios importantes en todas direcciones, no a la manera moderna, sino en grupos distribuidos a lo largo de los ríos y afluentes, porque los mayas se establecían siempre en el ángulo formado por dos corrientes de agua, para disponer de ella por todos lados.

El sitio descrito era el centro de la metrópoli, centro especialmente sagrado.

Alrededor existía el centro popular, social y civil, con barrios y calles, casas pequeñas y grandes, y edificios públicos de más de treinta metros de largo, distribuidos al occidente, al norte y al sur. La carretera que arranca de la Villa de San Antonio pasa en medio de estas antigüedades hasta Comayagua.

Al norte se encuentra el grupo importante conocido como La Hoya de Jeto y El Biscuital, y las vegas del Humuya, con diversas denominaciones. De aquí se han extraído las mejores piezas del actual Museo de Comayagua. Estos barrios presentan calles y plazas bien trazadas, orientadas de norte a sur y de este a oeste.

En una casa se encontró un "tablón" de piedra, finamente labrado, con dos cabezas de puma en sus extremos y cuatro huecos en forma de calota para sostener cántaros, así como fragmentos de totoposte de pasta de maíz para viajes. También se hallaron ollas de alfarería policroma de gran calidad, indudablemente maya, y cerámica antiquísima decorada a "cera perdida", conocida como estilo Usulután.

En este centro habitaba la parte más selecta de los mayas del valle; dos de los barrios se llamaban Comayagua.

Tegucigalpa, julio de 1946.

8.- EL "REPARTIMIENTO" Y LOS DOS PUEBLOS "COMAYAGUA"

Al realizar Alvarado el repartimiento de la Villa de San Pedro, el 15 de julio de 1536, asignó a Gerónimo de San Martín "los dos pueblos que se llaman Comayagua, que son hacia la parte del Manianí y Agalteca".

Existían, pues, al tiempo del repartimiento, dos centros importantes en el Valle de Comayagua, que los españoles consideraban como pueblos. Es necesario comprender la concepción indígena de "pueblo", distinta de la europea.

En español, "pueblo" puede significar tanto el lugar poblado como el conjunto de sus habitantes; pero estos significados no corresponden exactamente a la noción indígena. En América, la población solía estar dispersa en barrios alrededor de un centro ceremonial.

Fueron los españoles quienes obligaron a concentrar a los indígenas en pueblos al estilo europeo. Los asentamientos indígenas no tenían muros ni límites rígidos, salvo en contextos de guerra, como en Mayapán o en ciudades del área quiché.

Por lo tanto, cuando Alvarado menciona "los dos pueblos de Comayagua", se refiere a las dos grandes divisiones del valle.

Así se entiende también que, al asumir el gobierno de Honduras, reservó para sí el pueblo de Cururú, perteneciente a los guajiquiros, que comprendía toda la parte sur del valle.

El nombre Guaxerequí parece equivaler a Guajiquiro, con ligera alteración fonética. Uak-quilo-kii o uak kii-quilo significaría "gente de abundante comida", especialmente de maíz, o "muchas gentes con alimento".

9.- COM-MAYA-UAH

Entendido así, los dos pueblos "Comayagua" comprendían todo el valle habitado, el cual estaba dividido en dos porciones, cada una arrancando desde el gran centro religioso y civil, en donde se veía surgir majestuoso el Gran Templo, frente al Canquigüe, orientado perfectamente según el Sol en el equinoccio, o sea, exactamente en el centro, el 21 de marzo, cuando, de ordinario, debe pensarse en preparar los campos para las siembras del maíz. Es el que se llama Oriente verdadero y está perfectamente cruzado por el Norte y el Sur. Los dos pueblos de "Comayagua" se extendían desde este centro hacia los cuatro puntos cardinales; hacia el Norte y hacia el Sur se movían los grandes barrios, ocupando todas las orillas de los ríos principales. Al Oriente, a lo largo del Canquigüe; y al Occidente, con los grandes montículos cercanos de Lejamaní. El Gran Montículo está colocado casi en el centro, entre Tenampúa y Quelapa, y casi sobre una misma línea. En cada uno de estos lugares había un juego de pelota, y del uno al otro iba una calle empedrada, pasando por el Gran Templo Central, cuyos restos se ven todavía en varias partes.

En este mes, precisamente, los mayas celebraban la ceremonia de Tup-ah, que significa apagar el fuego, y la hacían para alcanzar con ello, y con la siguiente fiesta de Kankin, o Sol amarillo, "buen año de agua para sus panes" (Landa). La fiesta la hacían a Itzamná, en

Yucatán; es probable que la serpiente, o algún otro representante del Sol, como el guacamayo, tuviese alguna parte en ello.

10.- BARRIOS Y TEMPLOS PRINCIPALES

Precisamente entre el Gran Templo Central y Lejamaní, casi al Norte, un poco inclinado al Oeste, se encuentra un lugar singular. Membreño interpreta el nombre de Lejamaní como "lugar donde se tallan las piedras preciosas"; pero es una interpretación arbitraria, aunque en efecto pueda corresponder a la verdad, porque precisamente en este lugar desemboca una quebrada que trae en gran cantidad, del cerro cercano, grandes bloques de piedra verde.

Y la experiencia nos enseña que, en Honduras, las piedras preciosas no eran solamente de jade, de obsidiana o de otra piedra fina y apreciada que encontraban en abundancia en el lecho de los ríos, sino también de una piedra verde común, algo pastosa, variedad de jade, que lustra sobándola con la mano.

Precisamente de esta piedra verde está formado el "tablón" para asentar cántaros, que se encontró en la Hoya de Jeto y existe actualmente en el Museo de Comayagua. Este simple hecho demuestra que no debe pensarse, como alguien podría estar tentado de hacerlo, que la pieza vino de lejos por medio de mercaderes, sino que precisamente fue tallada y esculpida en este mismo lugar; como también no muy lejos fueron tallados otros instrumentos, lo que demuestra que aquí había talleres propios, sin tener que ir lejos. Este lugar es llamado Cua, cerca del Tepanguare. (Cua o Cue, templo.)

¿Y cómo podía ser de otra manera, cuando se sabe que el Valle de Comayagua era toda una gran metrópoli? En este lugar se encuentran especialmente dos grandes montículos, en cuya cumbre encontré restos de grandes cántaros, demostrando que aquí se celebraban grandes fiestas, y en la plaza cercana los suntuosos bailes y recreaciones.

La gran plataforma octagonal que se eleva sobre el suelo tiene otro edificio mucho más pequeño, también octagonal, encima; y al lado Norte, inclinado al Este, al pie del alto montículo, hay uno pequeño, de metro y medio de altura, que, según la costumbre, serviría para culto o sacrificios. El terreno donde está este montículo de Tatambla se llama desde antiguo MONTECA, y, por lo que parece, quiere decir "llanura de la miel" (mom, miel cuajada, y teca, llanura, explanada, valle).

Están cerca los lugares del "Agua Caliente", fuentes o manantiales de agua muy caliente, tanto que la mano no resiste el calor, y con sabor algo salobre, dejando alrededor un color rojo anaranjado como de hierro, cercano a un lugar llamado "El Pantano", donde de seguro estuvo una antigua laguna que se ha secado, ya que este terreno, rodeado de altas orillas, se ve siempre húmedo y bañado.

Está a poco más de un kilómetro de Cane, hacia el nordeste; hacia el Norte, sobre el río Chiquinguara, que significa la quebrada del Oeste, de Chiquin, oeste, y Guara, río pequeño o quebrada, y el Moloa tiene tres lugares interesantes: Miraflores, Los Galeanos y Moloa. En estos lugares hay grandes plazas, con numerosos montículos y poblaciones, y lugares de juegos, con un juego de pelota y montículos abbinados, es decir, dos por dos, mirando hacia el Este.

El del medio mira hacia Tenampúa, al centro, al Este verdadero, cuando el Sol está en el equinoccio de marzo; los otros dos, un grupo a la derecha (Sur) y otro a la izquierda (Norte), miran hacia Tenampúa, pero como la punta de Tenampúa está formada como una gran punta de flecha con alas bien pronunciadas, así el grupo de la derecha mira hacia un lado y el de la izquierda hacia el otro. Como se ve, estos tres grupos han de haber servido como observatorios solares, para determinar el punto de las estaciones en combinación con el calendario y en vista del tiempo de las siembras u otros momentos agrícolas, y aun de la caza, para prepararse esperando el paso de determinados animales que venían a dar a las lagunas. Landa cita montículos abbinados a la salida de los pueblos; es posible que sea el caso, en combinación con el observatorio.

En Miraflores hay un juego de pelota completo. El 4 de marzo de 1942 me coloqué en medio de los dos montículos observatorios, observatorio central, antes de la salida del sol. Vi salir el Sol un poco al Sur de la punta central de Tenampúa. El 21 de marzo ha de salir precisamente en el centro.

11.- OBSERVATORIO O TEMPLO DE VENUS

El Templo 21a., cree Morley (The Inscriptions at Copan, p. 319), que sea el templo de Venus, por causa de los signos que se encuentran en el frente.

El 3 de marzo de 1942 visité el lugar llamado Hoya de La Cañada, propiedad del señor don Julián Suazo, gobernador de La Paz. Lo llama con varios nombres; dista tres o cuatro kilómetros de Cane, al sudoeste, al pie de los cerros, en el punto en que el río Guangololo se junta con el San Miguel; en La Cañada se llama río Guaralape hasta desembocar en el río Moloa. Entre los numerosos e importantes montículos que se hallan allí, hay un edificio central, construido con piedras de río: el frente mira hacia el oriente; una escalinata sube a una gran explanada en donde se encuentran dos grandes montículos, los cuales dan a la base la forma del signo de Venus, siendo los dos montículos los dos ojos. El edificio debió estar cubierto con cal; la construcción es perfecta, pero no se encuentra allí piedra tallada, sino toda piedra de río, muy bien dispuesta. La construcción es perfecta.

Puede ser este lugar uno de los más antiguos. En todos los lugares donde hay antigüedades en el Valle de Comayagua se encuentran piezas de alfarería decoradas en dos colores con el método llamado de "cera perdida", cuya contextura es muy fina, bien conocida ya, de una dureza extraordinaria.

Se considera esta alfarería de un tiempo muy antiguo, anterior al arte de la piedra tallada, que se atribuye al Viejo Imperio y anterior al Acrópolis de Copán; la llaman tipo de Usulután.

El Valle de Comayagua, bien estudiado, puede revelar grandes cosas. Yo estoy seguro de ello. Que se hagan grandes excavaciones, que se hagan grandes estudios. El tiempo dirá.

Tegucigalpa, julio de 1946.

12.- TENAMPÚA EN LA HISTORIA DE LA CONQUISTA

Para entender lo que ha debido ser Tenampúa en la antigüedad, en el complejo del Valle de Comayagua, es necesario remontarse a los primeros tiempos de la Conquista.

Cuando Alonso de Cáceres fundó la Villa de Nuestra Señora de Comayagua, en 1537, después del repartimiento hecho por Alvarado, se fue enseguida al Peñón de Cerquín, que se había levantado con Lempira. Toda la tierra estaba alzada, y los españoles no podían viajar de manera segura, ni en compañías ni mucho menos aislados. Una noche los mayas destruyeron también la nueva Villa de Comayagua. No eran entonces solamente los cerquines, capitaneados por el señor Lempira, que había reunido 30,000 guerreros con 2,000 señores y se había fortificado en los peñones más difíciles de conquistar, especialmente el último donde cayó: Cerquín. Este nombre hace pensar en las montañas frías de Gracias, donde obraba Lempira, el señor de la sierra, porque Cerquín debe ser CEELQUIN, que significa Sol frío, podría ser ceel-quín, con sentido de Sol, o de sacerdote joven, acaso aludiendo también a Lempira, que era señor de Cerquín, o en el mismo sentido de Yax-quín, sol verde, sol de primavera.

13.- LOS CARES

Cares se llamaban los que habitaban al oriente de la gran provincia de Cerquín. Los intibucanos, a mitad del siglo XVII, se llamaban todavía los Cares. Calamuya, en un rincón alto del Valle de Comayagua, era el "Agua o Río del Señor". Se encuentran en toda la región de Comayagua muchísimos nombres que contienen el término Cal o Cala, que precisamente significa Señor. Véase Copán Calel, el Señor de Copán, contando con que todo lo que se encuentra con r, dejando aparte alguna rama maya, como los chortí, que tenían la R, en lugar de la L, se debe pensar que los españoles lo cambiaron: las palabras que tenían L las transformaron en palabras con R. Es cosa tan común que no vale la pena detenerse en ella.

Los Cares, o mejor los CALE (Cal, Calel, siendo el partícula determinativa), se llamaban los que eran los señores: señores de la gran provincia que desde las montañas de Cerquín llegaba hasta Olancho. También los hicaques, o tulupanes, eran los señores de su tierra.

Y los Cares estaban esperando, hasta que comenzaron a matar españoles que encontraban descuidados en los caminos.

14.- EL LEVANTAMIENTO DE LOS CARES

Los Cares eran enemigos de los cerquines, pero Lempira había hecho las paces para poder hacer libremente la guerra a los españoles. Pacificados los cerquines, Cáceres vino inmediatamente contra los Cares por un lado; por el otro vino Montejo, el cual, dando una vuelta por la provincia de Cerquín, recogió mil quinientos cerquines, ahora amigos suyos, que nuevamente se volvieron enemigos de los Cares. Tuvo que correr en socorro de sus capitanes, porque no podían tomar los fuertes peñones donde se habían recogido los indios. Montejo vino al último momento, pero eficazmente.

15.- LOS CARES GUAJIQUIROS DEL VALLE DE COMAYAGUA

Guajiquiro significa gente de mucha comida, de maíz, y Guaxerequí, mucha-gente-comida. Era el último pueblo del valle, según lo describe Montejo, que lo dice último en relación con el discurso que estaba llevando, porque, como los españoles de San Miguel habían puesto en cadenas a los españoles de Montejo que habían ido a ver el valle de Jocoro, así también los indios Cares-Guajiquiro, o, como él dice, del pueblo de Guaxerequí, que era el último que se pasaba viniendo de San Miguel y entrando en el Valle de Comayagua, se habían levantado, a pesar de ser el pueblo más pacífico y más amigo hasta entonces.

17.- EL REPARTIMIENTO Y EL LEVANTAMIENTO DE LOS INDIOS

Lempira no se habría levantado, a pesar de todos los incendios y destrucciones de indios que causó el rápido paso de Alvarado y de todos los esclavos que se llevaron los españoles con Juan de Chávez, regresando a Guatemala. Todos los indios se habían retirado a las montañas y fortalecido en peñones. El problema le tocó a Montejo, cuando quiso aprovecharlos después de haberlos repartido. Entonces comenzaron a reaccionar y a matar españoles, al ver que ya no eran señores de sus tierras.

Montejo, en su primera carta del primero de junio de 1539, describe vivamente la situación desesperada de los españoles en aquel momento en que vieron casi todo perdido. (Documentos inéditos de Indias, de Torres de Mendoza, t. 24, p. 254.)

18.- LA NARRACIÓN DE MONTEJO, GOBERNADOR DE HONDURAS

"Y al tiempo que imbié a pedir el socorro a Comayagua, había salido un capitán con diez y nueve hombres a pacificar un valle que se dice Jocoro, e imbiaron otros catorce al peñol; y otro día, después de partidos estos catorce del socorro que iba al peñol, vino un español de los que habían ido a sosegar el valle de Tocoro, e dio nueva que llegado el capitán al valle y estándolo pacificando, imbiò españoles a descobrir otro valle, dos leguas de allí, y toparon con un capitán de la Villa de San Miguel; como se holgaron de vellos, fueronse a ellos, y el capitán mandolos prender y hechar en cadenas con sus colleras, y llevolos presos a la Villa de San Miguel, e los indios que con ellos iban, vinieron a dar mandado al capitán, y de allí lo que pasaba; y por no alborotar la tierra, volviase a la Villa de Comayagua; y como los indios vieron la división que había entre los españoles, y que eran enemigos unos de otros, y se prendían, juntóse toda aquella comarca, y en el postrer pueblo de ella y hacia la Villa de Comayagua, que se dice Guaxereguí, estando descuidados los españoles por ser el pueblo de mejor voluntad, dieron los indios en ellos, e de diez y seis españoles que habían quedado, mataron los quince, y quedó el que llevó la nueva con siete heridas, a la Villa de Comayagua; y los catorce españoles que salieron en socorro del peñol, en una provincia que se dice los Cares, que estaban de paz, al salir de ellos, en un río dan en los catorce hombres; y plugo a Dios que salieron entre ellos, sin peligro, mas de venir muy mal heridos; y así llegaron al peñol e toda la tierra se alzó."

19.- TOMA DE CERQUÍN Y DESTRUCCIÓN DE COMAYAGUA

"Vínome nueva como toda la tierra había venido sobre los de la Villa de Comayagua, y los habían muerto un español y cuatro caballos, y heridos todos los otros españoles y caballos; e por no estar para pelear ni poderse defender, venida la noche, desampararon la Villa y cuanto tenían, así ganados de ovejas y puercos en mucha cantidad, como de todo lo demás de sus casas, sino sus personas y caballos; y con harto trabajo llegaron en un pueblo de paz, que es en la provincia desta cibdad, que se dice Tencoa; el mismo día me vino nueva que con la ayuda de Nuestro Señor se había tomado el peñol, por fuerza, sin peligro de ningún español, aunque algunos quedaron heridos, y en medio del día tomados todos los indios que dentro estaban, y así tomados los dejaron salir sin tocar en ninguno de ellos, a ellos y sus mujeres e hijos, y los imbiaban a sus casas, porque yo así se lo había imbiado a mandar que se hiciese, que no poco bien ha sido para toda la tierra; porque en este peñol tenían toda su esperanza." (Se ha tratado hasta aquí de la toma del Peñón de Cerquín y de la muerte de Lempira. En seguida trata de la caída del Peñón de Tenampúa.)

Tegucigalpa, 30 de julio de 1946.

20.- LOS GUAJIQUIROS, SEÑORES DE TENAMPÚA

Com-Maya-Uah se llamaba el valle en boca de los señores naturales; pero cada rincón, cada punto del valle, recibía su nombre según las particularidades que ofrecía. Desde el Can-kii-cue hacia el norte había varios puntos con su nombre; por ejemplo, en la parte oriental del río Humuya había Jeto (Cet), o lugar parejo; Tenguax (Tem-uah, lugar cultivado para comida del templo?); Ceel-guara, o donde está el agua fría, o río Celguapa; y otros puntos especiales, como Quelepa, o piedra del tigre, lugar elevado a la misma altura que Tenampúa, en donde había una gran población de gente serrana, y donde iban a recrearse en las frescas lagunas cercanas y a jugar en el juego de pelota que allí había, y a ofrecer a los númenes del agua, de la laguna, del Cerro Negro, para tener abundante comida y el camino seguro para pasar la serranía brava que se interpone entre este valle y el de Otoro.

Había allí Ahau-Telique (Campos sembrados del Señor, Ajuterique), y Lejamaní (Lem-ja-maní: "pasó mucha agua" (?)), y muy cerca Tepanguara, así como los grandes cués o templos, y tempas o edificios públicos; de allí su nombre de TEMPA-GUARA, o "agua que corre en medio de las tempas". Todo esto estaba en la mitad septentrional del valle.

21.- LOS BARRIOS SEPTENTRIONALES DE LA GRAN METRÓPOLI

En la parte septentrional, desde el Gran Templo Central, se encontraban en el valle, al occidente del río Chiquinguara, o "agua-río del oeste" (Chiquin, oeste; guara, agua que corre), grandes centros poblados.

TATUMBLA. Pueden darse varios significados, según la división de la palabra. Uno de ellos sería: T'ab tun balam, "el sacerdote del altar de piedra"; efectivamente, vimos allí un edificio octagonal de piedras talladas, con un altar en uno de sus lados. Muy cerca estaban los grandes montículos, el juego de pelota, templos y edificios, que pertenecían al lugar llamado todavía TAMBLA, o "El Sacerdote" o "El lugar sagrado" (T'ah-balam), es decir, "en medio de sacerdotes o magos".

Más al norte, la población de CURURÚ, o Qororo o Cololú (tierra de milpas, o de milperos).

Dejo muchos otros lugares, entre los cuales había grandes barrios de población, haciendas y caseríos de campesinos y gente de la serranía. Hacia el oriente había también zonas de densa población, a lo largo de todos los ríos que forman el HUN-MUYA, o Río Uno, río único. Especial mención merecen los grandes y numerosos montículos, calles y plazas a lo largo del río Jupuara (uara jup: río del cerbatanero o del mago).

Toda esta región oriental estaba llena de barrios, caseríos y milperías, hasta Lamaní (LAH MANI: "todo pasó").

Todo este territorio, y más arriba CALA-MUYA, o "río del Señor", donde había otra pequeña población, casi la última de la montaña antes de pasar hacia Aguanqueterique, y hasta las tierras de los Opatoro (opp-a-tolo: cabecera de quebradas de agua (?)), en el extremo norte: todo esto era lo que se llamaba UAH-KI-QUI-LO, o sea "gente de mucha comida".

22.- TENAMPÚA, LA HERMOSA Y SOBERBIA

Tenampúa, o TENAN-PUUC ("cerro con población"), se levantaba orgullosa sobre las poblaciones del valle. Era una población escogida: tenía sus templos, sus tempas o edificios públicos, su juego de pelota, casas para los sacerdotes, pozos, lagunas y sementeras; aunque en todo su alrededor había también viviendas.

Parece haber sido lugar de recreo de los señores del valle; también lugar sagrado; pero, sobre todo, un punto privilegiado para observaciones solares, ya que a las tres puntas de este cerro miraban los tres observatorios del valle para señalar los tiempos de siembra y las previsiones agrícolas.

23.- TENAMPÚA NO ERA UNA FORTALEZA USUAL

Tenampúa no era originalmente una fortaleza. Aunque los Cares tenían conflictos con los Cerquines, estas luchas no eran de tal magnitud como para fortificar todo el valle en peñones, especialmente estando al pie de montañas opuestas.

Los grandes muros —de hasta diez metros de ancho en el ángulo nordeste, que es la entrada más accesible— son de piedra amontonada, semejantes a las defensas de los peñones donde se fortificó Lempira en Cerquín, Coyocutena y Copán Calel, en el Rincón del Hicaque.

Por lo tanto, deben considerarse construidos con el mismo fin y en la misma época: defensa contra los españoles. A ello se suman las "galgas", grandes piedras dispuestas para rodar cuesta abajo contra los atacantes, alineadas en la parte septentrional. Los otros lados se defendían naturalmente por los precipicios.

Tenampúa era una fortaleza natural; pero el valle de Comayagua, en general, no necesitaba defensa constante, por tratarse de una población homogénea, sin grandes conflictos internos, a diferencia de los serranos (Cares, Cerquines y Pokones).

24.- LA CAÍDA DE TENAMPÚA

Tenampúa fue fuertemente fortificada contra los españoles; sin embargo, no se utilizó como defensa, pues fue abandonada antes del enfrentamiento.

El sitio estaba lleno de fragmentos de obsidiana y puntas de flecha, testigos de la defensa preparada. Estos restos han sido recogidos por visitantes y saqueadores.

Tenampúa cayó como un gigante dormido. Cuando fue tomada por Montejo, los indígenas incendiaron sus casas en todo el valle y se refugiaron en las montañas. Habitaron cuevas, donde dejaron restos materiales y huellas simbólicas: petroglifos y pictografías en tinta roja, hecha con óxidos de hierro presentes en los ríos del valle, aún utilizados para teñir cerámica.

25.- DESCRIPCIÓN DE MONTEJO DE LA TOMA DE TENAMPÚA

"Imbiaronme a pedir socorro, y salí con toda la gente que pude aver, e fuí por aquella provincia de Carguin (Cerquín), que ya estaba en paz, y della y de las provincias comarcanas saqué mil e quinientos amigos muy bien aderezados e muy buena gente..."

Montejo describe que el peñol fue abandonado antes de su llegada. Señala que era una de las fortalezas más impresionantes vistas, con agua, leña, sementeras y bastimentos, además de más de doscientas casas, tempas y oratorios.

26.- CÓMO ERA TENAMPÚA

Montejo menciona que no tuvieron tiempo de terminar una defensa tipo "cuchillo de sierra", visible aún en el ángulo nordeste.

Se registran aproximadamente 220 casas y varios edificios públicos. Los restos de estas viviendas aún pueden observarse: estructuras pequeñas, de unos 2.5 metros por lado, hechas de bahareque (entramado de madera y barro), con techos de paja.

27.- EL TEMPLO CENTRAL Y EL JUEGO DE PELOTA

En el centro de Tenampúa hay un patio con tres montículos, rodeado por una muralla orientada según los puntos cardinales.

El montículo principal, de unos tres metros de altura, contenía un sepulcro. En excavaciones se hallaron restos de cerámica policroma de alta calidad, típica del valle de Comayagua y otras regiones de Honduras.

Cerca se encontraba el juego de pelota, parcialmente destruido por saqueos.

También existían reservorios de agua, canales, barrios con viviendas, y estructuras adicionales que indican una organización urbana compleja.

Las cuevas presentes en la zona no son profundas, y las leyendas sobre túneles extensos parecen ser mitos comunes en diversas regiones de América.

28.- ARQUEOLOGÍA DE TENAMPÚA

Es imposible, por el momento, dar una reseña completa de lo que puede encontrarse en Tenampúa. Los visitantes han llevado todo lo que había en la superficie y han encargado también a los moradores de Flores recoger cuanto encuentran, sin dejar rastro alguno. Solo los montículos hablan.

Hace años, en 1919 y 1935 (?), vino una comisión encabezada por el señor Samuel Lothrop. El gobierno de entonces les asignó fiscales; pero ellos trabajaban de noche para no ser vistos y, según se dice, se llevaron 17 cargas de objetos, de las cuales nunca se volvió a saber nada.

Me dirigí personalmente a quien podía conocer el destino de esas cargas, en dos ocasiones, y la respuesta fue que todo se perdió en un terremoto en Guatemala.

Lo único que no se ha perdido es un dibujo —el único— del Juego de Pelota y del patio central, publicado por Lothrop en el Boletín del Museo del Indio de Nueva York.

En aquellas ocasiones, las excavaciones fueron tan descuidadas que dañaron completamente el Juego de Pelota, sin restaurar nada. Sin embargo, por las pequeñas piezas que recogí —aunque insignificantes— pude comprobar que la arqueología de Tenampúa no difiere en nada de la del valle. Son puras fantasías las afirmaciones en contrario.

29.- ¿INSCRIPCIONES? ¡NO!

La imaginación de personas ignorantes en arqueología, que pretenden emitir juicios definitivos sobre lo que desconocen, ha sostenido que ciertos signos hallados en algunas piedras son "inscripciones". No añaden que sean fenicias porque ignoran incluso ese término.

Tales "inscripciones" llegaron a publicarse como tales en una revista.

Puedo afirmar que, salvo una piedra situada cerca del Juego de Pelota —en la que alguien, con el paso del tiempo, hizo dibujos geométricos sin significado y de época reciente—, los demás signos no son más que marcas dejadas por bayonetas al ser afiladas por soldados de diversas revoluciones que usaron Tenampúa como fortaleza, o, a lo sumo, por indígenas que afilaron allí sus hachas de piedra.

Y aun esto último es una concesión, pues cerca de Jojonguera (Candelaria) hay una peña entera donde pueden verse estas supuestas inscripciones, que no son más que huellas de un verdadero afiladero de hachas de piedra.

30.- EL MUSEO DE COMAYAGUA

Este museo me tiene casi como abuelo, y explico por qué.

Cuando en diciembre de 1939 llegué por primera vez a Comayagua, al Biscuital y a Tenampúa, recogí las primeras piezas y vi fragmentos de vasos mayas. Entonces surgió en mí la idea de fundar un museo maya en la ciudad, comenzando por colocar las piezas en un ala lateral de la biblioteca.

En sucesivas visitas dejé algunas piezas —de las cuales conservo fotografías—, especialmente dos bocas de grandes cántaros y un metate muy desgastado encontrado en Tenampúa, además de otros objetos que quedaron olvidados y sin atención hasta ser finalmente desechados.

Los bibliotecarios no son responsables de lo que podría llamarse un "infanticidio arqueológico": la muerte de la idea de un museo.

Finalmente llegó el verdadero impulsor del actual museo, el señor coronel Gregorio Sanabria, quien con perseverancia logró reunir piezas y fundar el pequeño pero valioso museo que hoy honra a Comayagua.

31.- EL MUSEO MAYA DE COMAYAGUA Y LOS ÚLTIMOS HALLAZGOS

Es bien conocido el éxito del coronel Gregorio Sanabria, gobernador de Comayagua, en su incansable búsqueda de vestigios que evidencien la vida maya en el valle central de Honduras.

En excavaciones superficiales —menores de 1.50 metros—, tanto en las vegas del río Humuya como en la Hoya de Jeto y San José de lo de Baca, ha encontrado en poco más de un año piezas dignas de grandes museos internacionales.

Con estos hallazgos ha formado un museo arqueológico que hoy es orgullo de la ciudad.

Honduras posee tres museos principales: Copán, Tegucigalpa y Comayagua. Quien pretenda estudiar el mundo maya hondureño sin visitar este último, trabaja en vano.

Las piezas han sido ordenadas por zonas y tipos, lo que facilita su estudio.

Entre las más curiosas destacan fragmentos de totoposte maya: masa de maíz cocido, seca y compacta para viajes, que luego se rehidrataba en agua.

Otra pieza singular es el tablón de piedra, con cavidades para sostener cántaros, tallado en piedra verde local, lo que demuestra que estas piezas no fueron importadas, sino elaboradas en el valle.

32.- DOS CLASES DE ALFARERÍA MAYA

En las excavaciones se han encontrado dos grandes tipos de cerámica: una de gran calidad artística y otra de uso cotidiano.

Destaca la alfarería tipo Usulután, de acabado fino, con decoración a cera perdida, considerada anterior a la Acrópolis de Copán.

También hay figurillas finas junto a otras toscas, lo que contradice teorías simplistas sobre evolución estilística.

Se observa cerámica monocroma, bicroma y policroma, todas bien cocidas, desmintiendo la idea de que la alfarería lenca o chorotega se distingue por mala cocción o limitación cromática.

33.- EL ROJO BRILLANTE DE HONDURAS

El valle presenta gran diversidad cerámica: piezas de un solo color, policromas, delicadas o resistentes.

Destaca el rojo tipo "Copador", con escamas micáceas brillantes, que no es exclusivo de Copán, sino presente en diversas regiones de Honduras.

34.- EL NEGRO DE LOS MAYAS

Se encuentran piezas negras, café y decoradas con grabados.

Las bandas decorativas muestran glifos semejantes a los de Copán, lo que evidencia una unidad cultural.

Se han identificado motivos como zigzag que representan animales celestes asociados a los puntos cardinales, así como representaciones del dios de la muerte.

35.- LOS COLORES DE LOS MAYAS DE HONDURAS

Los colores utilizados por los mayas estaban fácilmente disponibles en el entorno.

Contrario a lo que se ha dicho, los colores resistían altas temperaturas sin perder brillo. Experimentos realizados han demostrado que estos pigmentos soportan cocciones intensas.

El negro, especialmente difícil de fijar, fue dominado mediante técnicas avanzadas, lo que evidencia un alto conocimiento técnico.

36.- LAS PIEZAS DEL MUSEO

Las piezas provienen principalmente del valle de Comayagua: Hoya de Jeto, Paso de las Canoas, San José de los de Vaca, entre otros.

Incluyen vasos policromos, figuras de animales, símbolos solares y glifos. Destacan representaciones del sol diurno y nocturno, así como escenas simbólicas relacionadas con creencias descritas en fuentes coloniales.

37.- EL VALLE DE COMAYAGUA Y SU UNIDAD CULTURAL

El museo revela que la Honduras maya formaba una unidad cultural.

El valle de Comayagua comparte rasgos con Yojoa, Choluteca, la costa norte, Olancho y Copán.

La abundancia de cerámica tipo Usulután indica una actividad intensa desde épocas muy antiguas.

Cada región tenía su estilo, pero existía intercambio a través de mercados intermayas, donde circulaban tanto piezas finas como de uso cotidiano.

Tegucigalpa, 1.º de agosto de 1946.

VI: PASEO IDEAL DEL ARQUEÓLOGO EN HONDURAS

1.- DEL PACÍFICO AL ATLÁNTICO

Honduras está surcada de norte a sur por una gran ranura central que la divide en dos partes, y dentro de ella corren dos grandes ríos: uno, el HUN-MUYA (Río Uno), va hacia el norte; el otro, el río Grande de Choluteca (Chol-ul-teca, "llanura de las tierras de las milpas", o Choluteca, "llanura de los milperos"), desagua al sur, en el golfo de Fonseca.

Viniendo de Huehuetenango, de entre los mames, o "indios antiguos", los "abuelos", que son los mismos chorotegas bajo otra forma, se pasa por los Poko-Mames, los Pokones o Potones, y por alguna pequeña mancha de pipiles o antiguos nahuales; después de San Miguel, y hasta todo el golfo de Fonseca, y por Nicaragua hasta Guanacaste y la península de Nicoya, eran todos chorotegas, indios antiguos, mames milperos de las llanuras, o sea, en lengua maya o antiguo Chor o Chol, CHORO-TEGA.

Los llamados chorotegas, o sea, indios antiguos, mames milperos de las llanuras, dejando aparte los indios serranos, también indios antiguos, llenaban Honduras; y por eso ciertos arqueólogos, que no han tenido bien claro el phylum de los mayas, no aciertan y dicen que Honduras estaba ocupada por indios chorotegas, sin reconocer a los chorotegas, antiguos milperos de las llanuras, la paternidad de mayas.

Así, entrando a Honduras por Choluteca, el camino no era por donde se pasa hoy, sino entrando por los valles, especialmente llegando al valle conocido hoy por El Zamorano y siguiendo por los valles hasta llegar a Talanga, Agalteca y Comayagua; o si no, por Guaimaca hasta llegar al río Guayape. Por otro camino, saliendo de Nacaome, y por Aguanqueterique y Lamaní (Lah-maní, "todo pasó"), se salía al valle de Comayagua.

Por todos estos caminos —en la costa y en Nicaragua llaman mangue a los chorotegas, pero esta es palabra nacida con los españoles, media maya y media náhua— se encuentran numerosas poblaciones antiguas mayas, con grandes montículos y abundantes restos mayas, de los más antiguos. Este sería el paseo ideal del arqueólogo en Honduras.

2.- LOS ALREDEDORES DE TEGUCIGALPA

Se deben remontar las fuentes y últimas cabeceras del río Grande de Choluteca, para darse cuenta de la importancia que daban los mayas a las fuentes de agua. Allá arriba, en Lepaterique y en todo el contorno de Ojojona, se encuentran restos admirables de los mayas antiguos.

Si se quiere una idea de quiénes eran los antiguos habitantes de los alrededores de Tegucigalpa, ciudad moderna nacida con las minas, pero resto de población indígena ligada en cadena con muchas otras, debe darse una mirada al Museo Nacional, y se encontrarán allí restos mayas hallados hace tres años por unos jóvenes inteligentes en unos montículos, resto de antigua población, que se encuentran detrás del cerro de Juana Laínez.

O si no, sígase la carretera de Olancho, y al bajar hacia el río, en Río Abajo y en Peña Blanca; y antes de llegar allí, los dos altos cerros que fueron habitados en montículos de forma redonda, es decir, de la forma más primitiva y sin piedras, hallándose allí una sola entrada y un canal de desagüe.

La carretera sigue en medio de restos de poblaciones antiguas hasta Talanga y de allí hasta el valle del Guayape, donde se encuentran restos de antiguas poblaciones mayas, en ambas orillas hasta el mar, desaguando cerca del cabo Camarón, con grandes montículos, en los cuales los indios payas van a buscar piedras de moler para su uso diario. O bien, se toma el camino de Agalteca y se llega al valle de Comayagua.

3.- EL CAMINO EN EL VALLE

En el valle de Comayagua, no es la moderna carretera la ideal para el turista y el arqueólogo, porque se aparta demasiado de las antiguas poblaciones mayas. El camino del arqueólogo debe comenzar en Lamaní: de allí a Cururú, Tambla, población Humuya, Cane y La Paz, con los grandes restos de poblaciones mayas hacia el oriente; Lejamaní, Ajuterique, Caingala, y orillando el río Selguapa, volver por el puente a Comayagua. Este sería el camino occidental.

4.- LA CARRETERA CENTRAL, SIGUATEPEQUE, TAULABÉ

Dejando Comayagua, la carretera Central pasa sobre el río Humuya, por el puente cercano, y después sobre el río Selguapa, subiendo entonces, en medio de montículos, restos de caseríos mayas, hasta llegar a un punto desde donde se goza la más bella vista completa del valle de Comayagua.

Se llega a Siguatepeque, donde nace el Selguapa. El valle de Siguatepeque fue una gran laguna en tiempos históricos mayas. Se ven los barrios o caseríos en todo el contorno de la antigua laguna.

Siguiendo la carretera Central se pasa por las montañas en donde se refugiaron los mayas huyendo de los españoles; hay allí algunas cuevas importantes con pictografías o petroglifos.

A mitad de la bajada al lago de Yojoa se encuentra una pequeña llanura por donde atraviesa la carretera el río Jaitique; antes de pasar el puente, a la derecha, junto a la carretera, en una propiedad privada, se distinguen varios grandes montículos, hechos de piedra labrada y orientados hacia los cuatro puntos cardinales, principalmente de este a oeste. Pasado el puente, se distinguen a uno y otro lado de la carretera los montículos de la antigua población maya, y entrando entre la maleza, a la derecha, se encuentran otros grandes montículos dispuestos en plaza.

5.- EL JARAL

La carretera moderna bordea el lago de Yojoa por el lado del este; a lo largo hubo poblaciones mayas, de las cuales se descubren restos importantes. También en la islita, cerca de Agua Azul, se encuentran restos antiguos: especialmente fue hallada una cabeza de serpiente, de piedra.

El Jaral está situado en la extrema punta del lago. Todo el contorno del lago estuvo habitado por poblaciones que dejaron restos; pero los más grandes están situados cerca de El Jaral, un poco al occidente, donde hay algunas casas con naranjos.

Cuatro, por lo menos, son los grandísimos montículos que hay en este sitio, además de muchos menores. Están en la propiedad del señor Eduardo Da Costa Gómez, quien, de muy buena voluntad, ha permitido visitarlos y excavar con motivo de este Congreso. Seis esculturas grandes de piedra volcánica extraídas de allí existen en el patio del Distrito Central, en San Pedro Sula: una cabeza de serpiente y una gran cabeza con signos redondos en el occipucio, son las principales. Grandes cantidades de vasos policromos netamente mayas se han sacado. Algunos de estos vasos se ven reproducidos en el número 1 de la revista Honduras Maya, publicada por la Sociedad de Antropología de Honduras.

6.- EL VALLE DE LA COSTA NORTE, EL VALLE DE NACO, EL VALLE DE SULA

Todo el valle de la costa norte estuvo habitado por grandes y numerosas poblaciones mayas, como lo asegura Montejo, las cuales fueron destruidas por Pedro de Alvarado y por Cereceda. Muchos indios fueron llevados como esclavos; muchos otros huyeron. Los llamados hicaques del Palmar no son sino restos de la gran población maya de Guasmuca, o sea Guasnica, cuyo sitio está más o menos representado por la moderna Villanueva.

Los indios viven todavía en pequeño número en las montañas que van hacia Santa Bárbara; viven aislados unos de otros, según su costumbre, en casas redondas de paja.

Otro gran centro estaba cerca de la población de San Manuel de Theuma, o Tiuma, cuyo centro religioso es el que existe todavía en los grandes montículos bárbaramente destruidos últimamente con cuchara mecánica hasta el fondo, a un desnivel igual a la altura de los mismos. En medio de los montículos cortados en dos, vi restos de cadáveres, al menos cuatro. El lugar se llama Travesía, y allí Mrs. Stone ha querido reconstruir uno de ellos. Lástima que este lugar, constituido por varias plazas, dentro de poco desaparecerá para siempre, si quienes deben no toman pronto remedio.

Al valle de Naco se va bordeando el río Chamelecón. Naco era una gran población en tiempo de Cortés, en estrecho comercio con

Nito y Acalán en Yucatán. Posee grandes montículos y tumbas, excavadas por una comisión de la que formaba parte Mr. Kidder h.; excavaron especialmente una tumba, y los obreros que los ayudaron existen todavía en Naco. En esta población fue decapitado el capitán Cristóbal de Olid, en la plaza formada por los grandes montículos. Se encuentran numerosos restos, especialmente de ollas con tapa rematada por tres cabezas de zopilotes. En toda esta zona se hallan buenas piezas de alfarería maya. Se ha dicho que Naco era mexicana, y algún arqueólogo lo cree firmemente. Es un error que debe ser desterrado absolutamente.

Las tapas con cabeza de zopilote tienen su repetición en la zona maya de La Florida, con cabezas de palomas, y en Sulaco, con cuerdas retorcidas, y hasta en Olancho, con cabezas de otras aves.

La carretera conduce por el valle de Quimistán y por la pequeña población de Sula, siempre a lo largo del Chamelecón hasta encontrar los llanos de Santa Rosa, cerca de donde tiene su nacimiento. En todo este territorio que va a dar a La Florida, El Paraíso, Santa Rita y Copán, se encuentran los más bellos restos mayas, comparables con los de Copán. De aquí, los mayas fueron a fundar Quiriguá.

VII: EL ESPÍRITU DEL MAYAB PIDE PROTECCIÓN CONTRA LOS PROFANOS Y VENGANZA CONTRA LOS PROFANADORES

1.- LA VENGANZA DE LOS DIOSES MAYAS

Al darse cuenta los dioses de que habían formado seres inútiles para su adoración, dijeron: "¡Hablad, gritad, decid nuestros nombres! ¡Adoradnos, invocadnos!". Pero no pudieron hablar como hombres; solamente cacarearon. "No está bien", se respondieron unos a otros, y dijeron: "He aquí que seréis cambiados, porque no habéis podido hablar".

"Tú, bestia salvaje, procrearás entre los platanares y guatales, andarás en cuatro pies. Su carne fue destinada a ser sacrificada y comida. Por eso fueron comidos y engañados por la gente civilizada, por la gente entendida, formada por los grandes padres de los mayas, Tzakol, Bitol, Alom y Cajolom."

2.- LA PLEGARIA DEL OPRIMIDO MAYAB

"¡Tú, maíz! ¡Tú, semilla de tzité! ¡Tú, suerte, tú, formación! Que esta vez no deban sentir vergüenza Tepeu y Gucumatz. ¡Oh, Tzacol! ¡Oh, Bitol! ¡Miradnos, oídnos! No nos perdáis, no nos abandonéis. Tú, el que ve en la sombra, en el cielo y en la tierra, danos la señal de tu palabra. Danos el camino azul; que estemos tranquilos y en paz con los buenos y purificados de nuestra raza del Mayab, con los bien nacidos en la existencia que nos has dado. Aleja de nosotros los males: los que nos quieren comer nuestro maíz, nuestra comida. Tú, Hun Ahpú, sopla tu cerbatana y arranca la quijada del soberbio animal que dice: 'Yo soy el Sol, yo soy la Luna, para la luz de la prole, para la luz de los hijos. Así es, porque a lo lejos penetra mi esplendor'; y se enorgullece de sus jadeítas, de sus metales preciosos; y en realidad su esplendor desaparece allí donde él se sienta, y él quiere sobreponerse en grandeza. 'No está bien que pase eso'. Trataremos, pues, de tirar con cerbatana contra su comida. Que así se haga, pues."

Tegucigalpa, 2 de agosto de 1946.

FIN DEL TOMO I

FOTOGRAFÍAS

Monseñor Federico Lunardi

El Héroe Nacional Lempira, Estatua en Erandique

Tipo Maya del Valle de Comayagua

Tipos Mayas del Valle de Comayagua

Tipo maya de Copán.

Tipo Pardo del Valle de Comayagua

Fidelio, cacique de la Montaña de la Flor, hace entrega de obsequios a monseñor Lunardo

Hombre de Comayagua.

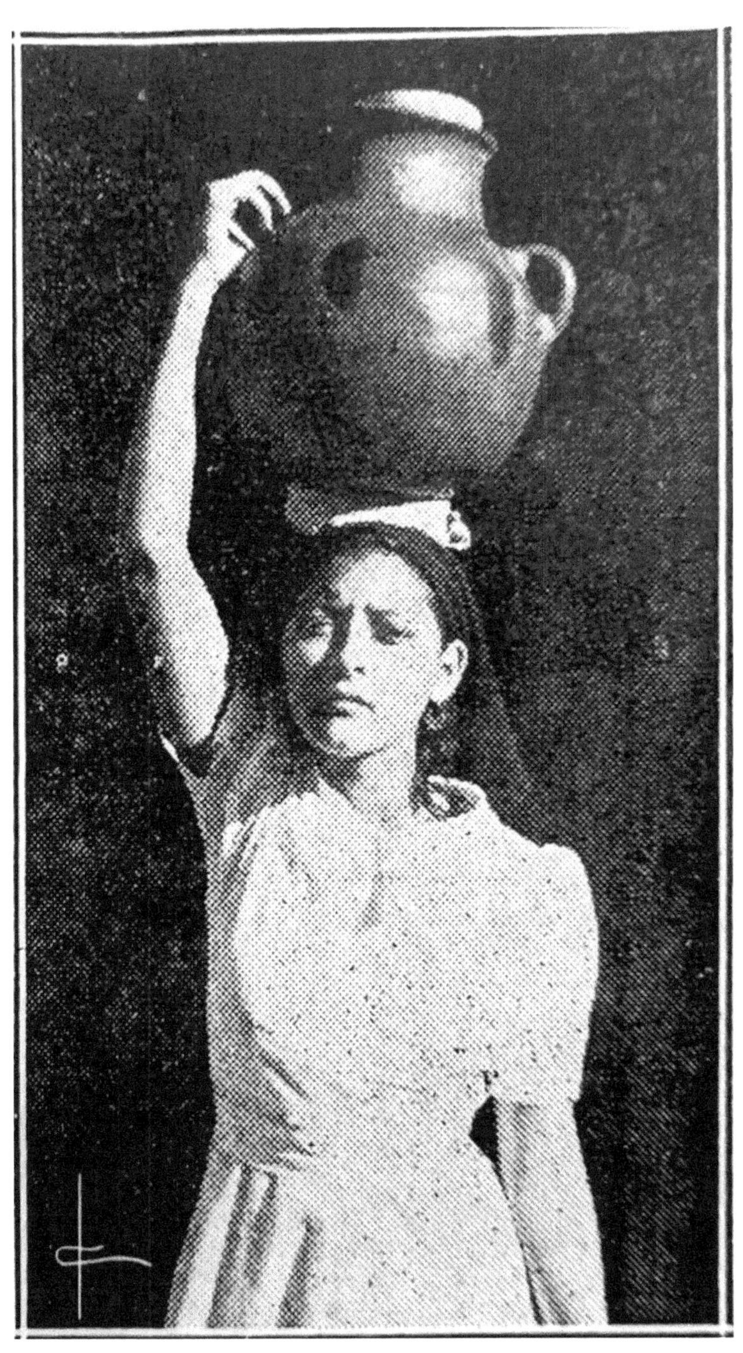

Mujer de Comayagua.

El rezador o Autor. Se amarran los patos a la cuerda. Antes de sacrificar a los animales se piden las gracias del cielo para todos. En la ceremonia se les arranca la cabeza a los patos.

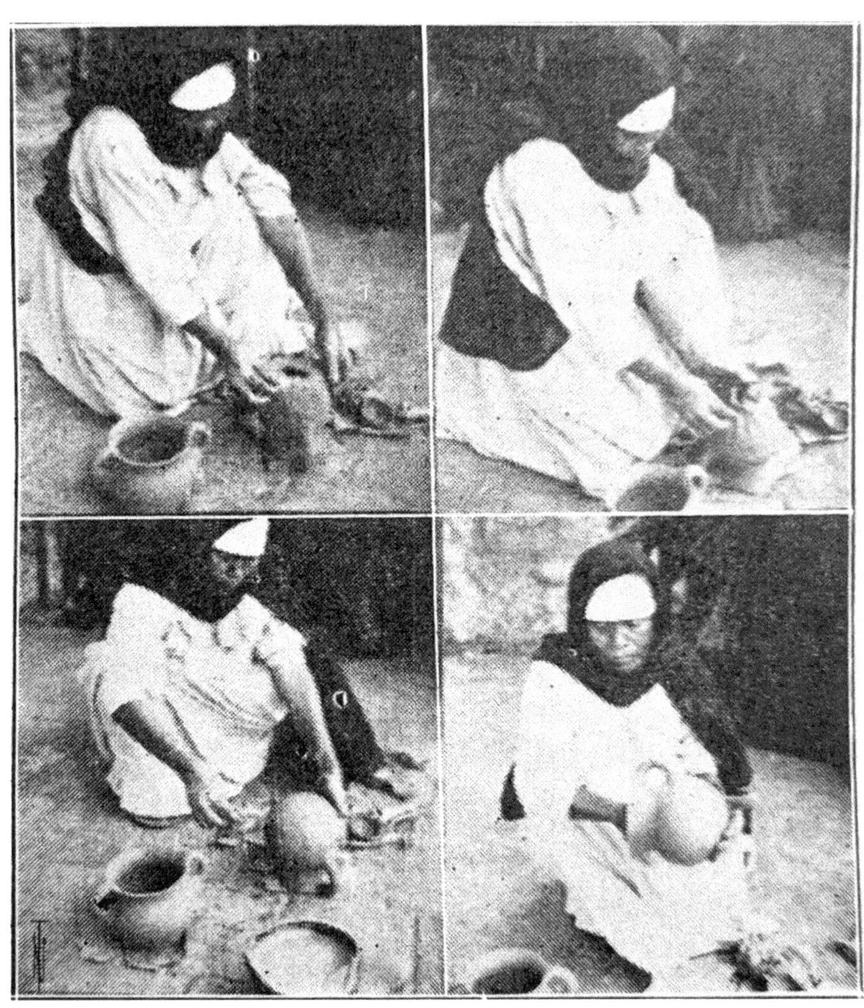

Alfarera de Opatoro.

CONTENIDO